旅游规划理论与实务

主编◎龚志强　胡海胜　　副主编◎郭泉恩　李昌彦　彭燕

中国旅游出版社

前　言

现代旅游业萌发于19世纪，在20世纪50—60年代得到繁荣发展，成为“二战”后世界经济恢复的重要推动力量。至20世纪90年代，旅游活动已经发展成为人类规模最大的社会活动，旅游业快速超越石油、汽车、机电等产业，发展成为世界第一大产业。旅游在世界范围内已经成为一种生活方式和生活时尚。近年来，尽管全球经济下行压力增大，但旅游需求旺盛，旅游业发展依然势头强劲。由于旅游业拉动经济发展的乘数效应显著，因此，许多国家和地区在进行规划和政策制定时，会优先考虑包括旅游在内的可持续消费和生产方式，从而加快向可持续消费和生产模式转型。

改革开放40多年来，我国旅游业发展规模不断扩大，综合效益不断提升，产业地位日益凸显，实现了从旅游短缺型国家到旅游大国的历史性跨越，已经成为世界最大的国内旅游市场、世界第一大国际旅游消费国和世界第四大旅游目的地国家。2015年以来，我国旅游业成为国民经济战略性支柱产业，初步建立了现代旅游治理体系，开启了全面融入国家战略体系的新征程。2017—2019年，中央政府工作报告连续三年对全域旅游作出部署，这标志着发展全域旅游上升为国家战略。这是我国旅游业发展战略的再定位，是一场具有深远意义的变革。通过发展全域旅游，解决旅游业发展质量不高、地区发展不均衡、产业结构不合理等突出矛盾和问题，有利于更好地满足人民日益增长的美好、幸福生活需要。与此同时，文旅全面融合发展为旅游业带来新的机遇与挑战，如何进一步提升旅游业发展动能和综合效益，在助力全面建成小康社会的伟大征程中发挥更为重要的作用，已经成为重要的时代课题。

在长期的旅游业发展实践中，政府、业界、学术界形成了一个高度共识，即旅游规划是旅游开发的基础性工作和发展旅游业的重要技术手段，要实现旅游业的健康、可持续发展，离不开旅游规划的科学指导。如何准确把握旅游市场需求特点和行业发展环境，科学进行旅游资源开发和产品体系构建，树立鲜明形象，准确定位目标市场，完善各项旅游配套设施等将直接影响到旅游地发展的成败。因此，组织编制各类旅游规划，科学指导旅游地开发建设，成为各地旅游业发展过程中的一项重要工作。

编制旅游规划是一项庞大的系统工程，一方面要符合国家法律法规、政策文件和相关行业制度要求，有机衔接各类上位规划，另一方面要制定旅游地发展战略，并对旅游产品、项目、形象、配套等进行系统规划设计。不同类型的旅游规划，其任务和目标各有侧重。其中，旅游发展规划侧重对区域旅游业发展的统筹布局、宏观指导、方向指引，旅游区规划则更为侧重旅游产品创新、旅游项目落地方案等微观层面的设计。因此，编制旅游规划要明确基本性质、目标任务、操作流程和要素组成。旅游规划的目的是帮助旅游地在激烈的市场竞争中取得优势地位和良好的综合效益，从而实现可持续发展。编制旅游规划应对旅游地发展方向做出清晰判断，制定具有前瞻性、落地性和操作性的设计，涉及多学科知识的综合应用和不同专业背景人才队伍的协同参与。

本书依据我国2003年颁布实施的《旅游规划通则》和2017年修订的《旅游资源分类、调查与评价》等国家标准，广泛参考相关政策文件、教材、学术研究成果和部分网络资源，较为系统地总结和论述了旅游规划的理论与方法，阐明了旅游规划应遵循的基本规范、操作流程、基本内容和规划要点。同时，作者紧密结合20多年来的规划实践工作体会，有针对性地开展了旅游规划案例分析和规划经验总结，以期帮助学生深入理解并掌握旅游规划的基本要领，并对旅游规划实践工作具有较好的指导意义。

全书共分为十二章，南昌大学旅游学院龚志强负责全书的组织编写和统稿工作，江西科技师范大学旅游学院彭燕、南昌大学旅游学院郭泉恩协助统稿。第一章、第九章由江西财经大学旅游与城市管理学院胡海胜负责编写；第二章、第三章、第四章由郭泉恩负责编写；第五章、第六章由龚志强、毛佳负责编写；第七章、第八章由龚志强、熊澜洁负责编写；第十章由龚志强、彭燕负责编写；第十一章、第十二章由南昌工程学院工商管理学院李昌彦负责编写。在教材编写过程中，我们参考和借鉴了前人的部分研究成果，在此表示感谢！本书的编写、校对和出版恰逢新冠肺炎疫情期间，在各位同人的共同努力和中国旅游出版社段向民主任、张芸艳编辑的大力支持下得以顺利完成，在此一并表示感谢！由于旅游规划思想、理论与方法处在不断动态更新发展过程中，加之作者能力有限，因此本书编写过程中难免有疏漏之处，恳请读者批评指正。

龚志强
2020年2月26日

目 录

第一章 导论

本章内容主要包括旅游规划概述和旅游规划基础理论，对旅游规划的概念、对象、内容、目的、意义、类型、要求和编制程序进行了全面介绍，旅游规划基础理论部分对国内外旅游规划研究进展、旅游规划的相关概念及相关理论进行了系统介绍。

【学习目标】

了解有关旅游规划的基础知识，熟悉旅游规划的概念、内容、目的、分类和相关要求，掌握旅游规划的工作程序；了解国内外旅游规划的理论研究进展，熟悉并掌握区位理论、旅游地生命周期理论、利益相关者理论等相关理论。

【核心概念】

旅游规划、旅游地域系统、体验经济理论、系统理论、区位理论、消费者行为理论、旅游地生命周期理论、利益相关者理论

第一节 旅游规划概述

规划工作是人类组织活动的自觉意识表现，涉及人类社会发展的各个方面。在各类规划的编制过程中，人们尽可能地寻求高效率的发展方案。对于一个国家而言，有国民经济发展规划、工业发展规划、土地利用规划、城乡规划等类型众多的规划，旅游规划是人类经济社会发展规划的一种。

一、旅游规划概念的界定

我国旅游规划的形成发展过程主要分为经历探索阶段和科学发展阶段。20 世纪 70—80 年代，可以视为旅游规划科学概念形成的探索阶段。在这一阶段，旅游业界和学术界曾一度使用“旅游开发”的概念。因此，也可以说旅游开发是旅游规划的最初发展阶段，是旅游规划的雏形。旅游开发指的是将旅游资源开发成景区（点）并建设相关配套设施来发展旅游经济产业。旅游开发与其他产业开发最大的区别就在于，它是人类精神文化生活空间的开发，以适应人们在满足物质生活需要之后对精神文化生活的追求。但在实践中，旅游开发往往在追求市场效益时陷入微观的、眼前的、短视的误区，没有获得理想与科学的发展。如果旅游开发缺乏具体的旅游业发展目标、旅游资源的科学保护意识和措施及宏观可持续发展的战略考虑，将造成旅游资源的浪费和破坏。

在旅游业发展实践的经验教训中，中国旅游业界开始认识到需要将欠缺宏观理论指导的旅游开发推向更具理论深度的旅游规划，需要以战略高度进行旅游业的长远构想和安排，需要以可持续发展的原则对旅游开发进行科学指导。随着我国旅游业的不断发展，大约从 20 世纪 90 年代中期开始，旅游规划走过了从自发到自觉、从自觉到科学的发展历程。科学编制旅游规划是在遵循市场导向、满足市场需求、引导市场向规范有序方向发展中逐渐形成的高度共识。

目前，对于旅游规划的定义，学术界至今尚未形成统一的认识，比较有代表性的观点参见表 1–1。

表 1–1　旅游规划比较有代表性的定义

出处	定义
Murphy （1985）	指预测与调节系统内的变化，以促进有秩序的开发，从而提升旅游发展所产生的社会、经济与环境效益
Gets （1987）	指在调查研究与评价的基础上，寻求旅游业对人类福利及环境质量的最优共享的过程
肖星，严江平 （2000）	是对旅游业及相关行业未来发展的设想和策划。其目标是尽可能合理而有效地分配与利用一切旅游经济要素，在尽量满足旅游者需求的前提下，实现旅游业的经济效益、社会效益和环境效益
赵黎明，黄安民 （2005）	是一种经济技术，即运用适当的经济、技术资源，特别是智力资源，使旅游资源产生经济效益、社会效益和生态效益的过程
吴必虎 （2013）	旅游规划既要保护资源，也要开发产品。也就是说，旅游规划需要考虑投入产出的可行性，强调资源的“护用并举”
中华人民共和国旅游法 （2016）	旅游发展规划应当包括旅游业发展的总体要求和发展目标，旅游资源保护和利用的要求和措施，以及旅游产品开发、旅游服务质量提升、旅游文化建设、旅游形象推广、旅游基础设施和公共服务设施建设的要求和促进措施等内容
文化和旅游部 （2019）	指文化和旅游行政部门编制的中长期规划，主要包括：文化和旅游部相关司局或单位编制的以文化和旅游部名义发布的总体规划、专项规划、区域规划，地方文化和旅游行政部门编制的地方文化和旅游发展规划

综合上述观点，同时结合旅游规划实践工作经验，本书将旅游规划的概念界定为：以旅游资源与市场调查评价为基础、以预测和管理为手段、以优化和持续发展为目的，结合社会、经济和文化的发展趋势及旅游系统的发展规律，以优化总体布局、完善功能结构及推进旅游系统与社会持续发展为目标的战略设计及其实施过程。

二、旅游规划的对象与内容

（一）规划对象

在旅游规划活动实践中，时、空二维要素是描述运动关联和转化的基本要素。由于规划活动本身即是对未来活动的预先设计与安排，因此规划的“时间”要素往往容易被当作隐含假设而被人们“忽略不计”。而“空间”要素的客观实在性，又往往会过分地吸引规划师的目光，仿佛特定的地域空间就是旅游规划活动唯一的作用对象。既然任何规划都离不开空间要素，旅游规划自然也不例外。但是，如果简单地把特定地域空间作为旅游规划的对象，就无法将旅游规划和其他类型的规划区别开来。旅游规划活动会产生一种作用力，既作用于旅游流引致的现象，又作用于旅游吸引物所在的空间。换言之，旅游规划的作用力作用于旅游地域系统之上。旅游规划作为人类的主观活动，其研究对象不能是区域产业体系中的一座孤岛（马勇，2007），既不是单纯的地域空间，也不是单纯的旅游系统，应该是包括空间要素在内的，并且同空间这一要素耦合了的旅游系统，称为“旅游地域系统”。

旅游地域系统，是指在特定空间内由旅游流、旅游吸引物、旅游设施、旅游服务及其他相关资源共同构成的一种动态综合结构。旅游地域系统的构成可以从结构构成和要素构成两个方面进行探讨。结构构成侧重于旅游地域系统的空间形态，而要素构成则强调系统的旅游功能。有些学者将旅游地域系统的构成描绘成点、线、面或点、轴、圈结构；另外一些景观生态学论者则引入基质、斑块、廊道和边缘的概念来研究旅游地域系统的结构。刘俊（2003）认为，旅游地域系统从结构上包括以下 3 个子系统。

（1）中心地系统。这是旅游地域系统的核心，起着对旅游流的集聚和扩散作用，常常表现为区域旅游中心城市或高等级景区。

（2）旅游域系统。旅游域表征了旅游中心地对区域旅游流的辐射和扩散作用范围。

（3）旅游通道系统。旅游通道是区域内与区域外，以及区域内部旅游流的空间载体，同时还承载着资金流、信息流、物流、能源流等物质流动，是区域旅游中心地集聚和扩散效应发挥的空间媒介。

（二）规划内容

旅游规划所涉及的学科领域十分广泛，有旅游学、经济学、管理学、生态学、地理学、风景园林学、城市规划学、建筑学、市场营销学、广告学、心理学、社会学、民俗学、历史学、环境学等。各学科或学科群的发展，不断为旅游规划提供新的理论、技术支持和内容要求。

旅游规划是对旅游经济产业系统未来发展的谋划，因此，旅游规划的研究内容包括旅游经济产业系统及与其发展有关的所有方面。旅游规划所研究的旅游经济产业系统包括：旅游资源调查与评价、旅游功能分区、旅游服务设施规划，旅游道路、交通、通信与旅游路线组织等支持保障体系规划，旅游形象设计与市场营销规划、旅游容量测评与旅游流调节规划、旅游人力资源规划、旅游投资战略与模式选择评价。

旅游规划所涉及的旅游经济产业系统外的相关方面有：一是社区居民的经济和社会利益，二是旅游区土地利用与调整，三是环境保护与生态保护，四是文化保护与社会发展，五是安全体系设计，六是基础设施安排。

三、旅游规划的目的与意义

（一）规划目的

黄羊山、王建萍（2001）将旅游规划的目的归结于对旅游影响的认识之上，认为旅游活动既是一项经济活动，也是一项社会活动、文化活动。旅游活动的影响首先表现为旅游者对旅游地的影响，其次表现为对旅游客源地的影响。在此分析基础之上，旅游规划的目的可以分为四个方面，即扩大旅游者的满意程度、提高经济和商业效益、保护资源财富、促进社区和地区的整合。

根据近年来旅游观念的转变、旅游技术更新、旅游业发展和旅游规划实践，旅游规划的目的主要体现在以下几个方面。

（1）开发体现地方旅游资源特色、具有旅游吸引力的旅游产品、旅游项目，促进旅游业的发展。

（2）完善旅游服务基础设施及娱乐设施，创造良好的旅游环境，使旅游者获得满意的旅游体验。

（3）提高旅游业发展的经济效益，促进旅游地居民就地就业，增加收入，提高生活水平。

（4）确保旅游发展符合社区意愿，与当地居民的文化、社会及经济追求相一致，使旅游资源与生态环境得到有效保护。

（二）规划意义

1. 旅游规划是提高旅游资源吸引力的必要手段

一方面，旅游资源的吸引力来源于其自身的“美、古、名、奇、特”，但这种吸引力往往带有隐藏性和原始性，因而必须通过一定的开发手段予以发掘、加以修饰，才能突出其个性特征；另一方面，旅游资源的吸引力在很大程度上受旅游者心理的影响。随着旅游业的快速发展，旅游者的需求品位越来越高，旅游资源要保持持久的吸引力，就必须常变常新，因而通过旅游规划对旅游资源进行整合提升就很有必要。

2. 旅游规划是形成良好旅游目的地的有效途径

一个良好的旅游目的地，除其自身旅游资源优势外，还必须有良好的可进入性，以保证旅游规模和开发深度适宜，充分释放旅游资源的意义和价值；对区域内各种旅游资源进行恰当组合，和谐地体现各种资源的美学价值；注重环境保护，以确保旅游业的可持续发展。切实可行的旅游规划，不仅能让旅游资源得到有效开发，而且能协调好旅游业各部门及旅游业与其他行业之间的关系，从而达到形成优质旅游目的地的目标。

3. 旅游规划是促进旅游业三大效益协调发展的重要保证

在旅游地开发过程中，普遍存在未经认真考察和科学分析便盲目进行开发的现象，往往容易导致对旅游资源的破坏性开发。同时，由于缺乏游客容量的限制而导致旅游资源的过度开发利用，以及旅游管理工作中的一些失误，也会产生严重破坏旅游资源、降低环境质量等问题。因此，要使旅游地实现经济、社会和生态环境三大效益协调发展，科学的旅游规划必不可少。

4. 旅游规划是推动旅游业可持续发展的有力措施

旅游规划的重点是要明确旅游资源的开发方向和客源市场，并且对地区旅游业的发展阶段、规模等做出总体规划，从而指导旅游业的有序发展。旅游业所涉及的行业和部门众多，主要包括交通、通信、能源、信息、教育、科研、工农业生产、对外贸易、环境保护等，通过“旅游 +”或“+ 旅游”的方式可以有力地推动整个旅游业的可持续发展。

四、旅游规划的类型与要求

（一）旅游规划的类型

爱德华 · 因斯克普（Edward Inskeep，1991）将旅游规划分为以下等级和类型：国际旅游规划、国家旅游规划、区域旅游规划、次区域旅游规划、旅游开发区土地利用规划、旅游设施区规划、专项规划等。根据各地各时期不同的具体情况，以及编制旅游规划的机构性质和专业特长，旅游规划表现出不同的类型和方式。冈恩和瓦尔（Gunn & Var，2005）认为，旅游规划包括区域尺度、目的地尺度和场地尺度三个尺度，只有将旅游规划在三个尺度上整合起来才能有力地保障规划方案实现预期目标。世界旅游组织（World Tourism Organization，1997）推荐的规划方法中，分别从地域范围、规划期、组织结构三方面对旅游规划进行了分类，具体参见表 1–2。

表 1-2　旅游规划的类型

分类标准	类别
地域范围	地方性规划（规划图纸比例为 1∶1000 或 1∶5000）
	区域及区域间旅游规划（规划图纸比例为 1∶100000）
	全国规划
	国际性规划
规划时期	短期规划（1~2 年）
	中期规划（3~6 年）
	长期规划（10~25 年）
组织结构	部门规划
	项目规划
	综合规划

改革开放 40 多年来，我国旅游业快速繁荣发展，为旅游规划行业提供了良好的实践机会。《旅游规划通则》（GB/T 18971—2003）把旅游规划分为旅游发展规划、旅游区规划两大类，其中旅游区规划包括旅游区总体规划、旅游区控制性详细规划和旅游区修建性详细规划三种。国内不少学者对旅游规划提出了不同的分类标准，其中比较有代表性的是吴必虎（2010）提出的时—空二维体系分析法，具体分类情况如表 1-3 所示。

表 1-3　旅游规划的时—空二维分类

规划类型	区域旅游规划	目的地旅游规划	旅游区规划
发展初期	区域旅游发展（开发）规划	城市旅游发展规划	旅游区（点）开发规划
发展后期	区域旅游管理或营销规划	城市旅游管理规划	旅游区（点）管理规划

从世界旅游业的发展阶段来看，一般发展中国家和地区所编制的大多数规划属于开发规划，而发达国家所做的规划大多数已经进入管理规划和营销规划层面。当然，一个国家或省区内部也存在着旅游业发展上的区域不平衡，有的地区偏向于开发规划，而有的地区偏向于管理或营销规划，其间的差别不过是各自所占的比重有所不同。目前，国内的一些学术研究中已经出现了将旅游资源管理、旅游规划管理和旅游项目管理、旅游地区管理、旅游景区管理一样视为旅游管理内容的著作，表明一些旅游先行地区已经出现了以管理为主的旅游发展模式。

（二）旅游规划的要求

1. 国家法规是基础

旅游规划是我国诸多产业规划中的一种，遵守国家相关法律和规定是基本前提。与旅游规划关联紧密的法律法规很多，规划人员需要认真熟悉，做到不与之相违背。例如，《中华人民共和国环境保护法》《中华人民共和国文物保护法》《中华人民共和国森林法》《中华人民共和国城乡规划法》《中华人民共和国土地管理法》《中华人民共和国水法》《中华人民共和国旅游法》和《风景名胜区条例》等。

2. 规划衔接是前提

旅游规划属于社会发展规划下的一个产业子规划，需要与旅游地的《国土空间规划》《城镇发展规划》《国民经济与社会发展规划》《土地利用规划》《环境保护规划》或者《风景名胜区规划》《文物保护规划》等上位规划相符。旅游规划编制过程中，应充分参考相关上位规划的相关要求，做好规划衔接工作，才能充分保证旅游规划的可操作性和落地性。

3. 特色创新是关键

旅游是一项求知、求乐、求异、求新的活动，旅游规划千篇一律则满足不了旅游业发展的需求。因此，旅游规划的特色创新是关键。做到突出特色要求规划人员深入调查研究，在科学分析比较的基础上提炼地方特色。强调规划创新则需要规划人员在遵循规划理论和原则的基础上，充分发挥聪明才智，大胆设想，设计出既有特色又具有吸引力的旅游产品。

4. 灵活操作是保障

事物的发展是有规律的，遵循规律可以预测短期内事物的发展变化。但随着时间的推移，各种社会与经济要素在变化，往往使未来变得难以准确预测和认识。因此，编制旅游规划要有一定的灵活性和可操作性，为旅游资源开发留有一定的余地，以便在将来事物发生变化时，可以对规划进行修编或者重新编制。

五、旅游规划的编制程序

通常所有类型的旅游规划都需经过从立项准备到实施评估这样一个完整过程。根据国外的经验，可以具体分为研究准备（Study Preparation）、确定开发目标和目的（Goals and Objectives）、规划区现状特征的调查（Survey）、调查资料的分析与综合（Analysis and Synthesis）、提出政策与规划方案（Recommendations）、规划实施措施（Implementation）及规划管理和监测（Monitoring）7 个阶段（世界旅游组织，中译本，2004；Inskeep，1991）。我国发布的《旅游规划通则》（GB/T 18971—2003）结合国情和旅游规划实践，对上述技术路线进行了调整，将旅游规划的编制程序分为任务确定阶段、前期准备阶段、规划编制阶段和征求意见阶段 4 个阶段，如图 1–1 所示。

本书从旅游规划实践出发，参照《旅游规划通则》（GB/T 18971—2003）中的相关要求，对旅游规划编制程序中的一些关键步骤加以详细说明。

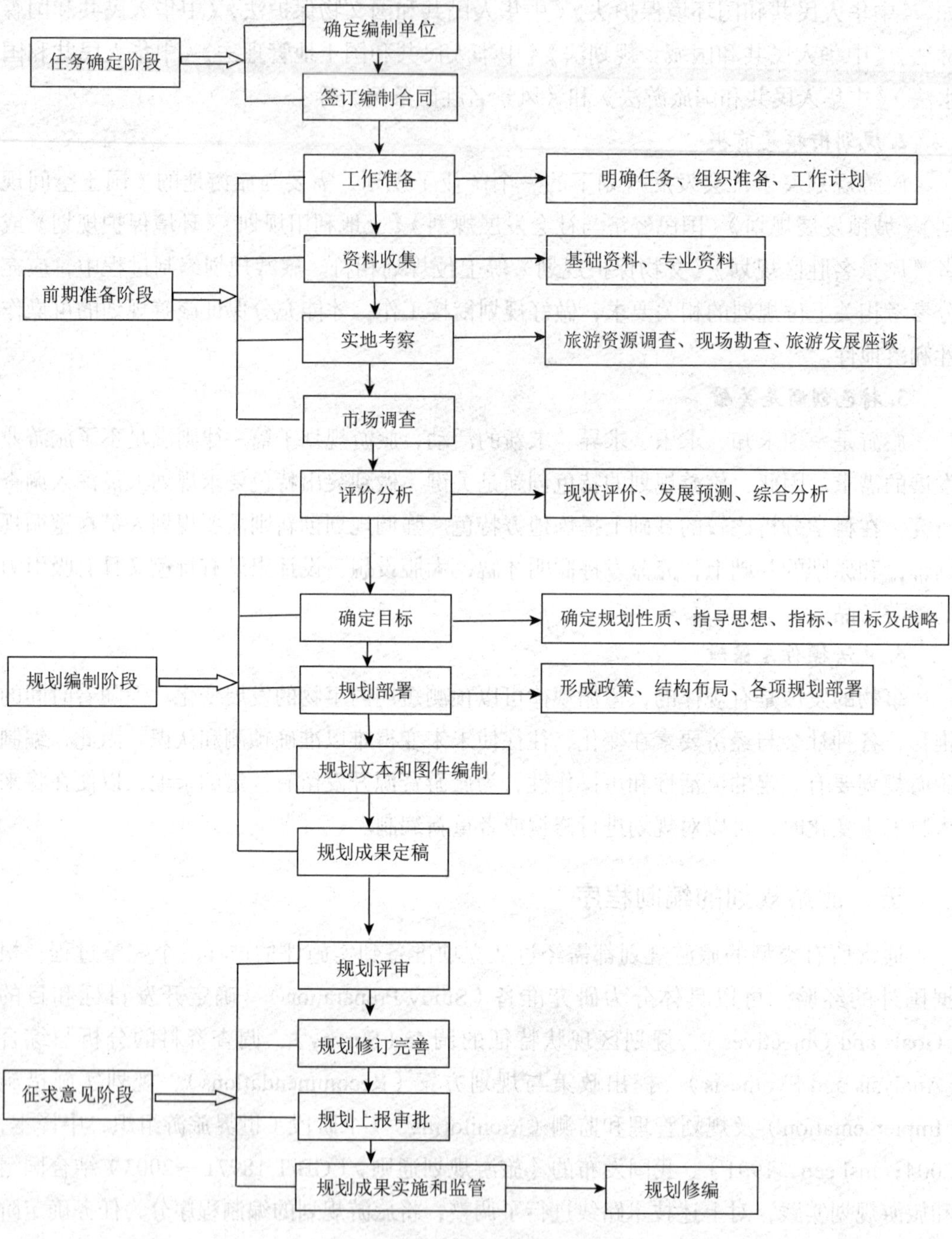

任务确定阶段
- 确定编制单位
- 签订编制合同

前期准备阶段
- 工作准备 → 明确任务、组织准备、工作计划
- 资料收集 → 基础资料、专业资料
- 实地考察 → 旅游资源调查、现场勘查、旅游发展座谈
- 市场调查

规划编制阶段
- 评价分析 → 现状评价、发展预测、综合分析
- 确定目标 → 确定规划性质、指导思想、指标、目标及战略
- 规划部署 → 形成政策、结构布局、各项规划部署
- 规划文本和图件编制
- 规划成果定稿

征求意见阶段
- 规划评审
- 规划修订完善
- 规划上报审批
- 规划成果实施和监管 → 规划修编

图 1-1　旅游规划编制流程

（一）规划立题

区域和目的地旅游规划一般由政府主持，经论证通过后的规划文本具有一定的政府法令性质。因此，规划立题除了通常的可行性研究外，还必须经过政府部门的组织实施

和审核手续。一般由文化和旅游部组织编制全国旅游规划、跨区域的旅游规划与国家确定的重点旅游城市、旅游路线、旅游区、旅游项目的规划，县级以上文化和旅游行政主管部门负责组织编制当地的旅游规划。

旅游规划立项之前应该进行可行性研究，即必须对准备规划的地区是否可以开展旅游开发进行潜力评价。只有当初步预计的产出大于投入时，才有立项进行规划的必要。旅游潜力的评价建立在旅游规划可行性研究的基础上。通常全国或省级旅游规划的可行性研究报告内容包括：目前已具备的旅游资源条件，旅游区旅游市场的潜力，开发旅游可能产生的经济、环境和社会成本与效益。对于旅游工程或旅游设施的经济评价，通常包括经济分析和财务分析两部分，以财务分析为重点。

规划组织工作中除了经费问题外，最重要的工作就是选择有实力的专业旅游规划机构来承担规划编制工作任务。2005 年，原国家旅游局发布了《旅游规划设计单位资质等级认定管理办法》（第 24 号令），将从事旅游规划设计业务的单位资质分为甲级、乙级和丙级 3 个等级，并规定了各等级单位的资质要求，明确了对旅游规划编制单位的资格认定和审核工作，使旅游规划的编制更加规范化。但是，国家相关法律法规中并没有强制规定取得旅游规划资质是开展旅游规划编制工作的前提，资质等级只是作为规划机构专业能力的一个参考。值得注意的是，2013 年原国家旅游局已经停止旅游规划资质的审批和复核工作。

旅游规划一般采用三足鼎立式的人员组织架构：一是规划编制领导小组。由政府主管官员和相关部门领导、少量专家担任，其职责主要是在规划编制过程中及时表达政府的意见，并从宏观上把握规划的方向性问题。二是专家咨询小组。由具有一定水平的规划相关专业人士组成，其职责是对规划中出现的问题进行专业咨询，提出修改意见，帮助解决一些不易解决的问题，特别是指导解决一些特殊领域的专业问题。三是规划技术小组。是规划的核心队伍，人员组成根据规划对象的不同又有所不同。一般来说，国家或省区规划技术小组的专业结构由核心组和外围组组成，其中核心组的专业人员由旅游开发、旅游市场、旅游经济、旅游交通等专业技术人员构成，外围组由生态学家、旅游社会学家或人类学家、旅游人力资源规划和培训专家、旅游组织专家、旅游立法和规章专家、旅馆和旅游设施专家等专业人员构成。

（二）规划任务书

在将规划任务交给规划机构之前，规划委托单位（甲方）应事先草拟一份规划任务书（Terms of Reference，TOR），以使受委托单位（乙方）较深入地了解委托单位的具体要求。但规划任务书也可以由规划机构根据委托单位的需求制定，交委托单位修改，经共同商定后使用。TOR 是执行规划任务时所遵循的指导思想和对规划检查验收的重要依据。TOR 做得越具体，规划机构对规划的要求领会越深，最后得到的规划成果就越能体现委托方的意图。TOR 的起草是一项细致的专业工作，应较为准确地提出规划所希望达到的目的和所需要的最终内容和形式。它一般包括总体开发目标、特别要求、专项目标及其成果和对应行动方案等内容。

任务书中需要明确规定规划期限。在规定的规划期限内，规划机构需要提出总体规划目标、分期规划目标和具体实现途径。世界旅游组织（WTO）为此提出了开发行动期、发展战略期和长期政策规划期三种分期。

（三）规划成果形式

根据 TOR 的要求，规划机构经努力完成旅游规划任务的编制，其最终成果一般包括三方面内容：一是规划文本（Planning Document），二是规划说明书（Planning Text），三是规划图件（Planning Maps）。《旅游规划通则》（GB/T 18971—2003）规定：旅游发展规划的成果包括规划文本、规划图表及附件。其中，规划图表包括区位分析图、旅游资源分析图、旅游客源市场分析图、旅游业发展目标图表、旅游业发展规划图等，附件包括规划说明和基础资料等。

规划文本是对规划成果的一种简洁明了的说明，主要提供给政府或企业主要领导审阅。因此，规划文本仅仅给出研究的结论和最终数据，一般不进行解释和背景介绍，通俗地理解就是文本是“不讲道理”、只讲结果的。在规划评审和提交有关政府机构、单位团体讨论规划方案时，这种简洁的文本是非常必要的。

文字简洁、提纲式的文本来自于对综合研究性的规划说明书的简化。旅游规划的说明书不同于城市规划的说明书，后者一般是对规划图表的解释。而旅游规划说明书详细地罗列了作为规划结论的背景和支持材料的引文及统计数据分析，必要情况下还包括深入的专题研究内容。一句话，旅游规划说明书就是“讲道理”的地方。在必要时，一些专题研究和辅助材料也可以作为支持数据附于说明书之内或之后，适合于旅游管理部门、规划执行人员和研究人员了解使用。

规划图表一般已经打印装订在文本中，但为了方便汇报时的解说及课题完成后委托方的日常使用，成果形式通常还包括若干幅挂图，其中最重要的两幅图是旅游资源分析图和旅游产业发展规划图。

（四）规划实施效果评估

为了保证旅游规划能够有效地执行，各级政府应当对本级政府主持编制的旅游规划的编制情况、执行情况及实施效果进行评估。其中，全国旅游发展规划、跨省级区域旅游规划、跨省级重点旅游路线规划的实施评估由文化和旅游部统一负责。规划的评估要按照“定量与定性评估相结合、专家评审与社会参与相结合”的原则，采用专家评审会的会议审查方式进行，并在此基础上形成规划实施评估报告。评估报告形成后，应通过政府网站、政府公报、网络等方式将规划的执行和落实情况向社会公示，时间应不少于15 天。委托第三方评估机构进行评估，应汇总公众意见，吸纳合理内容，对评估报告进行修改完善。规划实施效果评估是检测规划科学性、可行性、落地性的关键环节，有关部门必须认真对待，贯彻执行。

第二节 旅游规划基础理论

第二次世界大战之后，大众旅游的迅速普及极大地促进了旅游业的发展。但旅游业的快速发展打破了经济、社会、环境之间的平衡关系，旅游业界逐渐达成旅游开发、规划先行的普遍共识。在巨大的市场需求驱动下，旅游规划不断融入新的理念、理论、技术和方法，理论研究水平也不断提高，呈现出产业实践与理论研究相互促进的良好局面。

一、国内外理论研究进展

（一）国外旅游规划研究历程

旅游业发展与经济社会发展息息相关，第二次世界大战之后，在经济、交通、科技、社会进步的带动下，西方国家旅游业发展异常迅速，旅游规划也得到高度重视，其发展历程大致可以分为四个阶段。

1. 初始阶段（1930—1969 年）

旅游规划思想最早起源于 20 世纪 30 年代中期的英国、法国和爱尔兰等欧洲国家，主要是为一些旅游项目和旅游接待设施做一些基础性的市场评估和场地设计，如为饭店或旅馆选址等，严格来说尚算不得真正意义上的旅游规划。第二次世界大战后，一些国家和地区在接受了旅游无序发展带来的各种经验教训后，将旅游要素组织成为一个自觉的、有计划的联合体的思想开始逐步形成，致力于建设功能稳定的现代旅游系统。此时，旅游规划运用的主要是旅游经济学、闲暇与休憩学、旅游地理学等学科理论，旅游规划者多从旅游活动的经济性方面来开展研究，主要的代表人物是加拿大的地理学家罗奥·沃尔夫（Roy Wolfe）。20 世纪 60 年代，随着旅游业规模的扩大，旅游规划在欧洲得到了进一步发展，英国、法国相继出现了正式的旅游规划，并逐步扩展到北美、亚洲和非洲。1963 年，联合国国际旅游大会强调了旅游规划的重大意义。此后，马来西亚、中国台湾、美国等国家和地区均掀起了制定旅游规划的热潮。这一时期的旅游规划主要着眼于旅游资源开发利用、旅游区开发和对旧旅游区的改造。

2. 过渡阶段（1970—1979 年）

20 世纪 70 年代，旅游开发需要科学规划的观念得到许多国家及国际组织的认同和重视。20 世纪 70 年代末，世界旅游组织（WTO）颁布了旅游发展规划目录。同时，旅游业持续发展使旅游规划研究也得到进一步加强，开始出现了比较系统的旅游规划著作。世界旅游组织（WTO）出版了两个旅游开发文件，即《综合规划》（Integrated Planning）

和《旅游开发规划调查评估》(Inventory of Tourism Development Plans)。前者是为发展中国家提供的一本技术指导手册，后者则汇集了对118个国家和地区旅游管理机构旅游规划的调查。从中可以发现，这一阶段旅游规划的边缘学科性质日渐显现，更多的其他学科方法被引入到旅游规划中，旅游规划从传统的、静态的、确定性的规划向概率性的、动态的、不确定的规划转变，从物质环境规划向物质环境、社会、经济规划转变。

3. 发展阶段（1980—1989年）

20世纪80年代，人们对旅游规划的认识更为深刻，相关研究也日趋多样化。旅游规划普及到了许多欠发达国家和地区，同时在发达国家进一步发展和深化，还出现了旅游规划修编。《旅游：社区方法》(Murphy，1985)、《理论与实践相结合的旅游规划模型》(Getz，1986)、《旅游规划（第二版）》(Gunn，1988)、《旅游开发》(Pearce，1989)等著作比较深入地揭示了旅游规划的内涵，对旅游规划是一门综合性极强的交叉学科基本达成共识。这一时期一些学者还提出了一系列指导旅游规划的理论，其中包括门槛理论和旅游地生命周期理论等。其中，墨菲（Murphy）的社区方法和投入产出分析方法被广泛应用到旅游规划之中。同时，旅游地理学、旅游政策学、旅游生态环境学等理论逐渐被引入旅游规划中，并发挥了重要作用。

4. 深入阶段（1990年至今）

20世纪90年代初，西方旅游规划界在长期实践中形成了一定的规划标准与程序，并出现了专门从事旅游规划的规划师，规划内容、方法和程序逐渐成熟。在这方面做出杰出贡献的是著名旅游规划学家爱德华·因斯克普（Edward Inskeep），其两本代表作《旅游规划：一种集成的和可持续的方法》和《国家和地区旅游规划》是面向旅游规划师操作的理论和技术指导著作。同时，亚太旅游协会（PATA）高级副总裁罗杰·格里芬（Roger Griffin）提出了“创造市场营销与旅游规划的统一”的观点，反映了当时旅游规划对市场要素的重视。1995年4月，联合国教科文组织、环境计划署和世界旅游组织在西班牙共同召开了“可持续旅游发展世界会议”，确立了可持续发展的思想方法在旅游资源规划、开发和保护中的地位。总之，20世纪90年代以来，旅游规划的内容日益系统化，已经步入了新的发展阶段。

（二）国内旅游规划研究历程

我国旅游规划理论与实践的发展起步较晚。改革开放之初，邓小平同志关于加强旅游宣传促销、重视环境保护及搞好配套设施建设、人才培养和管理、旅游商品开发等旅游经济思想成为新时期中国旅游业的发展指南，也可视为我国旅游业发展战略规划的指导思想。在党和国家的重视下，我国旅游业从无到有、从小到大，成为国民经济中发展速度最快的行业之一，同时成为具有明显国际竞争优势的产业之一，国际旅游组织预测我国将于2020年成为世界最大的旅游目的地国。旅游规划理论研究就是在此背景下，以“任务带科学”的方式获得了长足的发展。

1. 萌芽阶段（1950—1977 年）

中华人民共和国成立初期，我国的国际威望与日俱增，为了满足国际友人、海外侨胞、外籍华裔来华旅游的需求，创办旅行社、开展旅游业务被提到国家对外事务的议事日程上来。根据周恩来总理指示，1954 年 4 月 15 日，北京、上海等 14 个城市成立了中国国际旅行社，负责接待访华外宾等事务。为了加强对全国旅游工作的统一领导，1964 年中共中央决定成立中国旅行游览事业管理局。此时，我国的旅游行政管理机构与中国国际旅行社总社为一体，其功能定位为政治接待。这个阶段，我国的旅游规划主要是以政府编制的旅游事业规划为主，可视为新中国旅游规划的萌芽阶段。

2. 起步阶段（1978—1989 年）

1978 年 12 月，党的十一届三中全会确定工作重点向社会主义现代化建设转移，旅游工作定位也从“政治接待”转变为“经济经营”。1979 年 7 月，邓小平同志在视察黄山时明确指示，发展黄山旅游业，省里要有个规划，这是国家领导人从战略高度首先提出的旅游规划问题。1986 年，我国在“七五”计划中提出“要大力发展旅游业，增加外汇收入，促进各国人民之间的友好往来”。这是旅游业第一次在国家计划中出现，旅游的产业地位首次得到了明确。在此背景下，我国的区域旅游规划得以广泛开展。这个阶段的旅游规划属于实证探索期，对旅游开发和规划偏重于个案研究和经验总结，其理论深度不够，主要集中在旅游资源和旅游地的评价方法上。

3. 发展阶段（1990—1999 年）

20 世纪 90 年代以后，伴随着市场经济发展，我国旅游规划逐步跨入市场导向的旅游规划时期，在国家和区域层面都获得了长足的进步。国内一些著名的研究院所和大专院校专家开始大量编制区域旅游发展规划，涌现出一系列省、市级旅游规划成果。在这一时期，旅游规划突破了资源评价导向的束缚，开始把 SWOT 分析法、客源市场分析、市场细分、形象营销等引入到旅游规划中。同时，生命周期理论、门槛理论、社区理论、可持续发展理论等国外旅游规划的重要理论也相继引进，许多重要的国外旅游规划著作和旅游期刊也被广泛引介到国内，我国旅游规划已经开始和世界接轨。

4. 规范阶段（2000—2008 年）

这一时期我国国内旅游进入蓬勃发展的大众化旅游阶段，旅游开发由少数地区发展到全国，各地旅游资源进入全面开发阶段。旅游规划范围越来越大，市场结构越来越复杂。从游客消费看，由基本层次的观光旅游向高层次的专项、主题旅游转变。旅游方式开始由走路线、奔景点转向更加注重旅游体验和经历。在此背景下，中国旅游规划进入了一个新的发展阶段。这一时期的旅游规划显示出以下显著特征：一是地方性旅游规划和旅游目的地规划的需求激增；二是旅游规划的队伍不断壮大；三是旅游规划的规范化趋向明显。《区域规划原理》（吴必虎，2001）等一系列旅游规划学术论著及旅游规划案例教材相继出版。从编制旅游规划所使用的技术方法来看，一些基于计算机技术的方法，如全球定位系统（GPS）、地理信息系统（GIS）、遥感技术和一些理论，如系统论、控制论、行为论等也被引入旅游规划编制之中。

这一时期，国家旅游行政管理部门对旅游规划的规范化工作也不断得到加强。2000年11月，原国家旅游局发布《旅游规划设计单位资质认定暂行办法》。2003年2月，由原国家旅游局提出，国家质量监督检验检疫总局、国家标准化委员会发布《旅游规划通则》（GB/T 18971—2003）和《旅游资源分类、调查与评价》（GB/T 18972—2003）两个国家标准。通则进一步明确了旅游区、旅游客源市场、旅游资源、旅游产品、旅游容量的定义，规定了旅游规划编制的原则、程序、内容及评审的方式，提出了旅游规划编制人员和评审人员的组成和素质要求，是编制各级旅游发展规划及各类旅游区规划的规范性文件。同时，国标对旅游资源的类型划分、调查、评价的实用技术和方法，进行了较深层次的探讨，在此后的旅游规划实践工作中得到普遍应用。2005年7月，原国家旅游局发布《旅游规划设计单位资质等级认定管理办法》，规定旅游规划设计单位资质等级分为甲级、乙级和丙级，全国旅游规划设计单位资质等级认定委员会负责甲级和乙级资质的认定和复核，各省级旅游规划设计单位资质等级认定委员会负责本地区丙级资质单位的认定和复核。

5. 提升阶段（2009年至今）

《国务院关于加快发展旅游业的意见》（国发〔2009〕41号，以下简称《意见》）将旅游业定位为“国民经济的战略性支柱产业和人民群众更加满意的现代服务业”，使旅游业在国民经济体系中的地位实现历史性突破。《意见》指出要制定国民旅游休闲纲要，落实带薪休假制度，促进国内旅游大发展。在国家大力发展旅游业的大好形势下，旅游规划的学科体系逐步完备，旅游行业地位日渐提高，旅游规划也逐渐成为政府决策部门高度重视的规划之一。截至2013年，全国共有甲级旅游规划资质单位100家、乙级资质单位270家及大量丙级资质单位。

这一时期，旅游规划人才队伍的壮大及其他行业的结构调整和转型升级，促使旅游规划研究的范畴越来越广，旅游项目开发模式越来越多，形成了较好的经验总结和案例借鉴。此外，《水利风景区规划编制导则》（2010）、《旅游发展规划实施评估导则》（2015）、《旅游资源分类、调查与评价》（GB/T 18972—2017）、《文化和旅游规划管理办法》等政策文件和标准的出台，遥感技术、无人机和可穿戴设备等科技的发展，也为旅游规划质量的提升提供了理论指导和技术支撑。

二、旅游规划的相关概念

（一）重要概念

在《旅游规划通则》（GB/T 18971—2003）中，对旅游规划涉及的一些重要概念进行了阐述，主要包括以下几个方面。

（1）旅游发展规划（Tourism Development Planning），是根据旅游业的历史、现状

和市场要素的变化所制定的目标体系，以及为实现目标体系在特定的发展条件下对旅游发展的要素所做的安排。

（2）旅游区（Tourism Area），是以旅游相关活动为主要功能或主要功能之一的空间或地域。

（3）旅游区规划（Tourism Area Planning），是指为了保护、开发、利用和经营管理旅游区，使其发挥多种功能和作用而进行的各项旅游要素的统筹部署和具体安排。

（4）旅游客源市场（Tourism Source Market），是指旅游区内某一特定旅游产品的现实购买者与潜在购买者。

（5）旅游资源（Tourism Resources），是指自然界和人类社会凡能够对旅游者产生吸引力，可以为旅游业开发利用，并可产生经济效益、社会效益和环境效益的各种事物和因素，均称为旅游资源。

（6）旅游产品（Tourism Product），是指旅游资源经过规划、开发建设而形成旅游产品。旅游产品是旅游活动的客体与对象，可分为自然、人文和综合旅游产品三大类。

（7）旅游容量（Tourism Carrying Capacity），是指可持续发展前提下，旅游区在某一时间段内，其自然环境、人工环境和社会经济环境所能承受的旅游及相关活动在规模和强度上极限值的最小值。

（二）相关概念

（1）概念性旅游规划（Conceptual Tourism Planning），是指编制旅游规划早期的一种研讨性规划手段，是一种在理想状态下对旅游开发地旅游业发展未来的前瞻性把握和创造性构思。

（2）旅游扶贫规划（Tourism Poverty Alleviation Planning），是指以扶贫为出发点和立足点，以旅游为切入点和引爆点，为实现贫困地区居民脱贫致富和经济社会全面发展而编制的一种旅游规划。

（3）旅游社区（Tourism Community），是指旅游地区域内的居民、经营机构、管理机构等所组成的社会系统。

（4）旅游形象（Tourism Image），是旅游者或潜在旅游者接收到旅游地各种信息（直接信息和间接信息）经过处理后对旅游地所形成的看法或评价，也是旅游地知名度和美誉度的统一体。

（5）旅游环境（Tourism Environment），是指旅游资源、旅游产品所处的背景系统或旅游者在旅游活动过程中与之形成相互交流关系的环境体系，它主要包括旅游自然环境、旅游人文环境和社会经济环境。

（6）全域旅游（Comprehensive Tourism），是指各行业积极融入其中，各部门齐抓共管，全城居民共同参与，充分利用目的地全部的吸引物要素，为前来旅游的游客提供全过程、全时空的体验产品，从而全面地满足游客全方位体验需求的一种旅游发展方式。

（7）旅游+（Tourism +），是指综合考虑旅游业综合性、关联性的特点，积极推动旅游与其他产业的融合发展，如旅游+农业，旅游+地产、旅游+文创等。

（8）旅游支持系统（Tourism Support System），是推进旅游规划实施、加强旅游管理监控、制定旅游目标体系、保障旅游产业发展的各种因素和事物。它通常包括政府和协会管理系统、产业组织系统、社区支持系统、社会服务系统等。

表面看来，上述15个概念各不相干，但实际上都是紧紧围绕着旅游规划这一活动的。它们从三个层次分别对旅游规划活动进行说明或限定：第一层次是背景层次，包括旅游区、旅游客源市场、旅游资源、旅游社区和旅游环境5个基本概念；第二层次为技术层次，包括旅游发展规划、旅游区规划、旅游产品、旅游容量、概念性旅游规划、旅游扶贫规划、旅游形象、全域旅游、“旅游+”9个基本概念；第三层次是规范管理层次，包括旅游支持系统1个基本概念。

三、旅游规划相关理论

（一）体验经济理论

体验与体验经济是在人类社会经济发展过程中，继服务经济之后的发展趋势。美国著名未来学家阿尔文·托夫勒（Alvin Toffler，1970）率先提出了体验业（Experience Industry）的概念。1999年，派恩二世和吉摩尔（Pine & Gilmore，1999）在《体验经济》一书中描述了体验经济的特征：作为体验策划者的企业将不再仅仅提供商品和服务，而是为消费者搭建体验的舞台，在这个舞台上，消费者开始自己的、唯一的表演，即消费。当表演结束时，这种体验将给消费者留下难忘的、愉悦的记忆。基于这种体验消费的美好、唯一、独特、不可复制、值得回忆的特性，企业可以根据其所提供的特殊价值向消费者收取更高的费用。体验经济凸显了消费者的个性化消费和生产者据此采取定制化生产的法则。谢彦君（2004）认为，旅游体验的研究是旅游学的基础。体验经济理论能为旅游项目的策划提供较为清晰的方向指引，使旅游规划更好地突出个性，避免规划的模式化、套路化。

（二）系统理论

系统理论认为，系统是由相互联系的各个部分和要素组成的，具有一定结构和功能的有机整体。这个整体即是系统。构成整体的各个局部称为子系统，子系统下面包括更低一级的子系统，最低级的为组成系统的各要素。系统论的基本思想就是要把研究和处理的对象看成一个系统，从整体上考虑问题。同时还特别注意各子系统之间的有机联系，把系统内部的各个环节、各个部分及系统内部和外部环境等因素都看成相互联系、相互影响、相互制约的。

旅游规划就是要使整个旅游系统协调、有序、高效地运转，从而通过旅游系统内各要素的配置，使旅游系统达到最优的建设和最大的效益。旅游系统包括四个部分，即客源市场系统、出行系统、目的地系统和支持系统，如图 1–2 所示。

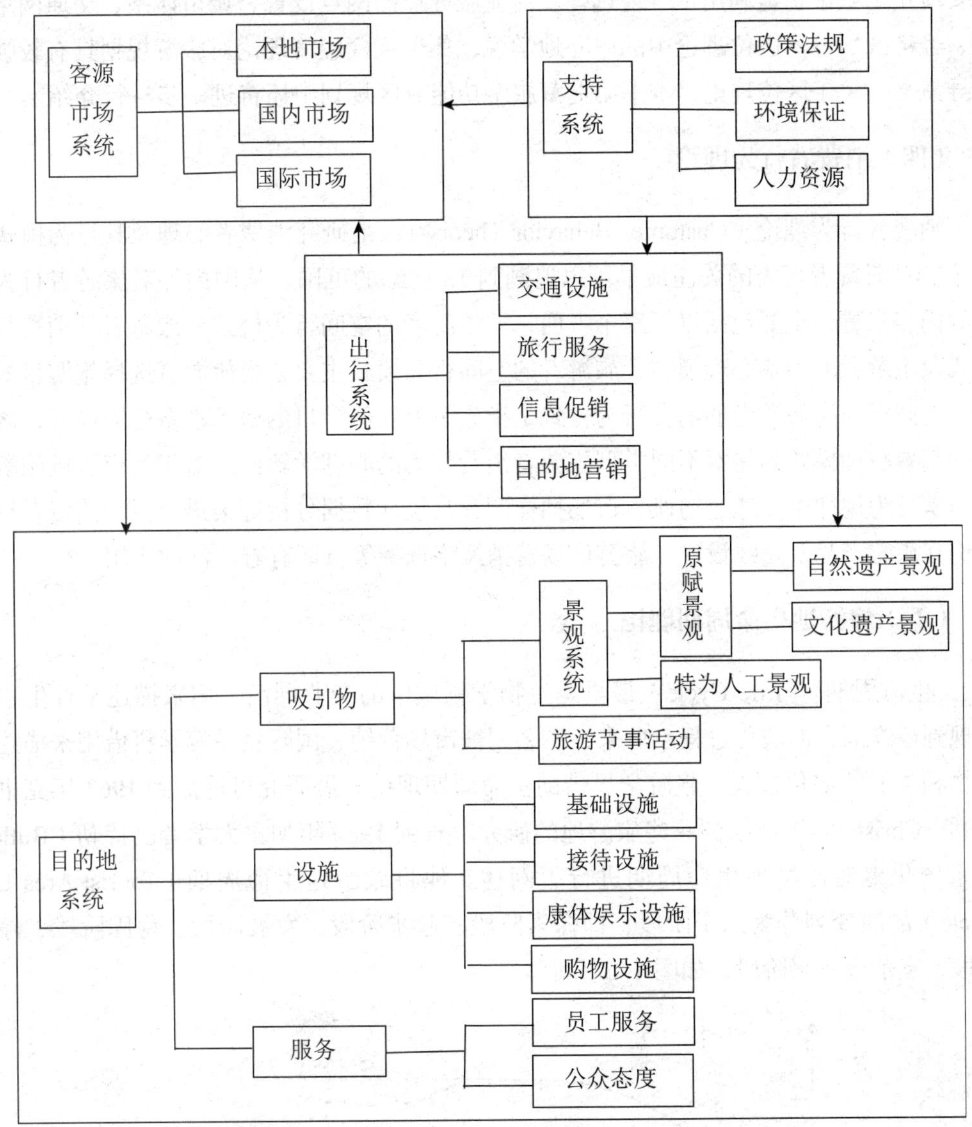

图 1–2 旅游系统

（三）区位理论

区位一词来源于德文的“Standort”，1886 年该词被英译为 Location。区位理论是说明和探讨地理空间对各种经济活动分布和区位的影响，是研究生产力空间组织的一种学说，或者说是关于人类活动的空间分布和空间组织优化的理论，尤其突出表现在经济活动中。区位可以分为绝对区位和相对区位。绝对区位是指由经纬度构成的网络系统中的某个位置，即自然地理位置。相对区位是指相对于其他位置来说的限定位置，即交通地理位置和经济地理位置。两者比较而言，相对区位要比绝对区位重要得多。区位理论主要应用于城市土地利用、厂址选择、商业服务业的网点设置、城市体系、交通网络问题、经济区划等。区位理论中的中心地学说、集聚规模经济理论对旅游规划具有较强的指导意义。关于区位理论，本书第七章旅游功能分区规划中还将进一步进行介绍。

（四）消费者行为理论

消费者行为理论（Customer Behavior Theory），是研究消费者心理及其行为模式的理论。对消费者行为的关注最早可以追溯到 18 世纪的英国。从国内外对旅游者行为研究的内容来看，主要包括以下三个方面，即旅游者的空间行为模式、旅游者的消费行为模式及旅游者的消费心理模式。旅游者的空间行为模式主要是指旅游者选择旅游目的地时的空间指向，旅游者的消费行为模式是指旅游者在旅游目的地的消费行为构成，旅游者的消费心理模式则是对不同类型旅游者消费行为的心理学解读。对于特定区域旅游者的消费行为规律主要通过访谈、市场抽样调查与统计数据分析等渠道获得。消费者行为理论在旅游产品及路线设计、旅游市场营销策略选择等方面有着广泛的应用。

（五）旅游地生命周期理论

“生命周期”（Life Cycle）最早是生物学领域中的专业词汇，用来描述某种生物从出现到最终消亡的演化过程。后来，该名词被市场营销、国际贸易等学科借用来描述与生物相类似的演化过程。旅游学界借助生命周期理论开展研究可追溯到 1963 年克里斯泰勒（Christaller）对欧洲一些旅游地的研究。直到 1980 年加拿大学者巴特勒（Butler）才系统化地对旅游地生命周期进行了阐述。他将旅游地生命周期（Tourist Area Life Cycle）的演变划分为六个阶段，即探索阶段、起步阶段、发展阶段、稳固阶段、停滞阶段、衰落或复兴阶段，如图 1–3 所示。

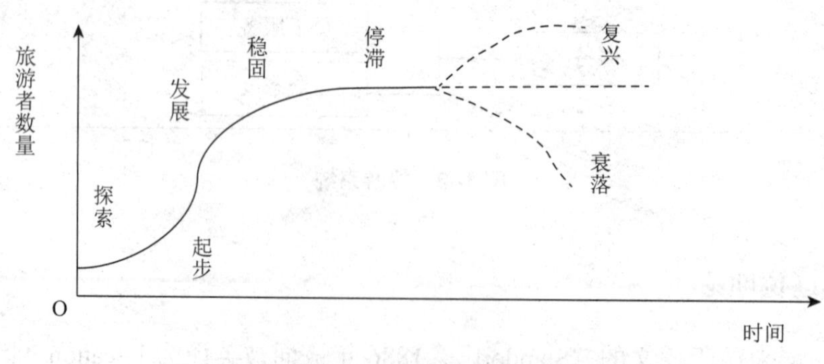

图 1–3 巴特勒（Butler）旅游地生命周期示意

（1）探索阶段。只有很少的探险旅游者进入，目的地没有公共服务设施，吸引来访者的是当地的自然吸引物，来访者属于对当地特定吸引物感兴趣的游客类型。

（2）起步阶段。当地居民间有一定的相互作用，旅游业的发展能为旅游者提供一些基本的服务；不断增加的广告作用触发了特定的旅游季节变化；开始形成一定的地区性市场。

（3）发展阶段。旅游设施的开发在增加，促销工作也在加强；旅游贸易业务主要由外地商客控制；旺季游客远超出当地居民数，诱发了当地居民对游客的反感。

（4）稳固阶段。旅游业成为当地经济的主体，但是增长速率在下降；形成了较好的商业区；当地人们力争延长旅游的季节。

（5）停滞阶段。游客的数量和旅游地的容量达到高峰；已经建立了良好的旅游地形象，但是该形象已不再时兴；旅游设施移作他用，资产变动频繁。

（6）衰落或复兴阶段。在这个阶段，旅游者受到其他新兴旅游吸引物的影响，减少了到该旅游地旅游的频率，旅游业在当地国民经济中的重要性日益降低。若旅游地积极进行旅游开发创新，如新建一系列人造旅游景观或开发新的旅游资源，则有可能在停滞阶段之后进入复兴阶段，掀起新一轮的旅游发展浪潮。

（六）利益相关者理论

利益相关者理论最初来源于管理学。佛里曼（Freeman，1984）指出，利益相关者是指任何能够影响组织目标实现或被该目标影响的群体或个人。利益相关者理论强调企业经营管理中的伦理问题和面向可持续发展目标。20世纪80年代，利益相关者理论开始被引入旅游研究领域，用于解决旅游业所面临的种种困惑，并衍生出了“旅游利益相关者”这一术语。此后，国外的许多学者尝试对旅游领域的利益相关者进行了划分。其中，桑特和雷森（Sautter & Leisen，1999）根据弗里曼（Freeman）的利益相关者图谱，勾勒出一幅以旅游规划者为中心的8个利益相关者组成的图谱，也是目前国内学者引用得最多的图例，如图1–4所示。

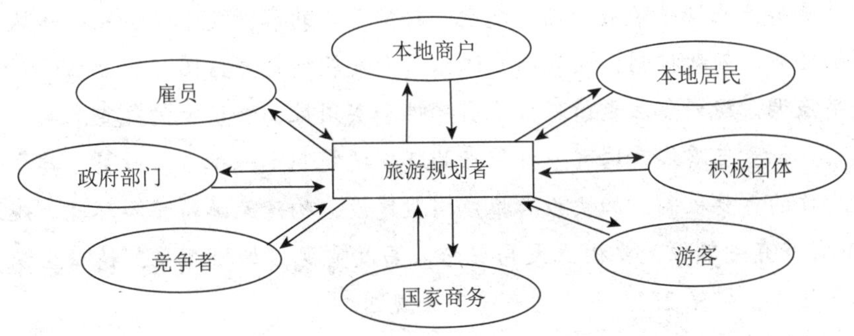

图1–4 旅游业利益相关者结构

【本章小结】

1. 厘清旅游规划的概念是本章首要问题。旅游规划是以旅游资源与市场调查评价为基础、以预测和管理为手段、以优化和持续发展为目的，结合社会、经济和文化的发展趋势及旅游系统的发展规律，以优化总体布局、完善功能结构，以及推进旅游系统与社会持续发展为目标的战略设计及其实施过程。旅游规划的对象是旅游地域系统，研究内容包括旅游经济产业系统及与其发展有关的所有方面。旅游规划的目的可以分为四个方面，即提高旅游者的满意程度、提高经济和商业效益、保护资源财富、促进社区和地区的整合。旅游规划对增强旅游资源吸引力、形成优质旅游目的地、促进旅游业三大效益协调发展和推动旅游业可持续发展具有积极作用。旅游规划可按照地域范围、规划时期、组织结构等进行分类，在遵守相关要求的前提下，按照一定程序编制。

2. 国内外旅游规划已有近100年的发展历程，相关概念可以分为三个层次。第一层次是背景层次，包括旅游区、旅游客源市场、旅游资源、旅游社区和旅游环境5个基本概念；第二层次为技术层次，包括旅游发展规划、旅游区规划、旅游产品、旅游容量、旅游概念性规划、旅游扶贫规划、旅游形象、全域旅游、“旅游+”9个基本概念；第三层次是规范管理层次，包括旅游支持系统1个基本概念。体验经济理论、系统理论、区位理论、消费者行为理论、旅游地生命周期理论和利益相关者理论是旅游规划的基础理论。

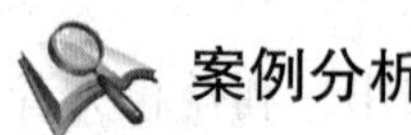

案例分析

《长江旅游带发展规划纲要》7月底前完成

2015年3月16日，国家旅游局组织召开《长江旅游带发展规划纲要》编制工作启动会。国家旅游局局长李金早出席会议并讲话，副局长吴文学主持会议。

李金早指出，编制《长江旅游带发展规划纲要》是贯彻落实中央关于推动长江经济带发展战略的重要举措。长江经济带具有东西双向、海陆统筹、沿海沿江沿边开放的区位优势，在我国区域发展总体格局中具有重要战略地位。做好长江旅游带发展规划纲要，是推动旅游产业持续繁荣、创新发展、转型升级的客观要求，必须统一认识、聚焦目标、明确任务、创新机制，为我国长江旅游带发展绘制好蓝图。

李金早强调，规划要注重前瞻性、引领性和实用性，要下大力气重点打造一批重大项目、规划一批重点路线、培育一批重点品牌、研究制定一批重大政策、建立一系列全流域协调合作的重要机制，加快旅游推广同盟建设，构建无障碍旅游环境。规划编制组和沿江11省市有关单位，要树立大局观念，高度重视，加强领导，精心组织，按时保质完成各项任务，确保2015年7月底前完成规划。

会上，国家旅游局规划财务司对规划纲要编制的前期背景进行了介绍，规划纲要编制单位中科院地理所就规划编制思路和初步方案进行汇报。沿江11省、直辖市旅游委（局）主要负责人和规划编制专家参加会议。

资料来源：吕文.《长江旅游带发展规划纲要》7月底前完成［N］.中国旅游报，2015-3-20（001）.

讨论问题：

1. 旅游规划的编制主体有哪些？本案例的规划编制涉及哪些利益主体？

2. 旅游规划的编制程序分为哪几个阶段？本案例是规划编制程序中的哪个阶段？

实践活动

体验经济是继农业经济、工业经济和服务经济之后的新经济形式。在体验经济时代，体验式旅游已成为广大旅游者追求的旅游形式。请你调查所在城市及其景区主要开展了哪些旅游体验项目，并思考“体验”在旅游过程中的意义。

思考题

1. 编制旅游规划的意义主要体现在哪些方面？

2. 旅游规划成果一般应包括哪些内容？

3. 旅游规划有哪些主要类型，分别有什么要求？

4. 结合实际谈谈旅游规划有哪些利益相关者，如何协调好他们之间的利益冲突？

5. 体验经济理论和旅游地生命周期理论分别对编制旅游规划有什么指导意义？

【参考文献】

[1] 马勇，李玺 . 旅游规划与开发 [M]. 北京：高等教育出版社，2002.

[2] 黄羊山 . 旅游规划原理 [M]. 南京：东南大学出版社，2004.

[3] 保继刚 . 旅游区规划与策划案例 [M]. 广州：广东旅游出版社，2006.

[4] 明庆忠 . 旅游规划教程 [M]. 天津：南开大学出版社，2006.

[5] 马洪元 . 旅游规划实用教程 [M]. 天津：南开大学出版社，2009.

[6] 赵黎明，黄安明 . 旅游规划教程 [M]. 北京：科学出版社，2010.

[7] 吴必虎，俞曦 . 区域旅游规划原理 [M]. 北京：中国旅游出版社，2010.

[8] 周作明 . 旅游规划学 [M]. 北京：旅游教育出版社，2012.

[9] 郭伟，殷红梅 . 旅游规划原理与实务 [M]. 北京：北京大学出版社，2012.

[10] 邹统钎 . 旅游学术思想流派 [M]. 天津：南开大学出版社，2013.

[11] 马勇，李玺，李娟文 . 旅游规划与开发 [M]. 北京：科学出版社，2019.

[12] 马勇 . 旅游规划与开发 [M]. 武汉：华中科技大学出版社，2020.

[13] 吴必虎 . 旅游规划的自由与约束：法规、标准与规范 [J]. 旅游学刊，2013，28（10）：4-5.

[14] 中华人民共和国旅游法 [DB/OL].https://baike.so.com/doc/5382373-5618728.html，2020-02-23.

[15] 文化和旅游部关于印发《文化和旅游规划管理办法》的通知 [DB/OL].http://zwgk.mct.gov.cn/auto255/201907/t20190701_844754.html?keywords=，2019-05-07.

第二章 旅游规划基础分析

旅游规划基础分析是编制旅游规划的起点和基础，主要分为旅游发展环境分析和旅游产业基础分析。旅游发展环境分析指的是对影响旅游发展的环境要素进行分析与评价，主要围绕旅游地的自然地理环境、历史人文环境、社会经济环境及交通区位等方面进行。旅游产业基础分析主要对旅游产业的发展现状、存在问题和未来趋势进行分析与评价。

【学习目标】

通过本章的学习，熟悉旅游规划基础分析的内容、步骤和分析要点，掌握对旅游地的发展环境、旅游产业发展现状、存在问题及未来趋势进行分析的方法。

【核心概念】

旅游发展环境、自然地理环境、历史人文环境、社会经济环境、产业融合

第一节 旅游发展环境分析

旅游业的发展不仅与旅游资源相关，还受到各种环境因素的影响，因而编制旅游规划，必须首先对发展环境进行分析。旅游发展环境分析是旅游规划的起点和基础，是指对影响旅游发展的环境要素进行分析和评价，为制定规划区旅游发展战略、旅游形象定位和旅游产品开发等工作提供科学依据。旅游发展环境分析主要围绕自然地理、历史人文、社会经济、交通区位四个方面进行（见图 2-1）。

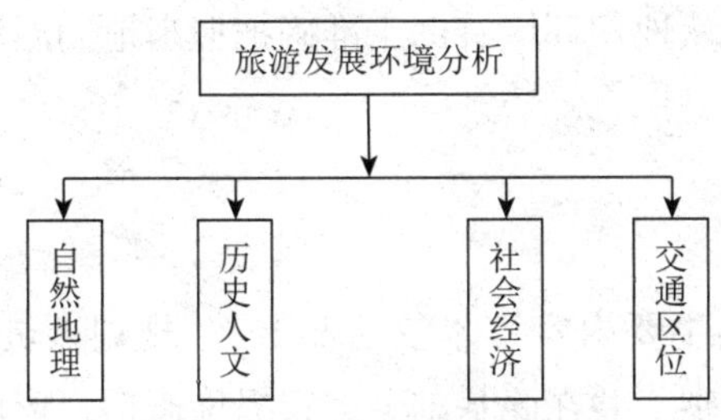

图 2-1 旅游发展环境分析

一、自然地理环境分析

（一）重要意义

1. 自然地理环境分析是旅游发展环境分析的基础

自然地理环境是构成旅游资源所在区域整体感知形象的一个重要因素，是旅游活动的第一外部环境条件。自然地理环境主要包括地质地貌、气候、水文、生物等方面，能够向人们展示一个地理事物所具有的独特要素，是区分地理事物最根本的特征。另外，自然地理环境中的地质地貌、气候、水文等因素对旅游资源开发利用影响非常大，因此，自然地理环境分析是旅游发展环境分析的基础。

2. 自然地理环境对旅游地自然景观具有重要影响

由于所处的地理位置不同，旅游地所拥有的自然地理要素存在不同程度的差别，因此形成了各具特色的自然景观。一些自然景观独特、自然地理条件优越的地区，往往成为世界著名的旅游胜地。同一类型的旅游资源因所处的自然地理环境不同，也会表现出不同的特色。例如，华山、泰山和黄山都是花岗岩名山，但各有其鲜明的个性特征。

3. 自然地理环境直接影响旅游者体验

旅游地的气候条件直接决定了适宜旅游的季节。一年中适于旅游的天数越多，旅游地对旅游者的吸引力就越大，旅游开发带来的综合效益就越高。气候还决定了当地出现灾害性天气的季节、天数、频率和影响程度，对旅游地开发带来直接影响。同时，自然水体是景区设施和旅游者生活的必需品，水质关系到旅游者的健康。此外，地质地貌条件对旅游开发建设也有重大影响，如果是地震、滑坡、泥石流易发地区，则不适合作为旅游开发区。

4. 了解自然地理环境有助于全面认识旅游地

在旅游地发展过程中，规划功能布局、旅游项目选址、环境保护、旅游资源开发利用、培植绿色植物等许多方面需要根据自然地理环境条件开展工作。例如，低纬度沿海地区可以开发滨海旅游度假地，而高纬度地区在冬季可以依托冰雪旅游资源开发冰雪旅游项目。了解旅游地的自然地理环境有助于准确把握当地的旅游资源分布规律等影响旅游开发的自然因素。

（二）分析要点

自然地理环境分析的主要内容具体参见表 2-1。规划人员应依据资料和调研情况，对相关信息进行筛选、甄别，并在此基础上进行提炼概括，形成自己的判断认识，为旅游规划奠定扎实基础，切忌把与旅游规划没有直接关联的材料罗列堆砌。

1. 地质地貌

地质是指地球的性质和特征，包括地球的圈层分异、物理性质、化学性质、岩石性质、矿物成分、岩层和岩体的产出状态、接触关系，地球的构造发育史、生物进化史、气候变迁史等。地貌是指地表起伏的形态，如陆地上的山地、平原、河谷、沙丘，海底的大陆架、大陆坡、深海平原、海底山脉等。地质地貌是造就自然旅游资源的重要基础，在很大程度上影响自然旅游景观的总体特征。旅游规划中应分析大地构造、地质作用、地貌类型，并结合各种地质地貌特点分析旅游资源的开发价值。

2. 气候条件

气候是大气物理特征的长期平均状态，也可以说是一个地方多年的天气平均状况。气候与天气不同，具有较强的稳定性，时间尺度为月、季、年、数年到数百年以上。旅游规划中气候条件分析的内容包括规划区所处气候区、气象景观、所属气候类型、各类指标及气候条件的旅游适宜性、适游期的长短等。

3. 水文条件

水文指的是自然界中水的变化、运动等各种现象。水是重要的构景要素，可以独立成景，同时也是影响其他自然旅游资源形成及其景观价值的重要因素。旅游规划除分析规划区所在的水系、水文等基本特征以外，还要重点分析河流、湖泊、瀑布、泉点的数量、分布及旅游开发价值。

4. 生物条件

生物是指自然界中一切有生命的物体。生物条件评价一般侧重分析具有观赏价值、科考价值的动植物数量、类型及其分布。此外，生物一般不是独立存在的，旅游规划中还应分析作为其生存场所与环境的动物园、植物园、森林公园、自然保护区、湿地公园等。

表 2-1　自然地理环境分析要点

序号	环境要素	分析要点
1	地质地貌	地质基础、地貌类型及其对旅游景观的影响、灾害可能性等
2	气候条件	所处气候带、旅游适应性、适游期长短、灾害可能性等
3	水文条件	水文特点、要素概况及其造景作用、灾害可能性等
4	生物条件	动植物种类及特征、旅游价值、有无危险性等

二、历史人文环境分析

历史人文背景分析是分析旅游地的历史文化内涵及其人文环境，主要从历史沿革、人文概况两方面展开，分析过程中特别应注意对重大事件、历史名人和文化特色的梳理和提炼总结，为加强资源保护和开发利用奠定基础。

（一）历史沿革

历史沿革就是旅游地历史文化的延续和变革。旅游规划中的历史沿革分析就是要交代当地的历史演变过程，突出其历史文脉，客观评价其历史底蕴，更重要的是需要重点评价当地历史上繁荣发展阶段所达到的文明程度，以及有重大历史意义的事件、著名历史人物等。对于旅游地而言，悠久的历史本身就是一笔巨大的财富。若拥有辉煌悠久的历史背景，旅游地本底感知形象往往占据优势地位。同时，经过长时间的历史积淀，地区的地方文化等各方面都处于比较先进的水平，且会形成自己独特的体系。旅游规划的重要任务之一，就是寻找和挖掘具有一定知名度和影响力的历史遗迹、历史事件和历史名人等文化资源。

（二）人文概况

人文概况主要是调查研究规划区的文脉。文脉一词是从英文“context”翻译来的，其原意为（文章中字、词、句等的）上下文，（事物）发生的环境、背景。在汉语中，“文”有文明、文化之意，“脉”有脉络、血脉、气脉等意。文脉是指一个地域的社会文化氛围和社会文化传承。社会文化脉络是一个地方的文化脉络源流，可以从文学、文艺、民俗、建筑建设、生活方式等方面进行分析。文脉是旅游地文化的精髓和灵魂。准确把握地方文脉，有助于建构鲜明的旅游地形象，打造差异化的旅游产品，形成旅游核心竞争力，促进区域旅游产业的可持续发展。

三、社会经济环境分析

社会经济环境分析是指对规划区的经济水平、社会环境、旅游投资能力等进行分析，主要涉及地区人口、民族、经济发展、经济计划、基础设施建设、对外交往等方面的情况。深入了解旅游地的社会经济环境，有助于对规划区的旅游投融资和基础设施建设能力形成基本判断，还可以帮助了解旅游客源的基本构成情况。社会经济环境分析可以从经济水平和社会条件两个方面展开，分析要点参见表 2–2。

表 2–2 社会经济环境的分析要点

序号	环境要素	分析要点
1	经济水平	规划区的主要经济指标、产业结构、人均收入、基础设施状况等
2	社会条件	规划区的文化、教育、宗教等方面的情况等

（一）经济水平

1. 重要意义

（1）经济发展水平奠定旅游地开发基础。通常经济越发达的地区旅游投资开发能力强，地区本地居民对旅游产品的消费需求也比较旺盛，旅游业发展基础条件较好。同时，经济发展水平高则物资供应充足，旅游开发成本则相应较低，易于获得更高的经济效益。同时，经济发展水平较高的地区在人力资源的供给上也具有较大优势，对旅游资源开发和项目经营管理具有很大的推动作用。相反，地理位置较为偏远、基础设施不够完善或相对落后的地区，旅游资源的可进入性和服务质量都受制于其经济发展水平，不利于当地旅游资源的开发和旅游经济效益的提高。

（2）经济发展水平决定旅游开发质量和市场开拓。区域经济发展因素包括社会经济状况、基础设施及交通状况等，直接影响着旅游区的开发投入和可进入性，同时也影响着旅游者的出行决策。有的旅游地由于区位条件和经济基础较差，容易形成时空阻力，不容易被旅游者所选择。因此，在对旅游地进行规划开发之前，只有研究当地的交通、市场、人力、产业等经济要素，才能形成因地制宜、合理有序开发的规划方案。

2. 经济环境分析要点

经济环境是指能够满足旅游者在旅游地开展旅游活动的一切外部经济条件，主要包括投资能力、劳动力、物资供应能力及基础设施等。经济环境分析主要包括国民经济发展水平、经济结构、经济开放程度、在区域中的经济地位、城镇化程度五个方面。其中，应重点关注的经济分析要素有地区生产总值（地区 GDP）、国民人均收入水平、外向型经济发展水平，是否是区域经济中心，是否享有经济特区和开放城市及保税区优惠政策，是否属于贫困地区、国家宏观战略重点开发地区、民族自治地区、移民开发区，是否享受某些产业优惠政策等。

（二）社会条件

1. 重要意义

（1）社会稳定是旅游开发的先决条件。旅游业对社会条件具有极强的敏感性和脆弱性。安全是社会因素的重要内容，根据马斯洛需求层次理论，旅游需要属于人们较高层次的精神需求，应建立在安全需要得到满足的基础之上。因此，如果旅游地的社会稳定、治安良好，旅游业的发展就可以得到较好的保障；反之，如果旅游地社会动荡、治安不好，则不适宜发展旅游业。

（2）政策支持是旅游开发的基本保障。如果地方政策法规的制定对发展旅游业给予较大支持力度，那么会给旅游业的发展创造较好的社会条件。在政府制定的系列产业政策中，财政政策制度安排和政策设计最为重要，这对于促进当地旅游业竞争力提升、推进产业全面转型升级、促进旅游业实现内涵式增长、优化旅游业发展环境都具有重要意义。

（3）卫生健康是旅游开发的核心价值。卫生健康是旅游者的最基本需求。一方面，旅游地卫生条件的好坏将直接影响旅游者的感知体验，这也是旅游者是否会成为“回头客”的先决条件。另一方面，旅游者追求旅游活动目的是能够在身心均获得更好的放松，增进身心健康。因此，旅游地的开发不仅要注重感官的享受，更应强调环境保护和内涵建设，既能改善旅游者的身心健康，同时又能促进地区自然和社会的健康发展。

（4）民俗风情是旅游开发的特色所在。旅游者对民俗文化、异质文化的渴求和体验是他们出游的重要目的。作为地域“性格”表现形式的民风民俗，包括传统节日、服饰、饮食、体育竞技、习俗等都是吸引旅游者到访的重要因素。民俗文化是宝贵的社会旅游资源，利用好民俗文化资源，有利于增强旅游产品吸引力，提高文化品位，满足旅游者娱乐、休闲、求知的需求，进而推动当地旅游业的发展。

2. 社会环境分析要点

社会环境主要是指当地的政治局势、治安状况、政策法规、卫生状况和当地居民对旅游者的态度等，直接影响旅游资源开发利用的需求、速度、质量和总体规模，因而也是旅游规划分析的重要内容。社会环境是旅游开发背景中最复杂的环境，分析要点包括的内容特别多，所涉主要方面有旅游地的自然、人口、民族、民俗、教育、宗教、公共文化、居民休闲等，同时包括是否被确定为对外开放城市、中国历史文化名城、全国卫生城市、风景园林城市、中国优秀旅游城市、中国百强县市等。

四、交通区位分析

（一）重要意义

1. 交通条件是影响旅游地开发的重要因素

交通条件即旅游地的可进入性。可进入性是指从客源地到旅游地的难易程度，主要由交通工具和交通基础设施（如机场、道路等）两个因素决定。进入旅游地的难易程度是分析旅游地开发条件的重要内容，是除自然客观条件外的首要条件。交通条件往往是制约旅游业发展的首要因素。我国有些偏远地区不乏优质旅游资源，纵然有不少旅游者很向往这些地方，但往往由于交通条件的限制而难以进入，致使旅游业发展缓慢。例如，新疆天池、黑龙江漠河、西藏雅鲁藏布江大峡谷等地，旅游业发展受限于交通瓶颈的问题比较突出。反之，一些旅游先进地区正是因为有优越的交通区位条件而快速发展起来。例如，海南三亚市的海上交通和航空运输条件比较完善，为旅游者到三亚旅游提供了方便、快捷的交通条件，因此其旅游业的发展迅猛。

2. 区位条件对旅游地的市场结构影响显著

区位交通条件的改善对区域旅游市场结构变化产生显著影响。例如，上海人的周末旅游活动“热透”了无锡、太湖、杭州、绍兴等地，反倒“冷落”了上海市郊的旅游地，主要的原因在于便利的交通条件改变了客源地和旅游地之间的距离阻力，使空间距离较远的旅游地成为心理距离较近的优选目的地。又如，厦门的交通网络发达，周边漳州、泉州等地的旅游者过量涌入，引发厦门旅游承载能力面临过量危机的同时，又造成漳州、泉州等地的过夜游客数量减少。

（二）交通区位分析要点

交通条件是指规划区在区域交通体系中所处的位置或是所处节点的重要程度或是便利程度。旅游交通条件反映了旅游地相关旅游经济活动在地理空间距离约束下发生相互作用的机会和程度。当前旅游业的蓬勃发展离不开高效的交通支撑，分析交通条件主要是分析陆路、水路、航空等交通路线的覆盖率和通达率等指标。狭义的区位仅指某事物所占据的位置，这种位置是绝对位置。而广义的区位应该包含三层内涵：第一层是“位”，即某事物所占据的位置，是绝对位置；第二层是“区”，是指该事物是处在一定区域内的，与周围其他事物所占据的位置相互关联，这种位置应该是相对位置；第三层内涵即“区位还有被设计的内涵”，即根据“位”和“区”的特点，可以对该位置发展什么、怎么发展进行设计。

在旅游规划中，区位分析往往包括地理区位、交通区位和旅游区位。地理区位是同地理位置有联系又有区别的概念。例如，上海位于我国沿海经济发达地带的黄金海岸线中点，对内联系长江流域广大腹地，对外辐射太平洋沿岸和世界各地，地理区位十分优越。交通区位是指旅游地在区域交通大格局中的位置，涉及客源地到旅游地的空间距离及可达程度，区域之间、区内各种交通工具的时间距离和区内（或周边）机场、火车站、码头之间的依托关系。例如，上海是中国东部最大的交通枢纽，已形成由铁路、水路、公路、航空、管道 5 种运输方式组成的，具有超大规模的综合交通运输网络。旅游区位则是指旅游地在区域旅游系统中所处的位置和发挥的作用。例如，上海是长三角城市群的旅游中心城市，在区域旅游系统中具有强大的辐射力和影响力。

第二节　旅游产业发展基础分析

旅游地在组织编制旅游规划前，通常已经具备一定的旅游产业发展基础。对旅游产业发展基础进行系统分析，有利于认清形势、摸清家底、找出存在问题、研判发展趋势，从而制定针对性的发展措施。在旅游规划实践中，旅游产业发展基础分析主要从发展现状、存在的问题及发展趋势三方面展开。

一、旅游产业发展现状分析

（一）当地旅游产业发展现状

当地旅游产业发展现状分析具体包括分析规划区旅游发展所处的阶段、旅游资源开发状况、旅游产品和业态分布情况，并评价当地旅游发展的特征和总结取得的经验和教训，主要内容有发展指标、发展历史、产业要素、经验教训等，分析要点参见表 2–3。

表 2–3 旅游产业发展现状的分析要点

序号	环境要素	分析要点
1	发展指标	旅游收入及增长速度（包括国际、国内）、旅游人次及增长速度（包括国际、国内）、旅游总收入，以及占 GDP 的比重、旅游收入增长速度与 GDP 增长速度的比较等
2	发展历史	旅游发展经历的阶段、各阶段的重大历史事件及其影响
3	产业要素	旅游区（点）、旅行社、旅游饭店、旅游购物场所、旅游娱乐企业、旅游交通等产业要素的数量、规模和结构等
4	经验教训	旅游发展过程中取得的经验和教训

（二）区域旅游产业的发展现状

区域旅游产业发展现状分析通常是基于大区域范围或全国性、世界性范围的视角。分析内容主要包括以下几个方面：一是国民经济与社会发展水平情况分析，对旅游市场发展潜力做出基本判断；二是旅游行业竞争态势分析，认清行业发展形势，为制定旅游发展战略、树立鲜明旅游形象、有效开展市场营销提供思路；三是对旅游市场结构、旅游者消费水平、规模、特点与发展趋势研判，为旅游地的产品开发和业态培育提供基本依据。

二、旅游产业发展中存在的问题分析

明确当地旅游产业发展中存在的问题是基础分析的一项重要内容，这有助于在后期规划中提出改进措施，更有针对性地解决问题。旅游业发展中存在的问题分析主要从旅游产品结构、旅游形象与市场营销、旅游基础设施与接待服务设施、区域旅游合作和旅游资源保护与开发利用等方面展开，具体分析要点参见表 2–4。

表 2–4 旅游产业发展中存在的问题的分析要点

序号	环境要素	分析要点
1	旅游产品结构	品牌产品的定位、各层次旅游产品之间的数量比例等
2	旅游形象与市场营销	旅游地形象的塑造和传播、旅游地营销理念或思路、采用的营销方式等
3	旅游基础设施与接待服务设施	供水、排污、供电等系统的完善、旅游交通的建设、旅游饭店、各种体育、疗养等商业设施的数量和规模等

续表

序号	环境要素	分析要点
4	区域旅游合作	合作模式的建立、区域合作运行保障机构、区域精品旅游路线、合作产业链的建设和完善
5	旅游资源保护与开发利用	是否突出民族特色和地方特色、现代文明和自然风景是否协调发展等

（一）旅游产品结构

旅游产品结构是指旅游产品体系中各层次产品的布局。一般来说，它具有三个层次：对于第一层次的品牌产品来说，不能只经营单一的品牌产品，要经营两种或两种以上不同的品牌产品，这样才能有市场竞争力；第二层次的重要产品是品牌产品的重要支撑，是旅游产品体系的主力；第三层次的配套产品可以丰富整个产品体系的内容，主要满足旅游消费者的基本需求。分析旅游产品结构取决于旅游产品是否都具备这三个层次，以及自身能否成体系。

（二）旅游形象与市场营销

旅游形象是旅游地对自身的理解和认识，也是旅游者对旅游地的感知。首先，旅游地的旅游形象要依据已有旅游资源来塑造；其次，要具有灵活性，即如果被其他旅游地模仿或超越，要能够随机应变；最后，一定的传播媒介有助于旅游形象的推广。旅游地的营销理念或思路、采用的营销方式应建立在旅游资源的基础上，只有充分发挥资源优势，其市场才有竞争力、吸引力和后续力。

（三）旅游基础设施与接待服务设施

供水、排污、供电、供气等系统、通信网络、旅游交通及旅游饭店、各种体育、疗养等商业设施都是旅游地重要的基础设施。基础设施的完备及各商业设施的规模、数量和比例适宜都会给旅游者带来良好的体验，有助于塑造美好的旅游者感知形象。同时，为旅游者提供各种服务，满足旅游者旅游需求的旅游酒店、旅游商店、购物街区和娱乐场所等接待服务设施是否完善，也直接影响到旅游者的体验和满意度。

（四）区域旅游合作

开展区域合作可以充分利用不同区域的旅游资源特色，实现优势互补，并且可以利用区域合作扩大旅游经营的规模和影响力。例如，我国泛珠三角地区的合作、CEPA 协议框架下的港澳地区和内地的合作等都是成功的范例。区域旅游合作的问题分析主要从合作模式的建立及完善、区域合作运行相关保障机构的成立、区域精品路线的策划和合作产业链的建设等方面开展。

（五）旅游资源保护与开发利用

水体旅游资源、地质地貌旅游资源、生物旅游资源、文明古迹旅游资源等自然旅游资源是大自然给予人类最宝贵的财富，在旅游规划过程中，应注意自然旅游资源保护与开发关系的协调。社会旅游资源是在人类所生活的社会环境中创造出来的，具体包括民族服饰、饮食、歌舞、手工艺品等，对于原始少数民族地区的风俗风情，旅游开发应保持其质朴淳厚的风格，继承优良的文化传统，进一步彰显其地域特色。

三、旅游产业发展趋势分析

（一）当地旅游业发展趋势

对本地旅游业发展趋势分析是分析当地旅游业的未来发展走向，是旅游规划的重要依据，主要内容包括旅游发展格局、旅游市场规模、旅游产品需求、旅游产业形态等方面，分析要点参见表 2–5。

表 2–5　旅游产业发展趋势的分析要点

序号	环境要素	分析要点
1	旅游发展格局	旅游客源地、目的地的分布与演变趋势，如东亚太的崛起、国内各地的区域旅游合作等
2	旅游市场规模	旅游者人数、结构、出游率等方面的变化趋势，各细分市场的发展动向等
3	旅游产品需求	旅游者对旅游产品的偏好、旅游产品供给前景等
4	旅游产业形态	新型旅游业态的前景、旅游企业竞争态势等

（二）旅游业宏观发展趋势

1. 文旅融合创新发展

随着我国各级政府文化和旅游部门的合署办公，文化与旅游的深度融合创新发展已经成为未来旅游发展的核心内容，将极大促进文化旅游产业的提质增量。当前，中国旅游经济的发展体现在每一个市场主体的创新进步上，体现在对旅游者需求和梦想的精准把握上。以文旅融合创新发展为代表的“旅游 +”和“+ 旅游”，以及文化和旅游要素的融合创新成为旅游产品开发和新业态培育的基本出发点。编制旅游规划应充分重视这一背景，深入分析和探讨文化旅游产业的多元发展趋势，这些具有重要的时代价值和现实意义。

2. 多产业深度融合发展

产业融合是指旅游业与其他产业之间，或者旅游产业内的不同行业之间相互渗透、相互交叉，最终融为一体，逐步形成新产业的动态发展过程。随着信息技术的进步，旅游市场突破行业间的壁垒和时空限制，线上、线下结合实现零距离对接，这为旅游业与不同产业进行相互渗透、交叉融合提供了机会。移动互联网、大数据和人工智能不仅为旅游者提供了过去难以想象的便利和自由，还产生了可观的流量红利，为新业态和新商业模式培育成长提供了必要前提。在新技术持续强劲赋能的大背景下，对旅游市场的重新定义和认识成为行业发展的重要内容。

3. 全域旅游与区域经济社会发展

2017—2019 年，全域旅游连续三年写入中央政府工作报告，表明发展全域旅游已经上升到国家战略高度，成为引领我国旅游业高质量发展的重要抓手。全域旅游的根本宗旨并不是只在旅游人次的增长方面，而是要在最大限度上提升旅游质量，通过旅游使人们的生活品质得到更有效的提升，进一步确保旅游在人们的新财富革命中体现出应有的价值，并使全域旅游成为经济发展的重要引擎，以此推进我国区域经济社会发展。因此，旅游规划的基础分析应对全域旅游发展态势给予充分重视。

4. 我国旅游业加速转型升级发展

近年来，旅游业成为中国增长最迅速的消费热点之一，旅游已经成为国民幸福生活的刚需，是衡量生活水平的重要参考。改革开放 40 多年来，我国旅游业发展经历了产业化和市场化的演变阶段，已经全面融入国家发展战略体系，走向国民经济建设的前沿，成为国民经济战略性支柱产业，目前正朝着更新、更大的格局加速转型升级发展。

【本章小结】

1. 旅游规划基础分析是旅游规划与开发的基础性工作，主要围绕旅游发展环境和旅游产业基础分析两个方面进行。旅游发展环境分析一般围绕自然地理环境、历史人文背景、社会经济环境和交通区位四个方面展开。自然地理环境分析的主要内容包括地质地貌、水文条件、气候条件、生物条件等。历史人文背景分析是分析旅游地的历史文化内涵及其所处的人文环境，主要从历史沿革、人文概况两方面展开。社会经济环境分析是指对规划区的经济水平、社会环境、旅游投资能力等进行分析，主要涉及地区人口、民族、经济发展、经济计划、基础设施建设、对外交往等方面的情况。旅游交通条件反映了旅游地相关旅游经济活动在地理空间距离约束下发生相互作用的机会和程度。

2. 旅游产业基础分析主要围绕旅游产业的发展现状、存在的问题和发展趋势展开。旅游产业发展现状分析主要针对旅游地展开，具体包括分析规划区旅游发展所处的阶段、旅游资源开发状况、旅游产品和业态分布情况，并评价旅游发展的特征和总结取得的经验和教训。主要内容有发展指标、发展历史、产业要素、经验教训等。对旅游产业存在问题的分析主要从旅游产品结构、旅游形象与市场营销、旅游基础设施与接待服务设施、区域旅游合作和旅游资源保护与开发利用等方面展开。旅游产业发展趋势分析主要包括旅游发展格局、旅游市场规模、旅游产品需求、旅游产业形态等方面；旅游业宏观发展趋势分析主要包括文旅融合创新发展、多产业深度融合发展、全域旅游与区域经济社会发展和我国旅游业加速转型升级发展。

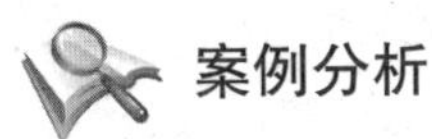

案例分析

案例1 大别山生态旅游区

大别山生态旅游区位于大别山南麓，地处鄂、豫、皖三省的交界处，总面积达120平方千米，行政范围隶属于罗田与英山二县。

大别山生态旅游区旅游资源以自然资源为主、人文旅游资源为辅；以中山山岳地貌、山高林密谷深、岩石悬崖造型奇特为特征，融民俗风情、农艺景观、现代人文景观于一体。再加上气候适宜、冬暖夏凉、宜游宜居，使大别山生态旅游区可开发出多种产品类型，形成避暑度假、旅游观光、会议旅游、科教、休养、健身、探险等活动的综合旅游区。该旅游区处于大别山的腹地，是淮河流域与长江流域的分水岭，是安徽与湖北东部交通联系的通道。在历史上，大别山属于交通不便利的地方，也因此成为红色革命根据地。

大别山生态旅游区位于大武汉旅游圈的外圈，罗田、英山二县境内多山，道路崎岖，现无铁路通过，公路是主要交通运输方式。经近几年的建设和改造，已经形成交通网络，对外交通得到极大改善。目前，大别山生态旅游区的外部交通较为便利，318国道东西向穿过罗田县和英山县，在境内的公路里程46千米，为三级以上柏油公路。英—浠三级公路、罗九—罗浠三级公路与武黄高速公路、京九铁路相接，通过这些交通网络可与武汉、合肥、南京、上海等大中城市对接。另外，大别山生态旅游区所依托的两个主要游客集散地罗田和英山县城距长江黄州码头、京九铁路二级枢纽站麻城站、黄州火车站及浠水火车站都在100千米的范围内，距武汉天河机场也在200千米范围之内，因此，大别山生态旅游区的对外交通条件较为便利。但旅游区内部交通条件并不理想：全区道路布局虽粗具规模，但路面等级低、路况差，具体表现为路窄、弯多、坡陡，行车不便，安全无法保障，明显落后于旅游发展的需要，亟待改善。同时，旅游区现时的通信条件很差，急需改进。

目前，旅游区内有低档社会旅馆6家，床位约1100张，另外，在县城及九资河镇、红花水库等地还有一定数量的低档次的社会旅馆，床位约3100张，基本满足目前旅游需求。

资料来源：保继刚，等.旅游区规划与策划案例［M］.广州：广东旅游出版社.2005.

讨论问题：

1. 规划对大别山生态旅游区的旅游发展环境分析具体把握了哪些要点？
2. 请尝试对这段旅游发展环境分析材料进行概括提炼。

案例2　海鸥岛旅游发展的基础条件

海鸥岛是典型的珠江三角洲内河岛，位于广州市番禺区石楼镇，狮子洋水道西岸，莲花山水道东侧，南端靠近虎门珠江口。四周环海，石砌海堤，岛内河网交错，地形平坦；属亚热带低纬度海洋性季风气候，日照充足，雨量充沛，常年主导风向为东南风。基本无公害污染，大面积种植水稻、甘蔗、香蕉、蔬菜、水果、花卉和进行水产品养殖。海心村南部和江鸥村的海堤外有大量滩涂。近年由于人工改造程度的加深，岸线、植被、土壤等自然要素都在发生变化。

海鸥岛有湿地生态、农田生态、水乡生态三种生态类型。湿地生态系统由于围海造田和改造已几近消失，只少许湿地在东侧沿岸断续地呈条带状分布。农田生态系统分布普遍，居民点主要是沿河道分布，具有典型的条带状特征。人工、半人工生态系统为海鸥岛的主要景观要素，这类生态系统具有相对独立性、可亲近性和可塑造性。

海鸥岛有海心、沙北、江鸥、沙南四个行政村，可分为22个围，总面积占石楼镇的1/3，总人口2万多人。主要农作物为水稻、甘蔗、香蕉、莲藕，近年香蕉种植面积有扩大的趋势，苗圃也逐步发展。农业收入是主要生活来源，产业结构基本稳定，捕鱼、水上运输为主要副业，部分村民自办大排档。主要交通干线为南北向连接海鸥大桥的公路。

与海鸥大桥相连的双向两车道公路纵贯全岛，机动车可双向顺利通行，分两条支路，北支通往大沙头围，东支通至江心村折而向南连接江鸥村，通至江鸥尾。岛外东侧为珠江主航道，西侧为浮莲岗航道，通过河涌与岛内各村相连，可通木船、机动船。

海南岛保留有传统珠三角水网地带的水乡风貌。（1）“围”与河涌：以河涌为框架的村庄——“围”沿河涌布置，两岸高低错落、起伏有致。（2）民居建筑：硬木为桩立于淤泥之中，铺装底板，高出涨潮水面一定距离。（3）民间信仰：宅门上红底金字的楹联、堂屋里熏香缭绕的神龛、观音庙、娘娘庙。

海鸥岛居民原多以船为居所的疍家人，解放前后才逐渐移居岸上，保留有传承当地历史的渔家用具，形成了海鸥岛的本地文化特色，谱写了与外界不同的人与自然和谐的发展历史。在“广府”文化包容之中的海鸥岛，更能体现人与自然的和谐共处及水上文明与陆地文明的有机交融。

资料来源：保继刚，等．旅游区规划与策划案例［M］．广州：广东旅游出版社，2005.

讨论问题：

1. 海鸥岛旅游开发具备哪些基础条件？
2. 海鸥岛目前的经济社会发展基础对旅游开发有什么影响？

实践活动

根据本章所学知识，请对你所熟悉的旅游地进行旅游发展环境分析。

思考题

1. 旅游发展环境分析主要包括哪些内容?
2. 旅游地交通区位分析应把握哪些要点?
3. 旅游业基础分析主要包括哪些内容?
4. 如何做好旅游业宏观发展趋势分析?

【参考文献】

［1］周作明.旅游规划［M］.郑州：郑州大学出版社，2012.

［2］王志华，李渊，韩雪.旅游规划与开发的理论及实践研究［M］.北京：中国商务出版社，2018.

［3］马勇.旅游规划与开发［M］.4版.北京：高等教育出版社，2018.

［4］陶慧，冯小霞.旅游规划与开发理论、实务与案例［M］.北京：中国经济出版社，2014.

［5］白翠玲，秦安臣.旅游规划与开发［M］.杭州：浙江大学出版社，2013.

［6］龚绍方.旅游规划与开发［M］.郑州：郑州大学出版社，2007.

［7］全华，王丽华.旅游规划学［M］.沈阳：东北财经大学出版社，2003.

［8］黄羊山.旅游规划原理［M］.南京：东南大学出版社，2004.

［9］陈秋华，张健华.旅游规划教程［M］.北京：中国科学技术出版社，2008.

［10］李庆雷，明庆忠.旅游规划：技术与方法［M］.天津：南开大学出版社，2008.

［11］廖培.旅游规划方案评价的理论与技术研究［M］.成都：四川大学出版社，2016.

［12］闫聪聪，张平，陈煜.浅析我国旅游业发展现状与对策［J］.度假旅游，2018（5）.

［13］苏醒醒，涂倩.交通设施对旅游发展影响的实证研究——基于某地的面板数据［J］.现代商贸工业，2019，40（2）.

［14］徐曼.区域旅行服务、交通区位与旅游经济的空间错位研究［J］.中国市场，2018（12）.

［15］岳贤.我国旅游业发展问题与对策［J］.科技创新与生产力，2018（2）：32-34.

［16］王兆峰，徐赛.不同交通方式对旅游效率的影响与评价——以张家界为例

[J].地理科学，2018，38（7）.

[17] 李益彬.旅游规划与开发[M].成都：西南财经大学出版社，2017.

[18] 保继刚，等.旅游区规划与策划案例[M].广州：广东旅游出版社，2005.

[19] 侯爽，刘爱利，黄鸿.中国文化旅游产业的发展趋势探讨[J].首都师范大学学报（自然科学版），2019，40（4）.

[20] 黄坚.共享经济下旅游产业融合发展趋势及创新路径[J].商业经济研究，2019（6）.

[21] 席建超，刘孟浩.中国旅游业基本国情分析[J/OL].自然资源学报，2019（8）.

[22] 杨劲松.旅游供给侧不断优化，新业态呼唤创新发展[N].中国旅游报，2019-08-16（003）.

[23] 周强，薛海燕，马效.旅游产业发展影响因素的区域差异研究——基于中国省际面板数据的分析[J].城市发展研究，2018，25（1）.

[24] 徐海亮."全域旅游"成经济发展重要引擎[J].时代金融，2019（33）.

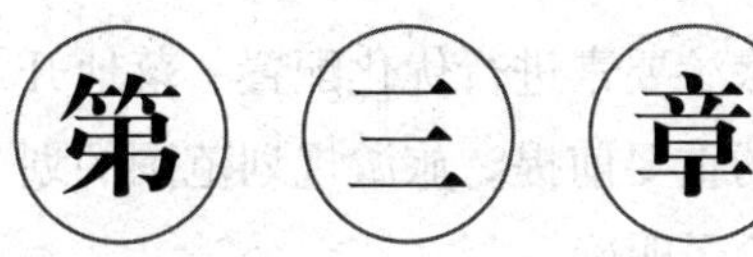

第三章 旅游规划总则制定

本章主要介绍旅游规划总则的制定，具体包括规划范围、规划性质、规划分期、指导思想、规划原则、规划依据、总体思路和目标体系等内容。根据旅游规划实践工作经验，对上述内容的编制规范要求和要点分别进行阐述，并举例加以说明。

【学习目标】

通过本章的学习，了解旅游规划如何确定其范围、性质与分期；熟悉旅游规划一般应遵循的指导思想、规划原则和规划依据；学习掌握如何编制旅游规划的指导思想、规划原则、总体思路和目标体系等内容。

【核心概念】

规划范围、规划性质、规划分期、指导思想、规划原则、规划依据、总体思路、目标体系

第一节 规划范围、性质与分期

旅游规划总则是编制旅游规划主体内容的先导。这项工作主要是在进行旅游规划基础分析后明确规划范围、性质与分期，同时确定规划的指导思想、规划原则、规划依据、总体思路和目标体系，从而科学指导旅游规划各部分内容的编制。

一、规划范围

把握好旅游规划的空间范围，是规划编制者对区域旅游要素进行优化配置、落地开发建设项目和对当地旅游业空间发展格局进行科学谋划的重要前提。旅游规划范围的划分通常可以按行政区范围、旅游景区范围和跨区域范围给予明确。

（一）按行政区范围划分

行政区范围的尺度包括国家、省（直辖市、自治区）、设区市、县（市、区）、乡镇等五个层级。政府组织编制的旅游发展规划，通常以行政区范围界定规划范围。因此，旅游发展规划可以分为全国旅游发展规划和地方旅游发展规划两个类别。其中，地方旅游发展规划又通常包括省级旅游发展规划、设区市级旅游发展规划、县级旅游发展规划和乡镇旅游发展规划。

（二）按旅游景区范围划分

旅游景区主要包括文化古迹类、风景名胜类、自然风光类、乡村旅游类、城市旅游类和红色旅游类等类型。旅游景区的规划范围通常由景区管理部门或旅游企业根据区域旅游资源的分布、旅游经济空间结构等因素来确定。

（三）按跨区域范围划分

跨区域旅游规划的空间范围尺度可能包含几个行政区域或旅游景区，跨越了单个行政区或旅游景区的界限，主要是针对以旅游功能整合为主的地域空间。由于区域间旅游资源的差异性、旅游业功能的互补性等原因，整合资源编制跨区域旅游规划，可以有效促进区域旅游合作，提升旅游竞争力。这类旅游规划一般由上一级政府从推动跨区域旅游产业发展的高度组织编制。

二、规划性质

确定规划性质，即明确规划的属性或类型。不同类型的旅游规划具有不同的功能、特点和相关要素，对旅游地发展的指导作用也各不相同。因此，编制旅游规划应明确规划的属性，即规划类型。《旅游规划通则》（GB/T 18971—2003）把旅游规划分为旅游发展规划、旅游区规划和旅游专项规划三大类，其中旅游区规划又可分为旅游区总体规划、旅游区控制性详细规划和旅游区修建性详细规划三种。

（一）旅游发展规划

旅游发展规划是根据旅游地旅游业的发展历史、现状和未来发展趋势，并结合市场需求变化所制定的系统发展方案，以及为实现其发展目标体系对旅游发展要素所做的相关具体安排。旅游发展规划通过上级旅游行政主管部门主持的评审会，经颁布实施后即成为一个行政区划范围内旅游业发展的指导性文件。

（二）旅游区规划

1. 旅游总体规划

旅游总体规划一般针对具体旅游区编制。总体规划的期限一般为10~20年，近期3~5年，主要对旅游区发展布局和主要建设项目做出规划设计，中远期规划对旅游区发展做出提升优化路径。旅游区总体规划的任务是分析旅游区客源市场，确定旅游区的主题形象，划定旅游区的用地范围及空间布局，安排旅游区基础设施建设内容，提出开发措施。旅游总体规划通过评审颁布实施后，便成为指导旅游区发展的重要文件。

2. 旅游区控制性详细规划

旅游区控制性详细规划的任务是以总体规划为依据，详细规定区内建设用地的各项控制指标和其他规划管理要求，为区内一切开发建设活动提供指导。控制性详细规划应明确旅游区各片区用地性质，建筑高度、建筑体量、建筑风格、建筑密度、容积率、绿地率等控制指标提出具体要求，是指导旅游区建设的重要文件。

3. 旅游区修建性详细规划

对于旅游区当前要建设的地段，应编制修建性详细规划。旅游区修建性详细规划的任务是在总体规划或控制性详细规划的基础上，进一步深化和细化，用以指导各项建筑和工程设施的设计和施工。旅游修建性详细规划应完成综合现状与建设条件分析、用地布局、景观系统规划设计、道路交通系统规划设计、绿地系统规划设计、旅游服务设施及附属设施系统规划设计、工程管线系统规划设计、竖向规划设计、环境保护和环境卫生系统规划设计等内容，是指导旅游区建设项目落地的规划。

（三）旅游专项规划

根据实际工作需要，旅游地组织编制的功能性规划通常被称为旅游专项规划，一般可分为项目开发规划、旅游路线规划和旅游地建设规划、旅游营销规划、旅游区保护规划等类别。旅游专项规划主要聚焦旅游地发展中某个领域的问题，有针对性地提出解决问题的具体思路和对策。

三、规划分期

按规划时间期限划分，旅游规划一般可分为近期规划（3~5年）、中期规划（5~10年）和远期规划（10~20年）三个阶段。旅游规划分期一般应与我国各级党委、政府每五年一届的工作周期保持基本一致，以较好地保障规划实施的连续性。

（一）近期规划

近期规划主要用于指导规划区近期（3~5 年）内的发展布局和重点建设项目，就其规划内容来说详细具体，可操作性强，便于具体实施。近期规划通常包含了近期旅游发展重点、空间布局、建设时序、重要建设项目运行等重要内容，并提出生态环境、自然与历史文化环境保护等措施。例如，《贵州六盘水市近期旅游发展规划（2016—2020）》提出，重点打造大健康旅游目的地城市、生态宜居智能城市的近期发展目标，并制定了具体的分阶段实施安排和行动计划。

（二）中期规划

中期规划应对规划区的全面完善提出相应的建设措施，着眼于整体开发，同时也是强化旅游地主题形象、培育核心竞争力、实现管理提升、转变发展模式（旅游从数量型增长向质量型发展转变）的重点阶段，因而，中期规划的期限一般为 5~10 年。在旅游地中期发展阶段，各项工作全面开展，旅游的综合功能优势开始凸显，中期发展规划应对各项工作任务进行具体明确。

（三）远期规划

远期规划规定了旅游地发展的长期目标（10~20 年）和发展方向，并且对旅游地发展战略进行适度调整，提出旅游产品与业态提升与完善策略，指导旅游地提质增效发展。在远期规划阶段，各项工作将继续完善，以提升旅游业的综合功能优势。一般来说，远期发展规划多有战略性意见，但由于时间跨度较大，受不确定性因素影响较多。例如，2019 年中共中央、国务院印发的《粤港澳大湾区发展规划纲要》提出，到 2035 年，大湾区将成为适宜发展生态旅游的国际一流湾区，区域综合实力将显著增强，基本形成世界级城市框架群；区域内旅游市场将实现高水平互联互通，带动以创新为主要支撑的经济体系和发展模式。

第二节　规划战略的制定

在编制旅游规划的任务下达后，规划编制者应在全面深入调查的基础上，以总揽全局的战略眼光，准确把握旅游地发展的大方向、总目标，立足全局考虑问题，制定切实可行的规划战略，为专项规划内容的编制提供指引，并科学指导旅游地旅游业的发展。

一、指导思想

规划指导思想是编制规划的最高行动指针，必须具有鲜明的政治导向，并与当时国家和地方经济社会发展战略保持高度一致，顺应旅游业发展大势，提出旅游地未来发展的主要思路和基本构架，明确旅游地在规划期内应达到的最终目标。有了正确的指导思想，旅游规划的项目设计和内容编制才不会偏离方向。编制旅游规划指导思想应包含以下几方面内容。

（一）具备鲜明的政治导向

旅游规划指导思想中明确的政治导向必须与国家政治导向保持高度一致。习近平总书记在党的十九大上首次提出新时代中国特色社会主义思想，是全党全国人民为实现中华民族伟大复兴而奋斗的行动指南，是编制旅游规划的根本遵循。同时，党和国家召开的重要会议或发布的重要文件中明确的重要工作思路是科学编制旅游规划的重要依据，规划指导思想中也应予以明确。因此，编制旅游规划应以习近平新时代中国特色社会主义思想为指导，紧密结合国家“五位一体”总体布局、“四个全面”战略布局和党的十九大、十九届二中、三中、四中全会精神，服务和服从国家经济社会发展战略及旅游业发展战略。

（二）策应地方经济社会与行业发展要求

“不谋全局者，不足以谋一域。”大多旅游规划是服务地方经济社会和旅游行业发展要求的，旅游规划编制者要深入研究地方经济社会发展政策和行业发展大势，并将其确立的大方向、大思路、大格局作为科学进行旅游规划编制的指导思想。例如，2013 年 10 月，江西省委、省政府印发实施《关于推进旅游强省建设的意见》，提出了建设“旅游强省”的战略目标。文件将旅游强省建设提高到区域经济社会发展战略的高度。2018 年，江西省委十四届六次全会在深化对世情、国情、省情再认识的基础上，提出“创新引领、改革攻坚、开放提升、绿色崛起、担当实干、兴赣富民”工作方针。大力发展旅游业、建设旅游强省，是助力江西绿色崛起的重要路径，上述文件和会议精神成为全省各地编制旅游规划的指导思想内容之一。

（三）明确旅游地发展主要思路与框架

根据前期对旅游地基本情况和宏观大背景的分析，在紧密结合国家大政方针、地方经济社会与旅游行业发展趋势的基础上，旅游规划编制者应对旅游地现有条件有清晰认识，并对未来发展格局和发展路径做出基本判断。这个基本判断在规划指导思想中可以具体化为旅游地发展旅游业的“四梁八柱”，主要起到谋篇布局的作用，旅游规划中的旅游形象、功能分区、项目设计等内容的编制均在其指引下完成。

（四）提出规划期内旅游地发展的战略目标

旅游规划的编制和实施应围绕一个战略目标展开。在规划指导思想中，应明确通过规划期内的开发建设，旅游地的发展应实现的战略目标。这个战略目标的确定既与宏观发展环境相适应，又要有现实可行性和一定高度，达到目标引领、号召和激励的效果。例如，有的旅游地提出到规划末期建设成为“国际旅游度假目的地”，有的则提出建设成为“国内知名旅游目的地”，还有的提出建设成为“省级精品旅游景区”等，都是根据自身实际条件和未来开发建设思路提出的旅游地发展的战略目标。

二、规划原则

旅游规划编制需要确定合适的规划原则。规划原则是在指导思想所确定的准则之下，编制规划过程中应遵循的具体准则或准绳。因各地具体条件不同，旅游规划应遵循的原则也有所不同，常用的规划原则通常有以下几个。

（一）突出特色原则

突出特色主要是突出旅游地资源特色和精神文化内涵，这是旅游地区别于其他旅游地的重要特质，同时也是旅游核心吸引力和竞争力的体现。因此，旅游规划应依托规划区内特色旅游资源，深挖文化内涵，在旅游项目开发建设中强化特色。

（二）市场导向原则

无论是政府投资还是企业投资，旅游开发本质上是面向市场的商业投资行为，通过提供有效满足旅游者需求的旅游产品获得投资回报。因此，旅游规划应基于游客的需求，设计开发游客感兴趣、更有市场竞争力的旅游项目或产品，即在规划编制中要遵循市场导向原则。

（三）综合效益原则

旅游开发既要金山银山，也要绿水青山。旅游规划在帮助旅游地实现经济效益的同时，还要兼顾社会效益和生态效益。例如，在规划中制定社区发展、旅游扶贫、绿化美化、资源保护和生态修复等措施，使旅游开发取得更好的综合效益。在旅游区控制性详细规划中，规定容积率、绿地率等控制指标；在旅游区修建性详细规划中对景观系统、绿地系统的规划设计都是对这一原则的充分应用。

（四）联动发展原则

旅游规划不能仅仅将目光局限于规划区本身，还应与周边区域进行资源和功能的有机组合，以取得更好的市场推广效应。联动发展原则要求突破行政区划与景区边界的空间限制，从提高区域旅游产业综合素质和竞争力的角度出发，提出区域合作的体制机制及资源、产品整合策略和实现路径。

三、规划依据

为了保障旅游规划的科学性、可操作性，规划编制过程中要参考许多资料，具体可以分为国家法律条文与政策文件、部门规章与相关标准、地方法规、文件与规划三大类。这些具有较高的公信力和可信度的资料就是编制旅游规划的依据，应准确规范标注发布单位和时间，并采用其最新版本。

（一）国家法律条文与政策文件

国家法律条文主要包括《中华人民共和国文物保护法》《中华人民共和国旅游法》《中华人民共和国城乡规划法》等相关法律及其实施条例，同时包括《风景名胜区条例》《基本农田保护条例》等。旅游规划内容不能与国家法律条文相违背。国家政策文件主要包括为促进旅游业发展发布的文件和相关文件，如《国务院关于加快发展旅游业的意见》（2010）、《国务院关于促进旅游业改革发展的若干意见》（2019）等。

（二）部门规章与相关标准

部门规章主要包括各级旅游行政管理部门发布的规章制度，如《旅游发展规划管理办法》（2000 年）、《中共江西省委　江西省人民政府，关于促进农村旅游发展的指导意见》（2006 年）等。相关标准包括国家标准、行业标准和地方标准，如《旅游资源分类、调查与评价》（GB/T 18972—2017）、《旅游规划通则》（GB/T 18971—2003）、《旅游景区质量等级的划分与评定》（GB/T 17775—2003）等。

（三）地方法规、文件与规划

地方法规与文件主要包含地方性法律条文和地方党委、政府、旅游行政管理部门发布的政策文件。例如，《关于推进旅游强省建设的意见》（2013 年）、《江西省森林公园条例》（2014 年修正）等。地方规划则一般是指对旅游规划编制具有限制和指导意义的上位规划，包括上一级的旅游业发展总体规划、国民经济和社会发展规划纲要、城乡规划、土地利用规划等。

四、总体思路

规划总体思路阐述的是整体规划方向与总举措，有利于规划编制工作的顺利推进和规划内容的实施。旅游规划总体思路的确定应符合以下几点要求。

（一）系统谋划，统筹兼顾

在制定旅游规划总体思路时，规划编制者应统筹当地经济社会发展的要求，立足于旅游地实际经济发展水平及社会建设现状，在系统谋划旅游业对拉动消费、吸引投资、增加收入等方面作用的同时，还应统筹兼顾旅游业在促进就业、弘扬民族文化、建设社会主义精神文明等社会事业方面的作用。

（二）高位引领，注重落地

旅游规划总体思路要体现高位引领，注重落地，就是要做到“顶天立地”。所谓“顶天”是要与国家和地区发展大势有机融合，“立地”就是要有具体措施实现规划提出的战略目标。例如，广西是我国面向东南亚市场的旅游热点地区，也是中越边贸旅游的主要集散地，发展跨国旅游的条件优越。因此，广西壮族自治区旅游发展委员会组织编制的《全域旅游发展纲要（2017—2020）》总体思路中提出，要全面加强与泛北部湾地区各国的旅游合作，形成广西与泛北部湾地区跨国旅游一体化发展格局。

（三）思路清晰，强化优势

在制定旅游规划总体思路时，旅游规划编制者应思路清晰地提出旅游地发展路径、明确发展定位、强化发展优势，指引旅游地实现最终发展目标。这需要规划编制者深入分析旅游地的资源特色、交通区位、产业基础及政策条件，以高度精练的语言对规划总体思路进行阐述。例如，江西省是全国红色旅游大省，拥有数量众多、品质极高的红色旅游资源，发展红色旅游具有突出优势。因此，原江西省旅游发展委员会在《江西省贯彻落实〈2016—2020年全国红色旅游发展规划纲要〉实施方案》总体思路中指出，要依托全省红色旅游核心资源和经典景区，整合优化精品路线，打造全国红色旅游的“江西样板”，将我省建设成为中国红色旅游发展典范、全国最具吸引力的红色旅游目的地。

五、目标体系

规划目标体系包含总体目标、经济目标、社会目标、生态目标等分项目标，同时还可以针对不同规划期提出分期目标。

（一）总体目标

在制定规划总体目标时，应将旅游地的发展置于更大范围地域视角下进行研判，在致力于提高旅游地竞争力的同时，与周边地区比较后确定旅游地未来发展的高度。例如，《福建省旅游业发展总体规划（2001—2020）》提出的总体目标是：经过10年建设，把旅游业培育成21世纪福建省国民经济的新兴支柱产业，使福建省成为全国的旅游强省；经过20年的建设，使福建省成为海峡西岸的旅游繁荣地带和东亚地区著名的旅游目的地。

（二）经济目标

在发展中国家和地区，旅游地发展旅游业的首要目的是经济目标，同时兼顾社会和环境发展目标。旅游规划中确定的旅游地经济发展目标一般包括以下两方面。

1. 国内旅游接待人次与收入

近年来，国内旅游需求十分旺盛，市场规模总量不断增长，国内旅游收入通常是旅游地经济收入的主要来源。旅游规划应结合国内旅游发展大环境和旅游地发展基础，在丰富旅游产品和业态、加强市场营销的前提下，提出相比现阶段更高的国内旅游收入目标。

2. 入境旅游接待人次与收入

通过实施旅游规划，旅游地的交通条件改善，市场国际化水平不断提升，旅游地对境外旅游者的吸引力将会大大增加。在充分考虑全球旅游发展大环境和加强旅游地的境外营销推广的基础上，在旅游规划中对入境旅游接待人次与收入提出更高目标。

（三）社会目标

旅游规划编制过程中，应注意采取措施树立旅游地的鲜明形象，扩大对外交流，提升知名度和美誉度，以提高旅游地软实力。此外，还要制定相关举措有效扩大就业，增加居民收入，提高居民生活质量。

（四）生态目标

规划中确立的生态性目标包括保护旅游地的资源和环境两个方面，强调旅游业发展的可持续性。在旅游规划中，一方面要充分开发利用优质资源环境以提升旅游吸引力，另一方面要通过发展旅游业促进生态保护，实现可持续发展。

【本章小结】

1. 旅游规划范围可以按行政区、旅游景区和跨区域三种方式进行确定；根据规划性质的不同，旅游规划分为旅游发展规划、旅游区规划和旅游专项规划等类型。编制旅游规划应首先明确其规划性质，不同类型的旅游规划具有不同的功能、特点和要素，对旅游地发展的指导作用也各不相同。旅游规划分期一般包括近期规划（3~5 年）、中期规划（5~10 年）和远期规划（10~20 年）。

2. 旅游规划战略的制定包括指导思想、规划原则、总体思路和目标体系等内容。规划编制者要以总揽全局的战略眼光，准确把握旅游地发展的大方向、总目标，立足全局考虑问题，制定切实可行的规划战略。

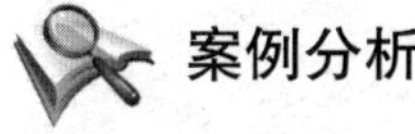

案例分析

案例 1　《铜鼓县旅游业发展总体规划》规划总则

一、规划范围

本规划范围为铜鼓县域全部行政区域，包括高桥乡、排埠镇、大塅镇、棋坪镇、带溪乡、三都镇、港口乡、温泉镇、永宁镇9个乡镇，以及花山、大沩山、龙门、茶山、凤凰山五大国有林场；总规划面积为1551.9平方千米。

二、规划性质

本规划是铜鼓县旅游业发展总体规划，主要包括旅游产业发展目标定位、旅游形象及宣传口号设计、旅游产业空间布局、重点景区建设、旅游产业要素配置及资源与环境保护等内容。本规划通过评审后，将成为指导铜鼓县旅游业发展的纲领性文件。

三、指导思想

以科学发展观为指导，认真贯彻国务院《关于加快发展旅游业的意见》，按照江西省委、省政府关于“科学发展、进位赶超、绿色崛起”的总体要求和建设旅游强省的战略部署，积极响应赣西经济转型发展战略和宜春市大力实施“国际知名养生休闲度假旅游目的地”的发展战略，以资源为基础、市场为导向，实现景城一体化、产品特色化、游览体系网络化、品牌效应突出化，把旅游产业培育成为铜鼓县国民经济和社会发展的重要支柱产业，带动地区经济、社会的全面发展。

资料来源：龚志强，闵信华，等．铜鼓县旅游业发展总体规划（2014—2023）.

讨论问题：

1. 这个旅游规划确定规划范围是遵循什么标准？

2. 规划的指导思想主要包含了哪几个层面的内容？

案例2 《弋阳县旅游业发展总体规划》目标体系

一、总体目标

本规划期内，塑造弋阳县鲜明旅游形象，建设形成全县五大重点旅游片区，完善旅游配套设施，形成完整的旅游目的地接待体系，使旅游业成为弋阳县国民经济新的增长点，最终把弋阳县建设成为：

——赣东北地区旅游产业的重要增长极、鄱阳湖生态经济区的重要旅游节点、江西省旅游强县；

——华东地区生态休闲度假旅游首选地、文化体验旅游胜地和自驾车旅游重要目的地；

——具有全国性影响力的生态休闲首选地、红色旅游必选地和宗教文化新圣地。

二、分层目标

1. 旅游开发

内外联动，到2030年实现规划区内旅游资源得到合理充分的利用，基本建成若干特色旅游城镇、重点旅游景区、特色旅游基地等节点项目，完善相关旅游配套。

2. 项目建设

政府主要投资基础设施、资源保护等方面，通过门票分成、资源有偿使用费和税收等途径收回投资。企业应成为旅游经营管理的主体，投资景区开发和相关经营性项目，主要通过旅游经营收入收回投资并实现投资收益。

3. 市场开拓

随着交通格局的变化和全县旅游产业发展的转型升级，弋阳旅游将面对更为广阔的国内外市场，国内市场开拓由面向江西和周边省份向更远程的客源市场发展，国外旅游市场也将迎来新的快速增长。

4. 社会效益

通过全县多点旅游开发，全县旅游产业将提供更多的直接和间接就业岗位。在此基础上，旅游业将进一步推动乡村文明建设，带动农村发展和农民脱贫致富；提高区域的美誉度和知名度等，推动现代城市建设和社会经济发展。

5. 环境效益

通过科学合理的资源开发，实现积极有效的资源环境保护；通过生态保护与生态恢复实验工程及推广工程，改善生态环境；通过乡村旅游示范工程，改善乡村环境、美化田园风光。

三、建设目标

——力争用六年时间，基本完成全县旅游产业的转型升级发展，形成较为完善的旅游产业体系，弋阳县成为县域一级旅游目的地，旅游产业成为弋阳县经济和社会发展的重要支柱产业；

——至 2020 年，建设形成城市旅游中心区，做大做强龟峰、佛陀山、方志敏故里、盘古情、洪山五大重点旅游景区，推出柴角湾生态养老中心、三县岭汽车营地、旗山茶园生态度假村、金龟王乡村旅游基地、大坑岭漂流庄园、南岩“流星”花园六个高品质的旅游项目；

——创建 5A 级旅游景区 1 个（龟峰）、4A 级旅游景区 2 个（佛陀山景区、盘古情景区）、国家级旅游度假区 1 个（洪山）、红色旅游经典景区 1 个（方志敏故里）；

——形成“都市休闲游、丹霞览胜游、生态度假游、乡土风情游、文化寻踪游”五大旅游产品体系，弋阳旅游成为赣东北旅游圈的重要组成部分。

四、经济目标

——到 2020 年，全县接待旅游者 614 万人次，实现年均增长约 20%，旅游综合收入 21.6 亿元；创造直接就业岗位 3000 个，间接就业岗位 15000 个。

——到 2025 年，全县接待旅游者 806 万人次，实现年均增长约 15%；旅游综合收入 57.92 亿元；创造直接就业岗位 5000 个，间接就业岗位 25000 个。

——到 2030 年，全县旅游接待旅游者 1168 万人次，实现年均增长约 10%；旅游综合收入 116.6 亿元；创造直接就业岗位 8000 个，间接就业岗位 35000 个。

资料来源：龚志强，彭燕，何亚婷，等 . 弋阳县旅游业发展总体规划（2015—2030）.

讨论问题：

1. 弋阳县旅游业发展总体目标定位体现了什么特点？

2. 规划中制定的目标体系体现了怎样的相互关系？

实践活动

根据本章所学知识，针对某旅游地的旅游规划文本，对其规划战略的制定进行评析并提出完善建议。

思考题

1. 如何确定旅游规划的范围？

2. 旅游规划可以分为哪几种基本类型？

3. 编制旅游规划的指导思想应包括哪几个基本方面？

4. 编制旅游规划一般有哪几个需要遵循的基本原则？

【参考文献】

[1] 吴必虎，等. 区域旅游规划原理［M］. 北京：中国旅游出版社，2004.

[2] 郇宜秀. 提高旅游景区策划规划落地性［N］. 中国旅游报，2019-07-30（03）.

[3] 徐翠蓉，张广海. 中国文化产业与旅游业发展的交互动态响应分析［J］. 统计与决策，2018，34（23）.

[4] 朱学强. 可持续发展视角下我国旅游经济发展模式［J］. 社会科学家，2018（10）.

[5] 乔淑涵，宋书楠，王丽华. 大众化旅游时代旅游业供给侧改革路径研究——以大连为例［J］. 商业经济，2018（12）.

[6] 杨晓霞，等. 旅游规划原理［M］. 北京：科学出版社，2018.

[7] 李长秋，等. 旅游学概论［M］. 北京：旅游教育出版社，2011.

[8] 任莉，陈洁伊. 京津冀旅游文化地标的构建与区域文化新格局［J］. 包装工程，2019，40（24）.

[9] 王兆峰. 城市群旅游产业集聚与经济增长的耦合演化特征与机制分析——以长株潭城市群为例［J］. 企业经济，2019，38（12）.

[10] 吴磊，焦华富，叶雷. 皖南国际文化旅游示范区旅游经济与交通耦合协调发展的时空特征［J］. 地理科学，2019，39（11）.

[11] 王兆峰，刘庆芳. 长江经济带旅游生态效率时空演变及其影响因素［J］. 长江流域资源与环境，2019，28（10）.

[12] 何燕，王建林，周爱斌. 藏东南特色乡村生态旅游规划研究——以结巴村为例［J］. 高原科学研究，2019，3（3）.

［13］王森，李占祥，冯凌乐．城市设计视角下陕北地区文化旅游街区控制性详细规划编制研究——以绥德名州文化旅游街区为例［J］．城市发展研究，2019，26（S1）．

［14］黄晓菲．美丽乡村建设视域下的农村休闲旅游规划研究［J］．农业经济，2019（11）．

［15］万婷，许晓旭，刁星．“旅游 +”背景下动物主题乐园的规划设计——以抚远黑瞎子岛探秘野熊园为例［J］．规划师，2018，34（3）．

［16］吴承照．旅游规划的性质与方法［J］．城市规划汇刊，1994（3）．

第四章

旅游资源分类、调查与评价

本章全面介绍旅游资源的分类标准和技术指标，通过分类把复杂的旅游资源条理化、系统化，为进一步开发利用和开展研究奠定基础，加深对旅游资源属性的认识；重点对旅游资源的调查进行综合阐述，包括调查过程中运用到的方法、内容和原则等内容。同时，对旅游资源评价的内容和方法进行介绍，分别从定性、定量和总体评价三个层面对旅游资源的评价指标因子进行系统阐述。

【学习目标】

学习掌握旅游资源分类、调查与评价的标准、内容和方法，熟悉旅游资源调查的目的与意义，了解并熟练使用旅游资源的分类、评价内容和定性、定量和总体评价体系。

【核心概念】

旅游资源分类、旅游资源调查、旅游资源评价

第一节　旅游资源分类

旅游资源分类是根据旅游资源的相似性和差异性进行归并或划分，总结出具有一定从属关系的不同等级类别的工作过程。在同一种类型的旅游资源之间，其属性彼此有相似之处，在不同类型的旅游资源之间，其属性则存在明显差异。根据不同类型旅游资源内部的差异性，还可以进一步划分出次一级类型，从而形成具有一定层次关系的系统。

一、旅游资源分类的意义

旅游资源分类的意义在于通过各种分类系统的建立、补充，加深对旅游资源整体或区域属性的认识，掌握其特点、规律，为进一步开发利用及科学研究服务。

（一）为旅游资源开发利用奠定基础

旅游资源分类可以使繁杂的旅游资源信息条理化、系统化，为进一步开发利用、科学研究提供方便。我国幅员辽阔，各地旅游资源各具特点，通过比较、认识、归纳及划分，形成的不同旅游资源分类系统，实际上是一个关于旅游资源有关资料的存取系统（即信息系统）。为人们从整体或局部（分门别类）认识旅游资源创造有利条件。区域性旅游资源分类系统的建立，又可为区域旅游开发提供一定的科学依据。旅游资源分类是研究、认识旅游资源及开发利用旅游资源的重要基础，具有重要的实践意义。

（二）加深对旅游资源属性的认识

旅游资源的分类过程可以加深人们对旅游资源属性的认识。分类是通过分析大量旅游资源的共性或差异性，分出不同级别的从属关系及其联系。通过不断补充新的资料，提出新的分类系统，或不同地区、不同要求的旅游资源分类，都可以从不同侧面加深对旅游资源属性的认识，发现、总结出某些新的规律性认识，促进有关理论水平的提高，因此旅游资源分类也具有一定的理论意义。

二、资源分类的原则

（一）差异性原则

不同的旅游资源在形态、美学等方面存在一定的差异性和相似性，可以根据这些特点对其进行区分和归并。首先，把具有共同属性的旅游资源划归为一类，同一级或同一类型的旅游资源应具有一定相似性；其次，在大类旅游资源中，再根据差异性将其进一步划分为不同的亚类和基本类型；最后，当每一种旅游资源经过集合归类后，就可以确定其在旅游资源分类表中所对应的位置。这样可以将纷繁复杂的旅游资源区分为具有一定从属关系的不同等级类别的系统，做到旅游资源分类的系统化和规范化。

（二）对应性原则

旅游资源划分出的次一级类型内容，必须完全对应于上一级的内容，不能出现下一级内容超出或少于上一级的现象，否则就会出现逻辑上的错误。例如，对地质地貌类旅游资源作进一步分类，应包括所有的地质地貌旅游资源，不能只包括地质或地貌旅游资源，更不能包括非地质地貌旅游资源。

（三）逐级划分原则

即分级与分类相结合的原则。旅游资源是复杂的系统，可以分为不同级别、不同层次的亚系统。分类时，可以把分级与分类结合起来，逐级进行分类，要避免出现越级划分的逻辑性错误。例如，可以把旅游资源先分为高一级的自然旅游资源与人文旅游资源，然后对其进行进一步的划分。如有需要还可再划分更低一级类型。

（四）类型划分原则

不同级别的旅游资源类型划分不能采用相同的依据（标准），对每一类型直接划分次一级类型，必须采用相同的依据（标准），否则会出现分类的重叠。

三、常见的旅游资源分类标准

在旅游资源分类实践工作中，由于目的、意义、研究主体等不同，资源分类标准也不尽相同。通常可依据旅游资源的成因、功能、属性及开发利用状况进行分类。

（一）按成因分类

按照属性和成因可将旅游资源初步划分为自然旅游资源、人文旅游资源和综合风景型旅游资源三大类。

1. 自然旅游资源

自然旅游资源又称自然风景旅游资源，被定义为由地理环境或者生物所形成的能够对人类审美兴趣产生吸引力的自然型景观。自然旅游资源通常经过了多年的演变和孕育，以自然风貌为基本构成部分，包含地形地貌、气候、环境、动植物等自然因素构成的、能够吸引人们前往进行旅游活动的天然景观，主要是天然赋存的具有游览观光、休息疗养、娱乐体育等吸引力的地理要素。这些要素以单体和单体组合形式存在。就旅游建设而言，自然景观不宜有较多的加工改造，一切人工建筑都不得改变其原有自然景观的基本属性。

自然旅游资源主要包括地貌景观类、水域风光类、天气气象类和生物景观类四大类。①地貌景观旅游资源包括山地景观、喀斯特景观、丹霞景观、砂岩峰林景观、风成地貌景观、火山景观、冰川景观、海岸景观等；②水域风光旅游资源包括海洋、河流、湖泊、瀑布和各类泉水；③天气气象旅游资源包括极光、云海等；④生物景观旅游资源包括森林、草原等各种野生动植物、海洋生物等。

2. 人文旅游资源

人文旅游资源也称为文化景观旅游资源，是指以人类活动产生的物品为主体，从古至今能够经过开发对旅游活动产生效果的一切文化遗存。人文旅游资源是人类活动的艺术结晶和文化成就，涉及面非常广，包含类型繁多，包括历史古迹、宗教圣地、民俗民情等方面。人文旅游资源具有强大的感染力和独特的观赏性，对这类资源进行开发可以在获得经济效益的同时，有效提升文化自信和民族自豪感。

人文旅游资源可以分为：①古人类遗址；②历史文化遗迹和文物，如古城遗址、古代园林、古代建筑、宗教寺观等；③民族风情；④旅游文化（如绘画、雕刻、书法、美术工艺品、戏剧、舞蹈、音乐、电影、诗词、散文、神话、传说、游记等）；⑤各类公园、游乐设施；⑥博物馆、展览馆、美术馆、科技馆等；⑦体育活动场地，包括登山、划船、游泳、滑雪、狩猎、垂钓、森林浴场、避暑疗养地等；⑧旅游商品；⑨风味佳肴；⑩革命文化遗址、文物。

3. 综合风景型旅游资源

综合风景型旅游资源是前两种资源的集合，即自然风景和人文风景的复合体。当前最突出的代表形式是以城市和乡村的综合景观面貌表现出来的视觉形象。因此，根据城市和乡村不同的风情定位、服务功能与旅游吸引力，一般将综合型旅游资源分为：①都市风光，包括都市市容、建筑、风貌、特产及各种历史、文化吸引；②乡村田园风光，包括不同类型的聚落、建筑、民情风俗、生活方式、土特产等。

（二）按功能分类

旅游资源功能分类的主要目的在于认识和充分发挥各种旅游资源的作用，为开展多种形式的旅游活动服务。

1. 观光型旅游资源

这是自然形成或人类创造的具有景观观赏价值的旅游资源，有山岳、河川、植物、古建筑、现代建筑等众多类型。例如，俊俏挺拔的山峰、蜿蜒秀美的河流、千年的古树和巍峨的宫殿建筑等。

2. 运动型旅游资源

这是与体育运动相结合的旅游资源，如滑雪、路亚和各类体育赛事等。一些因体育赛事形成的遗产资源也属于运动型旅游资源。例如，2008 年我国举办北京奥运会后，鸟巢和水立方成为世界著名的旅游资源。

3. 康养型旅游资源

一些自然资源具有较高的康养价值，如温泉、冷泉、江河湖泊、森林山地、滨海浴场等。依托这类旅游资源，以旅游区现有特色医疗资源为平台或引入国内外医疗资源，可打造康复治疗、养生保健、慢病疗养、旅游观光、休闲度假等多功能式度假区。

4. 娱乐型旅游资源

这类旅游资源不完全等同于传统的自然和人文旅游资源，通常是在对资源进行深层次开发的基础上建立的具有娱乐功能的设施设备和场地空间。例如，各类主题公园、水上乐园等都属于娱乐型旅游资源。

5. 购物型旅游资源

包括各种土特产、工艺品、艺术品、文物商品及仿制品等旅游商品，主要供旅游者购买体验。

（三）按属性分类

1. 物质形态的旅游资源

物质形态的旅游资源包括一切有形的、具有旅游吸引力的物质实体。例如，山岳、河流、建筑、园林和动植物等。

2. 非物质形态的旅游资源

非物质形态的旅游资源包括一切人类创造的无形的具有旅游吸引力的非物质遗产。例如，各地民风民俗、传说故事、表演艺术、礼仪节庆等。

（四）按开发利用状况分类

1. 已开发利用的旅游资源

根据利用程度又可分为开发利用历史比较长的旅游资源和新开发的旅游资源。

2. 准备开发的旅游资源

指已经具备开发条件的旅游资源。

3. 潜在旅游资源

指具有一定吸引性，但目前还不具备开发条件的潜在旅游资源。

四、旅游资源分类国标

此外，国家标准《旅游资源分类、调查与评价》（GB/T 18972—2017）是现阶段业界通行的分类方案，其使用频次最高，类型覆盖也相对齐全。在技术指标引导下划分旅游资源类型，是深化对其认识的必要环节，可以尽快确定旅游资源对象的基准参照体系。

（一）分类技术方法

如何进行具体的分类是旅游资源分析的重要内容。区域性旅游资源的分类通常在大量收集各种旅游资源（景点）资料的基础上，按照以下步骤进行。

1. 确定分类的目的和要求

在明确是普通的一般性旅游资源分类，还是有特殊目的要求的专门性旅游资源分类的基础上，结合实际情况确定相应的分类原则和依据。

2. 初步建立旅游资源分类系统

通过比较分析，把各种旅游资源分别归入不同的类型。这一过程可采用逐级划分与逐级归并相结合的方法进行。所谓逐级划分，是指由上而下的分类，即把所有旅游资源看成一个群体（即整体或大的系统），按照一定依据的相似性和差异性，首先划分出高低类型（即大类或支系统），然后再分别向下逐级细分出不同的类型。所谓逐级归并，是指由下而上的分类，即由旅游资源个体开始，按照一定依据，首先把相同的归并为最基本的小类型，然后再根据某些相似性和差异性，再逐步归并为较大类型或大类。

3. 调整完善旅游资源分类系统

在初步分类、建立分类系统的基础上，再自上而下或自下而上，逐级对比分析，是否符合分类原则和目的要求，所采用的依据是否恰当，分类系统是否包含了所有应划分的分类对象（即旅游资源）。如有不妥之处，应进行补充、调整，最后形成一个符合要求的科学的分类系统。

4. 撰写旅游资源分类简要说明

说明的内容包括该项旅游资源分类的目的、要求、原则、依据，以及分类过程和结果等。对区域旅游资源的分类成果，应尽可能利用计算机建立旅游资源电子信息系统，以便今后随时补充、调整、查询和应用。

（二）分类指标体系

《旅游资源分类、调查与评价标准》（GB/T 18972—2017）提出了以旅游资源普查为目的的应用性分类方案，被广泛应用于旅游规划实践工作中。该方案主要根据旅游资源的性质和状态、特征指标的一致性、类型之间有明显的排他性等原则进行分类。共划分为以下 8 个主类、23 个亚类和 110 个基本类型（见表 4-1）。

1. 地文景观

包括自然景观综合体、地质与构造形迹、地表形态、自然标记与自然现象 4 个亚类，又可细分为 17 个基本类型。其中，自然景观综合体分为 4 个基本类型，地质与构造形迹分为 4 个基本类型，地表形态分为 6 个基本类型，自然标记与自然现象分为 3 个基本类型。

2. 水域景观

包括河系、湖沼、地下水、冰雪地和海面 5 个亚类，又可细分为 13 个基本类型。其中，河系分为 3 个基本类型，湖沼分为 3 个基本类型，地下水分为 2 个基本类型，冰雪地分为 2 个基本类型，海面分为 3 个基本类型。

3. 生物景观

包括植被景观、野生动物栖息地 2 个亚类，又可细分为 8 个基本类型。其中，植被景观分为 4 个基本类型，野生动物栖息地分为 4 个基本类型。

4. 天象与气候景观

包括天象景观、天气与气候现象 2 个亚类，又可细分为 5 个基本类型。其中，天象景观分为 2 个基本类型，天气与气候现象分为 3 个基本类型。

5. 建筑与设施

包括人文景观综合体、实用建筑与核心设施、景观与小品建筑3个亚类，又可细分为39个基本类型。其中，人文景观综合体分为9个基本类型，实用建筑与核心设施分为16个基本类型，景观与小品建筑分为14个基本类型。

6. 历史遗迹

包括物质类文化遗存和非物质类文化遗存2个亚类，又可细分为8个基本类型。其中，物质类文化遗存分为2个基本类型，非物质类文化遗存分为6个基本类型。

7. 旅游购品

包括农业产品、工业产品和手工工艺品3个亚类，又可细分为15个基本类型。其中，农业产品分为5个基本类型，工业产品分为2个基本类型，手工工艺品分为8个基本类型。

8. 人文活动

包括人事活动记录和岁时节令2个亚类，又可细分为5个基本类型。其中，人事活动记录分为2个基本类型，岁时节令分为3个基本类型。

表4-1　旅游资源基本类型

主类	亚类	基本类型	简要说明
A 地文景观	AA 自然景观综合体	AAA 山丘型景观	山地丘陵内可供观光游览的整体景观或个别景观
		AAB 台地型景观	山地边缘或山间台状可供观光游览的整体景观或个别景观
		AAC 沟谷型景观	沟谷内可供观光游览的整体景观或个体景观
		AAD 滩地型景观	缓平滩地内可供观光游览的整体景观或个别景观
	AB 地质与构造形迹	ABA 断裂景观	地层断裂在地表面形成的景观
		ABB 褶曲景观	地层在各种内力作用下形成的扭曲变形
		ABC 地层剖面	地层中具有科学意义的典型剖面
		ABD 生物化石点	保存在地层中的地质时期的生物遗体、遗骸及活动遗迹的发掘地点
	AC 地表形态	ACA 台丘状地景	台地和丘陵形状的地貌景观
		ACB 峰柱状地景	在山地，丘陵或平地上突起的峰状石体
		ACC 垄岗状地景	构造形迹的控制下长期受溶蚀作用形成的岩溶地貌
		ACD 沟壑与洞穴	由内营力塑造或外营力侵蚀形成的沟谷、劣地，以及位于基岩内和岩石表面的天然洞穴
		ACE 奇特与象形山石	形状奇异、拟人状物的山体或石体
		ACF 岩土圈灾变遗迹	岩石圈自然灾害变动所留下的表面痕迹
	AD 自然标记与自然现象	ADA 奇异自然现象	发生在地表一般还没有合理解释的自然界奇特现象
		ADB 自然标志地	标志特殊地理、自然区域的地点
		ADC 垂直自然带	山地自然景观及其自然要素（主要是地貌、气候、植被、土壤）随海拔呈递变规律的现象

续表

主类	亚类	基本类型	简要说明
B 水域景观	BA 河系	BAA 游憩河段	可供观光游览的河流段落
		BAB 瀑布	河水在流经断层、凹陷等地区时垂直从高空跌落的跌水
		BAC 古河道段落	已经消失的历史河道现存段落
	BB 湖沼	BBA 游憩湖区	湖泊水体的观光游览区与段落
		BBB 潭池	四周有岸的小片水域
		BBC 湿地	天然或人工形成的沼泽地等带有静止或流动水体的成片浅水区
	BC 地下水	BCA 泉	地下水的天然露头
		BCB 埋藏水体	埋藏于地下的温度适宜、具有矿物元素的地下热水、热汽
	BD 冰雪地	BDA 积雪地	长时间不融化的降雪堆积面
		BDB 现代冰川	现代冰川存留区域
	BE 海面	BEA 游憩海域	可供观光游憩的海上区域
		BEB 涌潮与击浪现象	海水大潮时潮水涌进景象，以及海浪推进时的击岸现象
		BEC 小型岛礁	出现在江海中的小型明礁或暗礁
C 生物景观	CA 植被景观	CAA 林地	生长在一起的大片树木组成的植物群体
		CAB 独树与丛树	单株或生长在一起的小片树林组成的植物群体
		CAC 草地	以多年生草本植物或小半灌木组成的植物群落构成的地区
		CAD 花卉地	一种或多种花卉组成的群体
	CB 野生动物栖息地	CBA 水生动物栖息地	一种或多种水生动物常年或季节性栖息的地方
		CBB 陆地动物栖息地	一种或多种陆地野生哺乳动物、两栖动物、爬行动物等常年或季节性栖息的地方
		CBC 鸟类栖息地	一种或多种鸟类常年或季节性栖息的地方
		CBD 蝶类栖息地	一种或多种蝶类常年或季节性栖息的地方
D 天象与气候景观	DA 天象景观	DAA 太空景象观赏地	观察各种日、月、星辰、极光等太空现象的地方
		DAB 地表光现象	发生在地面上的天然或人工光现象
	DB 天气与气候现象	DBA 云雾多发区	云雾及雾凇、雨凇出现频率较高的地方
		DBB 极端与特殊气候显示地	易出现极端与特殊气候的地区或地点，如风区、雨区、热区、寒区、旱区等典型地点
		DBC 物候景象	各种植物的发芽、展叶、开花、结实、叶变色、落叶等季变现象
E 建筑与设施	EA 人文景观综合体	EAA 社会与商贸活动场所	进行社会交往活动、商业贸易活动的场所
		EAB 军事遗址与古战场	古时用于战事的场所、建筑物和设施遗存
		EAC 教学科研实验场所	各类学校和教育单位、开展科学研究的机构和从事工程技术试验场所的观光、研究、实习的地方

主类	亚类	基本类型	简要说明
E 建筑与设施	EA 人文景观综合体	EAD 建设工程与生产地	经济开发工程和实体单位，如工厂、矿区、农田、牧场、林场、茶园、养殖场、加工企业以及各类生产部门的生产区域和生产线
		EAE 文化活动场所	进行文化活动、展览、科学技术普及的场所
		EAF 康体游乐休闲度假地	具有康乐、健身、休闲、疗养、度假条件的地方
		EAG 宗教与祭祀活动场所	进行宗教、祭祀、礼仪活动场所的地方
		EAH 交通运输场站	用于运输通行的地面场站等
		EAI 纪念地与纪念活动场所	为纪念故人或开展各种宗教祭祀、礼仪活动的馆室或场地
	EB 实用建筑与核心设施	EBA 特色街区	反映某一时代建筑风貌，或经营专门特色商品和商业服务的街道
		EBB 特性屋舍	具有观赏游览功能的房屋
		EBC 独立厅、室、馆	具有观赏游览功能的景观建筑
		EBD 独立场、所	具有观赏游览功能的文化、体育场馆等空间场所
		EBE 桥梁	跨越河流、山谷、障碍物或其他交通线而修建的架空通道
		EBF 渠道、运河段落	正在运行的人工开凿的水道段落
		EBG 堤坝段落	防水、挡水的构筑物段落
		EBH 港口、渡口与码头	位于江、河、湖、海沿岸进行航运、过渡、商贸、渔业活动的地方
		EBI 洞窟	由水的溶蚀，侵蚀和风蚀作用形成的可进入的地下空洞
		EBJ 陵墓	帝王、诸侯陵寝及领袖先烈的坟墓
		EBK 景观农田	具有一定观赏游览功能的农田
		EBL 景观牧场	具有一定观赏游览功能的牧场
		EBM 景观林场	具有一定观赏游览功能的林场
		EBN 景观养殖场	具有一定观赏、游览功能的养殖场
		EBO 特色店铺	具有一定观光游览功能的店铺
		EBP 特色市场	具有一定观光游览功能的市场
	EC 景观与小品建筑	ECA 形象标志物	能反映某处旅游形象的标志物
		ECB 观景点	用于景观观赏的场所
		ECC 亭、台、楼、阁	供游客休息、乘凉或观景用的建筑
		ECD 书画作	具有一定知名度的书画作品
		ECE 雕塑	用于美化或纪念而雕刻塑造，具有一定寓意、象征或象形的观赏物和纪念物
		ECF 碑碣、碑林、经幢	雕刻记录文字、经文的群体刻石或多角形石柱

续表

主类	亚类	基本类型	简要说明
E 建筑与设施	EC 景观与小品建筑	ECG 牌坊牌楼、影壁	为表彰功勋、科第、德政以及忠孝节义所立的建筑物，以及中国传统建筑中用于遮挡视线的墙壁
		ECH 门廓、廊道	门头廓形装饰物，不同于两侧基质的狭长地带
		ECI 塔形建筑	具有纪念、镇物、标明风水和某些实用目的的直立建筑物
		ECJ 景观步道、甬路	用于观光游览行走而砌成的小路
		ECK 花草坪	天然或人造的种满花草的地面
		ECL 水井	用于生活、灌溉用的取水设施
		ECM 喷泉	人造的由地下喷射水至地面的喷水设备
		ECN 堆石	由石头堆砌或填筑形成的景观
F 历史遗迹	FA 物质类文化遗存	FAA 建筑遗迹	具有地方风格和历史色彩的历史建筑遗存
		FAB 可移动文物	历史上各时代重要实物、艺术品、文献、手稿、图书资料、代表性实物等，分为珍贵文物和一般文物
	FB 非物质类文化遗存	FBA 民间文学艺术	民间对社会生活进行形象的概括而创作的文学艺术作品
		FBB 地方习俗	社会文化中长期形成的风尚、礼节、习惯及禁忌等
		FBC 传统服饰装饰	具有地方和民族特色的衣饰
		FBD 传统演艺	民间各种传统表演方式
		FBE 传统医药	当地传统留存的医药制品和治疗方式
		FBF 传统体育赛事	当地定期举行的体育比赛活动
G 旅游购品	GA 农业产品	GAA 种植业产品及制品	具有跨地区声望的当地生产的种植业产品及制品
		GAB 林业产品与制品	具有跨地区声望的当地生产的林业产品及制品
		GAC 畜牧业产品与制品	具有跨地区声望的当地生产的畜牧产品及制品
		GAD 水产品及制品	具有跨地区声望的当地生产的水产品及制品
		GAE 养殖业产品与制品	具有跨地区声望的养殖业产品及制品
	GB 工业产品	GBA 日用工业品	具有跨地区声望的当地生产的日用工业品
		GBB 旅游装备产品	具有跨地区声望的当地生产的户外旅游装备和物品
	GC 手工艺品	GCA 文房用品	文房书斋的主要文具
		GCB 织品、染织	纺织及用染色印花织物
		GCC 家具	生活、工作或社会实践中供人们坐、卧或支撑与贮存物品的器具
		GCD 陶瓷	由瓷石、高岭土、石英石、莫来石等烧制而成，外表施有玻璃质釉或彩绘的物器
		GCE 金石雕刻、雕塑制品	用金属、石料或木头等材料雕刻的工艺品
		GCF 金石器	用金属、石料制成的具有观赏价值的器物
		GCG 纸艺与灯艺	以纸材质和灯饰材料为主要材料制成的平面或立体的艺术品
		GCH 画作	具有一定观赏价值的手工画成作品

续表

主类	亚类	基本类型	简要说明
H 人文活动	HA 人事活动记录	HAA 地方人物	当地历史和现代名人
		HAB 地方事件	当地发生过的历史和现代事件
	HB 岁时节令	HBA 宗教活动与庙会	宗教信徒举办的礼仪活动，以及节日或规定日子里在寺庙附近或既定地点举行的聚会
		HBB 农时节日	当地与农业生产息息相关的传统节日
		HBC 现代节庆	当地定期或不定期的文化、商贸、体育活动等
8	23	110	

注：如果发现本分类没有包括的基本类型时，使用者可自行增加。增加的基本类型可归入相应亚类，置于最后，最多可增加2个。编号方式为：增加第1个基本类型时，该亚类2位汉语拼音字母+Z；增加第2个基本类型时，该亚类 2 位汉语拼音字母 +Y。

第二节　旅游资源调查

旅游资源调查是对旅游资源及其相关因素的信息和资料进行系统收集、记录、整理、分析和总结，为旅游经营、管理、规划、开发和决策提供客观科学依据的过程。旅游资源调查分为概查和详查两种。旅游资源调查是一项复杂而细致的工作，在调查的过程中要遵循一定的调查方法和原则，才能保证真实、准确地反映被调查地的旅游资源情况，为旅游资源的评价、分级和规划做准备。

一、调查原则

开展旅游资源调查的目的是全面准确掌握规划区内的旅游资源赋存状况，把握其基本属性和规律，并了解存在的问题。旅游资源调查应坚持以下原则。

（一）多维研究原则

前期要对搜集来的旅游资源相关文献、书志、影像资料等进行整理和分析，初步掌握旅游资源的分布规律、形成原理、基本业态和构成机制。后期还要在实地调查中进行拍照、测量、分析和记录，最终形成包含旅游资源分类、特征、性质、等级和价值等内容的调查报告。

（二）全面覆盖原则

由于旅游资源的调查内容涉及知识广阔、涉及专业领域繁多、与当地群众关联密切，因此调查人员要拓宽其信息渠道，吸收旅游、地理、历史、林业、农业等专业人才，运用不同方法和角度对旅游资源进行全面调查。

（三）取舍有度原则

旅游资源调查的时间和精力要倾向于有市场、需求多、价值高的旅游资源，重点是把握那些具备一定开发条件，能够包装成为现实旅游产品的资源。准确掌握旅游资源的基本情况和所处环境，通过比较分析判断其开发价值和存在价值。在调查中，对一些过于普通的、缺乏足够吸引力的实物，或与社会主流价值观相违背的事物，调查人员应果断摈弃。例如，邪教组织活动遗迹、黄赌毒相关物品等。

二、调查方法

旅游资源调查是旅游资源开发的基础。通过调查对旅游资源进行分类、整合，制定科学的开发方案，能够使旅游资源效益得到最大限度的发挥。从获取信息的渠道来讲，旅游资源调查分为第一手资料与第二手资料获取方法。第一手资料包括野外考察、实地观察、调查访问等，是直接经验所得；第二手资料主要为间接获取到的资源及经验，如参考文献和史料书籍的文献调查法，主要用于去规划地实地调查之前的整理和先期分析。

（一）文献调查法

已有文献是过往知识和经验的综合载体，包括记录旅游资源的论文、报刊、地方志、调查报告和互联网上的各类文献资料和影像资料。以现存文献记载为资料来进行研究是一种科学调查方法，是进行旅游资源实地调查前的必要步骤，有选择、有针对性地进行文献调查可以避免盲目和重复的劳动。文献调查法主要用于研究不能或不易接近的研究对象，结果相对真实可靠。通过文献调查法对旅游资源进行初步了解，可以快速掌握资源的基本信息，对于成因机制、分布状况、资源品位和开发现状形成印象，以便下一步计划的开展和研究内容的预测。

由于各种文献记载存在偏差、信息不完全、选择性存留、破损等局限，致使一些有关旅游资源的文献收集工作存在一定困难。除此之外，许多文献由于种种原因而不能公开，难以收集。尤其是一些互联网上的资料有时也存在不少不严谨或错误。因此，要对收集来的文件进行甄别和比较，以确保其准确性、有效性和权威性。

（二）田野调查法

田野调查法是调查者深入被调查区域，以参与观察为主要方式的一种调查方法，具有花费较高、信度较大、实效性较强等特点，在旅游规划实践中被广泛应用。这种方法可以实地了解到旅游资源数量、规模与禀赋基础，同时也是合理保护、科学开发、深入研究旅游地生态环境的基础。

1. 确定调查主题

在田野调查开始前，要明确调查的主题是旅游资源。一切可以作为旅游资源的，无论是物质还是非物质的，都是调查的对象。

2. 明确调查区域

对于调查区域的选择主要有以下三点要求：第一，具有一定的可进入性。一方面调查人员可以安全到达，另一方面具备一定的开发利用可能性。第二，确保调查工作的安全性。被调查区域应在调查期间不会发生较严重的自然灾害等威胁调查人员人身安全的问题。第三，合理确定调查范围。调查范围不应过大，以免造成时间和经费的大量浪费，调查范围也不应过小，以免遗漏重要旅游资源。

3. 拟订调查提纲

确定好调查主题和范围后就要着手拟订调查提纲。拟订调查提纲的目的是降低调查的盲目性，提高调查效率。其主要内容包括调查目的、初步的调查内容、步骤和实施措施等内容。这些内容的表述要尽可能做到全面细致，具有可操作性。调查工作的目标、人员分工计划、调查路线、调查时间、采访设备、交通联络、保障措施、成果形式等都要清楚地展示在调查提纲中。

4. 调查前的准备工作

充足的准备工作是旅游资源调查顺利进行的必要保证，可以有效推进旅游资源调查进程，提高工作效率，因此旅游资源调查前的准备工作一定要做到充分，具体包括以下几点。

（1）用于证明调查者身份及方便与被调查区域联系接洽的证明材料：身份证、介绍信等。

（2）方便收集与整理信息的工具：录音设备、照相录像设备、信息存储设备、计算机、定位仪、航拍无人机等。

（3）方便对随时记录信息与访谈顺利开展的文具：笔、尺、笔记簿等。

（4）为保障调查工作顺利进行，防止意外情况影响调查工作进度的物品：水壶、遮阳帽，以及创可贴、感冒药等简单的医疗用品。

（5）有助于了解调查路线、调查区域的状况和准确定位的地图：行政区划地图、等高线地形图等。

5. 对调查结果的整理与补充调查

对调查结果一定要及时整理。对被调查对象的整理与统计要做到图片、种类及数量三者的统一，既方便调查结果的直观呈现，也有利于发现问题，并且应针对出现的问题进行进一步的补充调查，完善调查结果。

（三）访谈法

在旅游资源调查中要充分利用访谈法。首先，通过对当地人进行访问，可以弥补互联网或者文献资料对旅游资源介绍的疏漏或错误，提高调查的可靠性与目的性；其次，旅游资源既以物质形式的展现，也会以非物质的形式存在，如当地的民俗、传说等，而后者必须通过对当地居民的访谈获知或者加以求证。在运用访谈法进行调查时，要尽量选取尽可能多的、覆盖不同年龄层的人群进行调查，从而最大限度上确保信息的准确性。

三、调查内容

旅游资源调查内容包括全面了解资源保护与利用状况、掌握真实准确的基础数据。调查结果是旅游资源评价的重要基础，也是进行旅游资源开发的参考前提，还是编制旅游规划方案的主要依据。旅游资源调查内容主要有环境背景和旅游资源本体两个方面。

（一）环境背景

1. 调查当地区位条件

被调查区域的区位条件直接关系到对旅游资源开发价值的判断。因此，对被调查区域区位条件的了解必不可少。一般可通过行政区划图、交通图、地形图和电子地图等资料掌握该地区的地理区位、交通区位和旅游区位等信息。

2. 调查社会经济状况

了解当地的社会经济情况有利于对今后一段时间内当地旅游资源开发潜力进行判断。综合运用地区网站或统计年鉴等官方公布的最新的信息，了解当地的经济总量及经济发展水平，以及当前经济环境、产业结构、人均 GDP、人均收入水平、人口结构等。

3. 调查当地历史文化背景

历史文化是在当地长时期的社会生产生活过程中形成，同时又受到周边地区的影响和外部因素的干扰。调查当地历史文化背景，有利于深化对旅游地的认识和理解，并从中梳理出具有较高保护和开发价值的旅游资源。

4. 调查周边旅游市场环境

旅游资源调查的目的是进行旅游开发，而在开发的过程中不可避免地要涉及市场环境分析。通过了解周边地区旅游资源开发状况，可以指导规划区进一步选择资源的开发方向，促进差异化发展，提高自身的竞争力。

（二）旅游资源本体

旅游资源本体是旅游资源本身所固有的，可以满足游客旅游体验的一种先旅游而存在的事物。旅游资源本体有物质形态和非物质形态的，可以按旅游的目的加以开发利用，但不能创制。脱离于旅游资源本体进行创制、仿造、移植的旅游对象物，不是旅游资源，而是旅游产品。旅游资源本体的调查内容包括类型、特征、成因、规模、组合结构和开发现状六个方面。

1. 类型调查

根据国家标准《旅游资源分类、调查与评价标准》（GB/T 18972—2017），将调查区内的旅游资源分类归并，总结出资源所属具体何种主类、亚类、基本类型及其数量。

2. 特征调查

（1）峰、崖、石、洞、峡和特殊的火山、名山、雪等的数量、造型特征、分布状况、组合形成、成因、年代和遗迹等。

（2）河、湖、井、泉、瀑等的位置、源头、面积、深度、高差、流量、蓄水量、水质、水色、形态、水温、季节变化、观赏特征、成因、环境特征、利用状况等。

（3）气温、光照、温度、降水、风、云、雾、雪、日出、日落、佛光等出现的季节、持续时间、形态、观赏位置、年均舒适旅游日数、浴疗的价值等。

（4）观赏植物的种类、分布范围、数量、花期、果期、观赏部位，古树名木的位置、生境、树种、年龄、树高、胸径、冠幅、冠形及分布特点，森林景观中有观赏价值的树木、林分、垂直分布、规模、面积、景观特征、林特产品、林副产品种类、数量和特征，野生动物和珍稀动物的种类、栖息环境、活动规模、生活习性等。

（5）名胜古迹的种类、建筑风格、艺术价值、建筑年代、历史、建筑保存状况、建筑数量、分布情况、占地面积、有关建筑的传说、目前利用状况等。

（6）宗教文化的类别、建筑、雕塑、绘画、石刻、影响范围及历史，革命纪念地的文献记载、革命活动、文物位置、保护现状等。

（7）各民族民风民俗、神话、传说、故事，历史文化名人情况，民族生活习惯、服饰、村寨建筑风格、信仰、传统食品，当地婚丧嫁娶及各种禁忌、礼仪等风俗习惯，各种纪念活动、节庆活动、庆典活动等。

（8）具有特色的旅游资源景观，具有特殊功能的景观，适合科学考察和研学活动的景观，独有或名列世界前茅的旅游景观。

3. 成因调查

针对调查区内各种不同类型的旅游资源，尤其是富有当地特色的旅游资源，在开展调查时要了解其形成原因、发展历史、存在时限、利用的可能价值及自然与人文相互依存的因果关系。

4. 规模调查

调查包括资源类型的数量、分布范围和面积、各级风景名胜区、文物保护单位、自然保护区、森林公园等。

5. 组合结构调查

了解调查区旅游资源的组合结构，包括自然景观与人文景观的组合、自然景观内部的组合、人文景观内部的组合。资源组合的形式与结构是多种多样的，如水与其他旅游资源要素的组合有山水组合、水峡组合、水洞组合、水瀑组合等。

6. 开发现状调查

旅游资源包含已开发态、待开发态和潜在态三种。调查开发现状包括：旅游资源现在的开发状况、项目、类型、时间、季节、旅游人次、旅游收入、消费水平，以及周边地区同类型旅游资源的开发比较、开发计划等。

第三节　旅游资源评价

旅游资源评价是指以科学保护与合理开发为出发点，运用若干方法对一定区域内旅游资源其自身所蕴藏的价值、区域地位和外部开发条件进行综合评估和价值鉴定的过程。资源评价得出旅游资源最突出的价值往往是吸引游客前来的关键性因素。通过对规划区与其他旅游地的对比分析，找出旅游资源的优势和劣势。评价得到的具体分值和结论，为确定旅游资源的开发方向和具体旅游项目建设提供依据。

一、定性评价

定性评价法又称经验评价法，主要依据评价者观察后的印象对旅游资源进行评分。定性评价法的优势在于简便易行，但是评价过程中的主观性较强，结果较抽象，难以反映资源局部之间的价值差别。目前，常用的旅游资源定性评价方法有体验性评价法、“三三六”评价法和“六字七标准”评价法三种。

（一）体验性评价法

体验性评价是以大量旅游者或专家为主体，依据其游览体验对旅游资源进行评价的方法。在进行体验性评价之前，需要通过旅游报刊、旅游网络、旅游指南、旅游书籍等搜集大量与待评价旅游资源相关的资料，统计其出现的频率或旅游者及专家的好评频率，从而总体推断出该旅游资源质量的优劣及知名度。但此方法仅适用于对具有一定知名度的旅游资源的评定，对既未进行开发也不具有知名度的旅游资源则不具备操作性。

（二）“三三六”评价法

“三三六”即“三大价值”“三大效益”和“六大条件”的统称。其中，“三大价值”是指旅游资源的历史文化价值、艺术观赏价值和科学考察价值。“三大效益”是指旅游资源开发的生态效益、社会效益和经济效益。“六大条件”是指影响旅游资源开发的地理位置和交通条件、景观地域组合与旅游资源类型条件、旅游资源的环境容量条件、旅游资源的客源市场条件、旅游资源开发的投资条件和施工难易条件。通过对旅游资源的三大价值、三大效益和六大条件进行综合分析，得出对旅游资源开发价值的基本判断。

（三）“六字七标准”评价法

“六字七标准”评价法认为旅游资源的评价不仅取决于旅游资源本身价值的高低，还要考虑旅游资源所处的地理位置、社会条件的优劣。所谓“六字”，即“美、古、名、特、奇、用”，这是对旅游资源本体进行评价时所采用的评价标准。所谓“七标准”，即季节、污染、联系、可进入性、基础结构、社会经济环境、市场等用于对旅游资源所处环境进行评价的七个指标，这是将旅游资源置于区域环境背景下进行开发条件的分析。“六字”和“七标准”相结合，有利于得出相对客观准确的旅游资源评价结论。

二、定量评价

与凭借主观经验对旅游资源进行定性评价不同，定量评价主要利用旅游资源评价指标体系对旅游资源进行评分，有效地降低了定性评价中主观因素的影响。因此，定量评价在旅游规划开发中的应用较为普遍。

（一）国家标准评价

在国家标准《旅游资源分类、调查与评价（GB/T 18972—2017）》中列出了旅游资源评分标准，主要依据三个评价项目、八个评价因子对旅游资源进行评分，最终根据得分的高低将旅游资源划分为五个等级。

标准将评分系统分为“评价项目”和“评价因子”两个层级。“评价项目”包括“资源要素价值”“资源影响力”“附加值”三个部分。其中，“资源要素价值”包含“观赏游憩使用价值”“历史文化科学艺术价值”“珍稀奇特程度”“规模、丰度与几率”和“完整性”五项评价因子；“资源影响力”包含“知名度和影响力”和“适游期或使用范围”两项评价因子；“附加值”包含“环境保护与环境安全”一项评价因子。

在评分系统的分值分配上，“资源要素价值”和“资源影响力”总计 100 分，其中“资源要素价值”占 85 分，“资源影响力”占 15 分。附加值另算，分为正分和负分。评分系统的分值分配详情如表 4–2 所示。

表 4–2 旅游资源评价赋分标准

评价项目	评价因子	评价依据	赋值
资源要素价值（85 分）	观赏游憩使用价值（30 分）	全部或其中一项具有极高的观赏价值、游憩价值、使用价值	32~22
		全部或其中一项具有很高的观赏价值、游憩价值、使用价值	21~13
		全部或其中一项具有较高的观赏价值、游憩价值、使用价值	12~6
		全部或其中一项具有一般观赏价值、游憩价值、使用价值	5~1
	历史文化科学艺术价值（25 分）	同时或其中一项具有世界意义的历史价值、文化价值、科学价值、艺术价值	25~20
		同时或其中一项具有全国意义的历史价值、文化价值、科学价值、艺术价值	19~13
		同时或其中一项具有省级意义的历史价值、文化价值、科学价值、艺术价值	12~6
		历史价值、或文化价值、或科学价值、或艺术价值具有地区意义	5~1

续表

评价项目	评价因子	评价依据	赋值
资源要素价值（85分）	珍稀奇特程度（15分）	有大量珍稀物种，或景观异常奇特，或此类现象在其他地区罕见	15~13
		有较多珍稀物种，或景观奇特，或此类现象在其他地区很少见	12~9
		有少量珍稀物种，或景观突出，或此类现象在其他地区少见	8~4
		有个别珍稀物种，或景观比较突出，或此类现象在其他地区较多见	3~1
	规模、丰度与几率（10分）	独立型旅游资源单体规模、体量巨大；集合型旅游资源单体结构完美、疏密度优良；自然景象和人文活动周期性发生或频率极高	10~8
		独立型旅游资源单体规模、体量较大；集合型旅游资源单体结构很和谐、疏密度良好；自然景象和人文活动周期性发生或频率很高	7~5
		独立型旅游资源单体规模、体量中等；集合型旅游资源单体结构和谐、疏密度较好；自然景象和人文活动周期性发生或频率较高	4~3
		独立型旅游资源单体规模、体量较小；集合型旅游资源单体结构较和谐、疏密度一般；自然景象和人文活动周期性发生或频率较小	2~1
	完整性（5分）	形态与结构保持完整	5~4
		形态与结构有少量变化，但不明显	3
		形态与结构有明显变化	2
		形态与结构有重大变化	1
资源影响力（15分）	知名度和影响力（10分）	在世界范围内知名，或构成世界承认的名牌	10~8
		在全国范围内知名，或构成全国性的名牌	7~5
		在本省范围内知名，或构成省内的名牌	4~3
		在本地区范围内知名，或构成本地区名牌	2~1
	适游期或使用范围（5分）	适宜游览的日期每年超过 300 天，或适宜于所有游客使用和参与	5~4
		适宜游览的日期每年超过 250 天，或适宜于 80% 左右游客使用和参与	3
		适宜游览的日期超过 150 天，或适宜于 60% 左右游客使用和参与	2
		适宜游览的日期每年超过 100 天，或适宜于 40% 左右游客使用和参与	1
附加值	环境保护与环境安全	已受到严重污染，或存在严重安全隐患	–5
		已受到中度污染，或存在明显安全隐患	–4
		已受到轻度污染，或存在一定安全隐患	–3
		已有工程保护措施，环境安全得到保证	3

在对旅游资源进行评分的实际操作中，首先需要依据标准对旅游资源单体分别进行评分并加总，然后根据旅游资源单体评价的总分，将其分为五级。从高级到低级分别为：五级旅游资源，得分值域≥ 90 分；四级旅游资源，得分值域 75~89 分；三级旅游资源，得分值域 60~74 分；二级旅游资源，得分值域 45~59 分；一级旅游资源，得分值域 30~44 分（见表 4–3）。此外，还有未获等级旅游资源，得分≤ 29 分。

在这种评价方法下，五级旅游资源称为“特品级旅游资源”，五级、四级、三级旅游资源通称为“优良级旅游资源”，二级、一级旅游资源通称为“普通级旅游资源”。

表 4-3　旅游资源评价等级

旅游资源等级	得分区间	备注
五级旅游资源	≥ 90 分	五级旅游资源称为“特品级旅游资源”，五级、四级、三级旅游资源通称为“优良级旅游资源”，二级、一级旅游资源通称为“普通级旅游资源”
四级旅游资源	75~89 分	
三级旅游资源	60~74 分	
二级旅游资源	45~59 分	
一级旅游资源	30~44 分	

（二）资源要素舒适度定量评价

评价者在应用资源要素舒适度对旅游资源进行定量评价时，集中考虑某些典型而又关键的因子，依靠对这些关键因子的评价得出关于某项旅游资源技术性的适宜或优劣评判。因此这种评价方式对于用于开展专项旅游活动的资源，如登山、滑雪、游泳等非常适用。针对不同的评价对象，现在较为成熟的旅游资源方法有气候适宜性评价、海滩和海水浴场评价、滑雪旅游资源评价等。以下本书以气候适宜性评价为例进行介绍。

气候是影响旅游者消费行为的重要因素，它主要从以下两个方面影响旅游者的行为：一是影响旅游活动的质量。不同的气候条件下旅游者对同一旅游项目的体验是不同的。例如，雨雪天气将路面变的湿滑难行，给旅游者的出行带来巨大困难。二是影响旅游消费决策。气候直接影响旅游者的舒适度。例如，同寒冷的冬天相比，湿热的夏天就不那么适合泡温泉。因此，应用气候适宜性评价时，其着眼点主要在于气候对旅游者生理舒适度的影响。

在不同的气候要素组合情况下，人体的舒适感受往往不同。同一温度下，空气的相对湿度发生变化，人体的温度感觉就会发生较大变化；同一温度下，风速不同，旅游者人体的温度感觉也会存在差异。因此，在评价气候适宜度时常采用温湿指数和风效指数两个指标。

温湿指数（THI），其计算公式为：

$$THI = t - 0.55 \times (1-f) \times (1-14.74) \qquad (1)$$

式（1）中，t 为干球温度（℃），f 为空气的相对湿度（%）。一般在评价时将温湿指数在 15~27 称为旅游适宜气候。

风效指数（K_o）是奥利弗（J. E. Oliver, 1987）考虑风可以加速人体皮肤与周围空气的热交换而提出来的。其计算公式为：

$$K_o = (100V + 10.45 - V) \times (33 - T_\alpha) \qquad (2)$$

式（2）中，K_o 为不考虑人体皮肤蒸发、完全遮阴情况下空气的总冷却率（J/ m^{2}h），V 为风速（m/s），T_α 为气温（℃）。

（三）综合定量评价

旅游资源的综合评价是利用评价指标体系对旅游资源进行评分，其中包括技术性单因子定性定量评价、综合型定量建模评价等方法。综合评价方法能够降低其中定性评价主观因素带来的影响，比单一的定性评价方法更直观准确。

综合定量评价是在考虑旅游资源质量的多重影响因子的基础之上，通过建立评价模型对旅游资源的质量及其所处的自然、社会环境进行综合定量评价。该方法应用性强，适用于不同类型的旅游资源的评价。目前比较流行的方法有层次分析法、价值工程法和指数评价法等。以下主要介绍层次分析法。

层次分析法是指将一个复杂的多目标决策问题作为一个系统，将目标分解为多个目标或准则，进而分解为多指标（或准则、约束）的若干层次，通过定性指标模糊量化方法算出层次单排序（权数）和总排序，以作为目标（多指标）、多方案优化决策的系统方法。根据问题的性质和达成总目标，将问题分解为不同的组成因素，并按照因素间的相互关联影响及隶属关系将因素按不同层次聚集组合，形成一个多层次的分析结构模型，从而最终使问题归结为最低层（供决策的方案、措施等）相对于最高层（总目标）的相对重要权值的确定或相对优劣次序的排定（见图 4–1）。在层次分析法中，首要的工作是确定评价指标的权重。

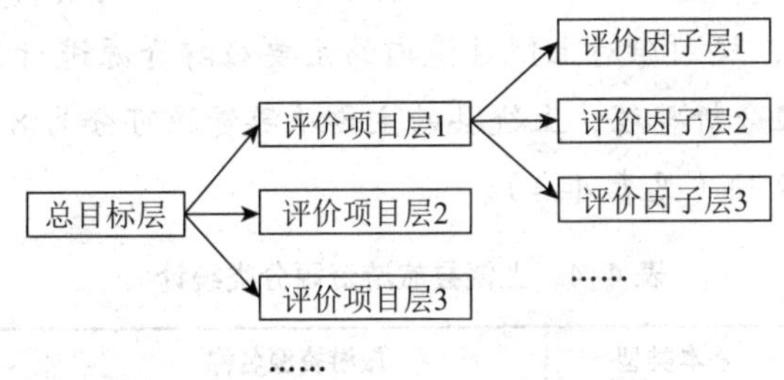

图 4–1　层次评价模型树

对于一个总目标 O，各种影响因素 P_i（i=1，……，n）的权重分别为 W_i（$W_i > 0$，$\sum W_i=0$），则有：

$$O=\sum W_i P_i \quad (3)$$

在图 4–1 中，通过专家评价法将权重依次向评价项目层及其下级的评价因子层层层分配，最终得到一系列评价因子及其权重。在进行具体评价时，从最下一层的评价因子层开始打分，最终汇总加权之后可以得到总分值。

【本章小结】

1. 旅游资源分类可以为旅游资源开发利用奠定基础，并加深对旅游资源属性的认识。常见的旅游资源分类标准包括：按成因、功能、属性、开发利用现状等标准。《旅游资源分类、调查与评价》（GB/T 18972—2017）是现阶段业界通行的分类方案，其使用频次最高，类型覆盖也相对齐全，包含了完善的分类技术方法、分类指标体系。

2. 旅游资源调查是进行资源评价和编制开发规划的基础。按照其范围、目的及技术要求的不同，旅游资源调查工作可大致分为两类，即旅游资源概查和旅游资源详查。旅游资源调查方法包括文献调查法、田野调查法和访谈法。旅游资源调查内容包括环境背景和旅游资源本体两个部分。

3. 旅游资源评价是在旅游资源调查的基础上，对旅游资源的规模、质量、等级、开发前景及开发条件进行科学分析和评价，为旅游资源的规划开发和管理决策提供依据。对旅游资源评价的具体方法，可分为定性评价和定量评价两种。旅游资源定性评价方法有体验性评价法、“三三六”评价法和“六字七标准”评价法三种。旅游资源定量评价主要是根据国标中的旅游资源评价指标体系对旅游资源进行评分。

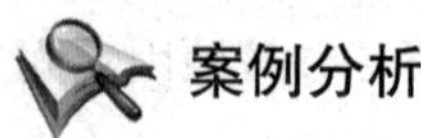

案例分析

《上饶县旅游业发展总体规划（2014—2020）》节选[①]

一、资源分类

根据国家标准化管理委员会、国家旅游局颁布的《旅游资源分类、调查与评价》（GB/T 18972—2003），规划组对上饶县境内的主要旅游资源进行了现场考察，结合资料整理和访谈资料，经分析整理，上饶县的主要旅游资源可分为 8 个主类、26 个亚类、59 个基本类型，共 272 项（见表 4–4）。

表 4–4　上饶县旅游资源分类统计

主类	亚类	基本类型	旅游资源名称	所在地
A 地文景观	AA 综合自然旅游地	AAA 山丘型旅游地	灵山	上饶县
			五府山	五府山镇
		AAB 谷地型旅游地	中华蜜蜂谷	五府山镇
			天龙谷	五府山镇
			玉女溪	
	AB 沉积与构造	ABF 矿点矿脉与矿石积聚地	包家金矿	茶亭镇
	AC 地质地貌过程形迹	ACA 凸峰	龙头山	华坛山镇
			五府岗	五府山镇
			五指峰	
			华表峰、水晶峰、南峰塘、石屏峰、石人峰、天梯峰、至圣峰	灵山风景名胜区

① 本规划的编制时间是2013年，因此依据的国家标准是《旅游资源分类、调查与评价》（GB/T 18972—2003）。

续表

主类	亚类	基本类型	旅游资源名称	所在地
A 地文景观	AC 地质地貌过程形迹	ACB 独峰	蘑菇山	董团乡
		ACC 峰丛	巨龙盘山	灵山风景名胜区
			“睡美人”群峰	
			鲲鹏展翅	
			夹层灵山	
		ACE 奇特与象形山石	钟乳石	应家乡、上泸镇、四十八镇、黄沙岭乡
			凤凰石	五府山
			上饶石	
			灵鼠斗龟蛙	
			仙人观天	灵山风景名胜区
			寿星开怀	
			乾坤柱	
		ACF 岩壁与岩缝	一线天	五府山镇
			鞋峰一线天	灵山风景名胜区
		ACG 峡谷段落	灵山大峡谷	望仙乡
			范家坳峡谷	五府山镇
			平溪峡谷	灵山风景名胜区
		ACI 丹霞	月岩	枫岭头镇
			天窗岩	上泸镇
		ACL 岩石洞与岩穴	灵岩、仙水岩、大岩、老虎洞	董团乡
			仙岩洞	应家乡
			猴孙洞	四十八镇
			银光洞	铁山乡
			西岩	
			萝卜岩	上泸镇
			观音岩	
			太极岩洞穴群	灵山风景名胜区
			花岩	华坛山镇
			徐石岩	黄沙岭乡
		ACN 岸滩	碧玉滩	五府山镇
	AE 岛礁	AEA 岛区	人妖岛	枫泽湖景区

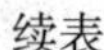
续表

主类	亚类	基本类型	旅游资源名称	所在地
B 水域风光	BA 河段	BAA 观光游憩河段	望仙漂流	望仙乡
			江南第一漂	华坛山镇
			五府山漂流	五府山镇
			茗洋关漂流	灵山风景名胜区
			古城河	郑坊镇
	BB 天然湖泊与池沼	BBA 观光游憩湖区	龙潭湖	茶亭镇
			茗洋湖	灵山风景名胜区
		BBB 沼泽与湿地	槠溪湿地公园	上饶县城
		BBC 潭池	金鸡潭	灵山风景名胜区
	BC 瀑布	BCA 悬瀑	龙潭瀑布、小龙潭瀑布	华坛山镇
			叠石瀑、垂帘瀑、双龙瀑、天龙瀑、金钟山瀑布、毛楼作竹廉坑瀑布、织女瀑、石孔瀑布、泸溪瀑布	五府山
			水晶瀑布、玉龙阶瀑布、三叠瀑布、回龙瀑布、石城瀑布、灵石瀑布、石人源瀑布	灵山风景名胜区
	BD 泉	BDA 冷泉	龙井泉	灵山风景名胜区
C 生物景观	CA 树木	CAA 林地	桐西公益林	华坛山镇
			远泉西郊森林公园	董团乡
			小源生态林	上泸镇
			高山矮林	五府山镇
			马尾松、栎类、栲类原始森林	
			天然阔叶次生林、阔叶林	
			南峰竹海	灵山风景名胜区
		CAC 独树	千年古樟	上泸镇
			千年铁树	田墩镇
			大济古槐、葛路红豆杉、东山盘龙松、水晶岭盘龙松、东台峰迎客松、祝家古松、樟涧古松、邱家古桂、桥头银杏、杨桥罗汉松、道坑刺梨、庙底古银杏、缪家古樟、汪宅古樟、南塘古枫	五府山镇 石人乡 望仙乡 灵山风景名胜区
	CB 草原与草地	CBA 草地	高山草甸	五府山镇
	CC 花卉地	CCB 林间花卉地	高山杜鹃	五府山镇
	CD 野生动物栖息地	CDB 陆地动物栖息地	猕猴	五府山镇
		CDC 鸟类栖息地	白鹭洲	董团乡

续表

主类	亚类	基本类型	旅游资源名称	所在地
D 天象与气候景观	DA 光现象	DAA 日月星辰观察地	观日岩	五府山
		DAB 光环现象观察地	佛光	五府山
	DB 天象与气候现象	DBA 云雾多发区	瀑布云	五府山
E 遗址遗迹	EB 社会经济文化活动遗址遗迹	EBA 历史事件发生地	革畈党小组遗址	华坛山镇
			"共产主义劳动大学"旧址	五府山镇
			红军宿营地旧址	
			七峰岩旧址	田墩镇
			李村旧址	皂头镇
		EBB 军事遗址与古战场	壕岭战场	五府山镇
			红军放哨亭	灵山风景名胜区
			老鸦尖战场遗址	枫岭头镇
		EBC 废弃寺庙	中台庵遗址、三仙宫遗迹、西台庵遗址、东台庵遗址、至德宫遗址、有求院遗址、峰顶院遗址、扎马坑遗址	灵山风景名胜区
		EBE 交通遗迹	黄沙古道	黄沙岭乡、尊桥乡
			犀牛角	望仙乡
			毛竹关、绵羊关、焦岭关	五府山镇
			水晶岭古道、南峰塘古道、岩底古道、茗洋关古道、黄珊源古道	灵山风景名胜区
			鳌头岭古道	石人乡
			马蹄岭古道	石人乡、郑坊镇
		EBF 废城与聚落遗迹	古戏台	煌固镇
			茗洋庙背古村落遗址	灵山风景名胜区
F 建筑与设施	FA 综合人文旅游地	FAB 康体游乐休闲度假地	赣东北乐园、惟义公园、春江公园、清江公园、旭日公园、信江一号	上饶县城
			横溪畲族农家乐	五府山镇
			三鼎农庄	皂头镇
			天康生态园	茶亭镇
			西湖生态园	
			楼外楼山庄	
			清水湾省级森林公园	罗桥街道
			横山旅游度假区	

续表

主类	亚类	基本类型	旅游资源名称	所在地
F建筑与设施	FA综合人文旅游地	FAC宗教与祭祀活动场所	石人殿	石人乡
			西岩寺	铁山乡
			西林寺、天香寺、蒋公寺	四十八镇
			关帝庙、安源庙	应家乡
			骑龙寺	黄沙岭乡
			天星禅寺	望仙乡
			七宝古寺、青龙庙、雷坛庙	华坛山镇
			七峰宝刹	田墩镇
			古城寺、贞姑庵	郑坊镇
			万福寺、殿母地	煌固镇
			石岩古寺	上泸镇
			圣塘庙	五府山镇
			西岩祠、龙头庙、石城寺、芳殿、石人宫、天堂、白云宫、聚龙道宫、养真祠、祭天台、关公庙等	灵山风景名胜区
		FAD园林游憩区域	樱花公园、东升花园	上饶县城
		FAF建设工程与生产地	杨梅基地	铁山乡
			灵石梯田	灵山风景名胜区
			毛竹林	上饶县多个乡镇
			上泸茶园	上泸镇
			桐西有机茶叶种植基地	华坛山镇
			早梨基地	花厅镇
			中华蜜蜂基地	五府山镇
			顺天现代农业种植基地	郑坊镇
			士福农业开发有限公司	煌固镇
			百花洲	五府山镇
			益精蜜蜂产业园	皂头镇
			瀚野养生产业园	茶亭镇
			茗龙茶叶基地	尊桥乡
			天康生态园	茶亭镇
			恩泉山茶油基地	枫岭头镇
			五府红茶叶基地	五府山镇
			宁杏茶园	田墩镇

续表

主类	亚类	基本类型	旅游资源名称	所在地
F 建筑与设施	FB 单体活动场馆	FBB 祭拜场馆	龚氏宗祠	应家乡
			翁氏宗祠	黄沙岭乡
			徐氏宗祠	煌固镇
			余氏宗祠	上泸镇
			杨氏宗祠、徐氏宗祠	花厅镇
		FBC 展示演示场馆	寻根园	皂头镇三鼎农庄
	FC 景观建筑与附属性建筑	FCB 塔形建筑物	龙潭塔	上饶县城
			丰泽塔	上泸镇
		FCC 楼阁	六角亭	上泸镇
			世永亭	灵山风景名胜区
		FCG 摩崖字画	辛弃疾诗刻	铁山乡西岩寺
			天险关	灵山风景名胜区
			东山岩画	
	FD 居住地与社区	FDA 传统与乡土建筑	尖石陈家大宅	灵山风景名胜区
		FDB 特色街巷	上泸古街	上泸镇
			石人古街	石人乡
		FDC 特色社区	畲族村	铁山乡
			船坑村	五府山镇
		FDD 名人故居与历史纪念建筑	杨维义故居	茶亭镇
	FE 归葬地	FEB 墓（群）	杨维义墓	茶亭镇
	FF 交通建筑	FFA 桥	石人桥	石人乡
			锁龙桥	五府山镇
			映红桥	花厅镇
	FG 水工建筑	FGA 水库观光游憩区段	枫泽湖	上泸镇、五府山镇
			下会坑水库、姚家水库	五府山镇
			樟涧水库	华坛山镇
			吉阳水库	石狮乡
			上潭水库	尊桥乡、皂头镇
			台湖水库	郑坊镇

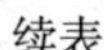
续表

主类	亚类	基本类型	旅游资源名称	所在地
G 旅游商品	GA 地方旅游商品	GAA 菜品饮食	灯盏糕	上泸镇
			荞麦夹、吊浆果、青蓬果、夏羹果、灰碱果、苦槠煮豆荚、麻籽果、冻米糕	五府山镇
		GAB 农林畜产品与制品	油茶	上饶县
			三清云毫	华坛山镇
			蜂蜜、笋制品、葛粉、金竹茶	五府山镇
			上饶白眉茶	尊桥乡
		GAD 中草药材及制品	铁皮石斛、金银花	茶亭镇、枫岭头镇
		GAE 传统手工产品与工艺品	上泸造纸	上泸镇
H 人文活动	HA 人事记录	HAA 人物	胡昭、王贞白、徐元杰、郑以伟、杨时乔、娄谅、杨惟义	上饶县
	HB 艺术	HBB 文学艺术作品	《上饶县旅游风光画册》	全县
			辛弃疾诗词《西江月·夜行黄沙道中》《鹧鸪天·黄沙道中即事》《浣溪沙·黄沙岭》	黄沙岭乡
	HC 民间习俗	HCA 地方风俗与民间礼仪	封山育林、迁居	五府山镇
		HCB 民间节庆	龙灯会	华坛山镇
		HCC 民间演艺	抬龙灯、闹龙灯、喷呐等	华坛山镇、石人乡
		HCF 庙会与民间集会	石人殿庙会	石人乡
上饶县主要旅游资源数量统计				
8 主类	26 亚类	59 个基本类型		272 个旅游资源单体

二、资源评价

（一）定量评价

根据以上情况分析可知，上饶县旅游资源类型非常丰富，种类齐全，共有 8 大主类、26 个亚类、59 个基本类型，总计 272 个旅游资源单体（见表 4–5、表 4–6）。良好的资源基础为设计开发多样化的旅游产品提供了重要基础。

表 4–5　上饶县旅游资源数量与类型

分类	主类	亚类	基本类型
全国数量（类）	8	31	155
上饶县数量（类）	8	26	59
上饶县所占比例（%）	100	83.87	38.06

表 4–6　上饶县旅游资源类型结构

主类	亚类		基本类型		旅游资源单体	
	数量（个）	约占总量（%）	数量（个）	约占总量（%）	数量（个）	约占总量（%）
地文景观	4	15.38	13	22.03	50	18.38
水域风光	4	15.38	6	10.17	28	10.29
生物景观	4	15.38	6	10.17	31	11.40
天气与气候景观	2	7.69	3	5.08	3	1.10
遗址遗迹	1	3.85	5	8.47	30	11.03
建筑与设施	7	26.92	16	27.12	93	34.19
旅游商品	1	3.85	4	6.78	19	6.99
人文活动	3	11.54	6	10.17	18	6.62

经过进一步分析，表 4–6 集中反映了上饶县旅游资源的基本结构，以及各个资源类型和资源单体数目在上饶县全部资源中所占比例。其中，自然类旅游资源亚类 14 种，占全部亚类的 53.85%，基本类型 28 种，占全部基本类型的 47.46%，单体资源 112 处，占单体资源总数的 41.18%；人文类旅游资源亚类 12 种，占全部亚类的 46.15%，基本类型 31 种，占全部基本类型的 52.54%，单体资源 160 处，占单体资源总数的 58.82%。图 3.2 则展示了 8 大主类资源单体数目占单体总量的比例分配。

（二）分级评价

对上饶县旅游资源的分级评价主要采取打分评价方法，依据旅游资源共有因子综合评价系统赋分（总分 100 分），以此确定旅游资源的等级（见表 4–7、表 4–8）。规划组主要选取具有较高开发价值、资源组合度好、保存完好的重要旅游资源和资源组合体共 22 处进行了分级评价。

表 4–7　上饶县主要旅游资源分级评价

评价因子 / 资源名称	资源要素价值（85 分）					资源影响力（15 分）		附加值	合计（分）	级别
	观赏游憩使用价值（30 分）	历史文化科学艺术价值（25 分）	珍稀奇特程度（15 分）	规模丰度与几率（10 分）	完整性（5 分）	知名度和影响力（10 分）	适游期和使用范围（5 分）	环境保护与环境安全（正负分）		
灵山	27	22	13	9	4	7	4	2	88	四级
五府山	27	21	13	8	4	7	4	2	86	四级
黄沙古道	25	23	11	6	3	7	4	2	81	四级
包家金矿—天窗岩	24	23	14	6	3	5	4	–1	78	四级

续表

评价因子 / 资源名称	资源要素价值（85分）					资源影响力（15分）		附加值	合计（分）	级别
	观赏游憩使用价值（30分）	历史文化科学艺术价值（25分）	珍稀奇特程度（15分）	规模丰度与几率（10分）	完整性（5分）	知名度和影响力（10分）	适游期和使用范围（5分）	环境保护与环境安全（正负分）		
石人殿	23	22	12	6	3	5	4	1	76	四级
远泉西郊森林公园	19	21	12	6	3	5	3	2	71	三级
枫泽湖	20	19	11	6	3	6	4	1	70	三级
信江一号城市休闲旅游综合体	20	20	12	5	3	4	4	2	70	三级
三鼎农庄	19	20	12	5	3	5	4	1	69	三级
李村旧址	18	20	12	4	3	5	4	1	67	三级
“共产主义劳动大学”旧址与红军宿营地旧址组合	19	19	11	4	3	4	4	1	65	三级
天康生态园	19	18	11	5	3	4	4	1	65	三级
船坑横溪畲族村	20	17	10	6	3	4	4	1	65	三级
上饶县城公园与花园组合体	19	15	10	7	4	5	4	1	65	三级
月岩	19	18	12	5	2	4	4	1	65	三级
农业种植基地组合（早梨等）	19	16	10	7	3	6	3	2	66	三级
龚氏宗祠	16	22	9	4	3	3	4	0	61	三级
寻根园	17	15	7	7	4	6	4	1	61	二级
龙潭瀑布	17	17	10	4	3	3	3	1	58	二级
铁山畲族村	18	16	10	4	2	3	3	0	56	二级
映虹桥	18	15	7	4	3	3	4	1	55	二级
杨维义故居	18	15	5	3	2	2	3	1	49	二级

备注：以上资源单体的评分，取决于规划组对现有旅游市场导向的认识和感受，有些资源单体的评分随着开发的进行和时间的推移，其价值会得到新的认识。

表 4–8 上饶县资源等级分布

资源级别	得分值域	数量	资源单体名称	品级
五级旅游资源	≥ 90 分	—		特品级旅游资源
四级旅游资源	75~89 分	5	灵山、五府山、黄沙古道、包家金矿—天窗岩组合体、石人殿	优良级旅游资源
三级旅游资源	60~74 分	13	远泉西郊森林公园、枫泽湖、信江一号城市休闲旅游综合体、三鼎农庄、李村旧址、“共产主义劳动大学”旧址与红军宿营地旧址组合体、天康生态园、船坑横溪畲族村、上饶县城公园与花园组合体、月岩、农业种植基地组合（早梨等）、龚氏宗祠、寻根园	
二级旅游资源	45~59 分	4	龙潭瀑布、铁山畲族村、映虹桥、杨维义故居	普通级旅游资源
一级旅游资源	30~44 分	—	—	

从表 4–8 的评价结果可以看出，上饶县旅游资源等级总体处于较高水平，拥有四级旅游资源 5 处，三级旅游资源 13 处，二级旅游资源 4 处。其中优良级旅游资源多达 18 处。上饶县目前虽然缺乏特品级旅游资源，但旅游资源整体品位较高、层次丰富，是旅游资源富集区域。

（三）总体评价

1. 资源类型齐全，特种资源凸显

上饶县旅游资源涵盖了 8 大主类、26 个亚类、59 个基本类型，资源单体数达到 272 项。全县自然风光秀美，人文底蕴深厚，自然与人文两类旅游资源较为均衡。在资源特色上，自然资源更为突出，拥有灵山、五府山两处四级旅游资源，优良级旅游资源中则人文旅游资源占据多数。

2. 资源点多面广，组合空间广阔

上饶县旅游资源单体数量多，而且从整体上看，多数资源点地理位置靠近，分布较为集中，与其他资源组合、优化的可能性较大。例如，灵山、茗洋湖、五府山、枫泽湖、包家尖天窗岩等，可以组合开发，形成集群效应。

3. 资源禀赋优良，主体特色模糊

上饶县旅游起步较晚，目前，除了灵山、五府山等几个较大景区已制定了发展规划之外，其他资源基本处于尚未开发或开发粗放的状态，规模较小、条件简陋，且由于缺乏资源保护措施，部分资源遭到了一定程度的破坏。部分旅游项目开发应进一步找准资源亮点和差异点，突出鲜明特色。

4. 乡土资源丰富，品牌有待构建

上饶县物产丰富，与周边地区相比，上饶县的旅游商品资源独树一帜。上饶县是著名的“中国油茶之乡”“全国毛竹之乡”“中华蜂蜜之乡”，油茶、茶叶、蜂蜜、毛竹、铁皮石斛、金银花、上饶石等产量丰富，将来要充分利用这些资源，开发高品质旅游商品，使之成为上饶县旅游综合竞争力的重要组成部分。

资料来源：龚志强，刘九华，等．上饶县旅游业发展总体规划（2014—2020）．

讨论问题：

1. 上饶县旅游资源具体分为哪些类型?

2. 上饶县旅游资源的主要开发价值体现在哪些方面?

实践活动

根据本章所学知识，搜集你家乡旅游资源的相关资料，对旅游资源进行分类并应用定性或定量的方法进行评价，最终完成旅游资源调查报告。

思考题

1. 简述旅游资源分类标准有哪些。
2. 简要回答旅游资源田野调查法的步骤和相关要求。
3. 旅游资源评价主要包括哪些内容?
4. 试分析比较旅游资源定性评价方法和定量评价方法的优缺点。

【参考文献】

［1］文化文物局．中国名胜词典［M］．上海：上海辞书出版社，1986.

［2］甘枝茂，马耀峰．旅游资源与开发［M］．2版．天津：南开大学出版社，2007.

［3］陶玉国，赵会勇，李永乐．基于结构方程模型的城市旅游形象影响因素测评［J］．人文地理，2010，25（6）．

［4］龙江智，卢昌崇．从生活世界到旅游世界：心境的跨越［J］．旅游学刊，2010，25（6）．

［5］陈秋霞．中国旅游地理［M］．西安：西北工业大学出版社，2010.

［6］吕建树，刘洋，张祖陆，等．鲁北滨海湿地生态旅游资源开发潜力评价及开发策略［J］．资源科学，2011，33（9）．

［7］黄震方，祝晔，袁林旺，等．休闲旅游资源的内涵、分类与评价——以江苏省常州市为例［J］．地理研究，2011，30（9）．

［8］李天元．旅游学概论［M］．2版．天津：南开大学出版社，2013.

［9］朱鹤，刘家明，陶慧，等．基于网络信息的北京市旅游资源吸引力评价及空间分析［J］．自然资源学报，2015，30（12）．

［10］余志康，孙根年，罗正文，等．40°N以北城市夏季气候舒适度及消夏旅游潜力分析［J］．自然资源学报，2015，30（2）．

［11］张希月，虞虎，陈田，等．非物质文化遗产资源旅游开发价值评价体系与应用——以苏州市为例［J］．地理科学进展，2016，35（8）．

［12］杨宇．中国旅游地理［M］．2 版．大连：大连理工大学出版社，2012.

［13］程晓丽，史杜芳．皖南国际文化旅游示范区文化资源丰度评价［J］．地理科学，2017，37（5）．

［14］许春晓，胡婷．文化旅游资源分类赋权价值评估模型与实测［J］．旅游科学，2017，31（1）．

［15］侯立春，林振山，琚胜利，等．环鄱阳湖旅游圈旅游经济联系与区域发展策略［J］．长江流域资源与环境，2017，26（4）．

［16］赵慧莎，王金莲．国家全域旅游示范区空间分布特征及影响因素［J］．干旱区资源与环境，2017，31（7）．

［17］李宝强，封萍萍．大珠山风景区旅游资源非使用价值评估［J］．中国人口·资源与环境，2017，27（S2）．

［18］范容廷，张辉．中国旅游目的地供给态势分析与政策研究——基于供给侧结构性改革的视角［J］．河海大学学报（哲学社会科学版），2017，19（6）．

［19］杨延风，马俊杰．对国内生态旅游理论与实践的反思［J］．中国农业资源与区划，2017，38（12）．

［20］吴媛媛，宋玉祥．中国旅游经济空间格局演变特征及其影响因素分析［J］．地理科学，2018，38（9）．

［21］王丽芳．山西省农业与旅游业融合的动力机制与发展路径［J］．农业技术经济，2018（4）．

［22］陈赖嘉措，覃建雄，陈露．基于 AHP 模型的少数民族地区旅游资源开发评价研究——以云南省民族村为例［J］．青海社会科学，2019（2）．

［23］谢五届，何建民．欧盟旅游资源空间格局及其动态演进：1992—2016［J］．经济地理，2019，39（10）．

［24］李博，秦欢，余建辉，等．中国省域旅游资源竞争力评价及其格局演变［J］．经济地理，2019，39（9）．

［25］张东月．洛阳市乡村旅游资源分类及评价研究［J］．中国农业资源与区划，2019，40（8）．

［26］贺小荣，陈雪洁，郭红，等．遗产管理、旅游增权与经济增长：遗产旅游的可持续之道［J］．经济地理，2019，39（12）．

［27］吴俊，孙宝鼎．小城镇生态旅游资源评价模型构建［J］．统计与决策，2019，35（20）．

［28］罗浩，冯润．论旅游景区、旅游产品、旅游资源及若干相关概念的经济性质［J］．旅游学刊，2019，34（11）．

［29］李雁灵．旅游经济与城市协调发展分析［J］．山西财经大学学报，2019，41（S2）．

［30］谢珈，马晋文，朱莉．乡村振兴背景下我国乡村文化旅游高质量发展的思考［J］．企业经济，2019，38（11）．

［31］张鲜鲜，左颖，李婧晗，等．长三角城市群旅游发展空间格局及影响因素［J］．统计与决策，2020，36（1）．

第五章 旅游形象设计

本章内容主要介绍了旅游形象的概念、原则、特征、类型和构成，说明了旅游形象设计的概念、思路、定位的思路与方法和旅游形象设计的要素，并对旅游形象强化的载体、推广渠道和强化与推广策略进行了阐述。

【学习目标】

通过本章的学习，了解旅游形象的概念、特点、类型与构成，掌握旅游形象设计的原则、定位方法及设计内容，并在此基础上熟悉旅游形象强化方式、推广渠道及策略。

【核心概念】

旅游形象、旅游形象设计、旅游形象定位、旅游形象推广

第一节 旅游形象概述

旅游形象是旅游规划中的核心概念之一。旅游形象是区域旅游发展的灵魂，是指导旅游地开发建设的最高纲领，同时可以在很大程度上影响旅游者的购买决策。鲜明的旅游形象往往使旅游者对旅游地产生一种追求感，进而驱动旅游者前往，因此，旅游形象在一定程度上成为决定旅游地竞争成败的关键因素之一。

一、旅游形象的概念

旅游形象（Tourism Image，TI），也称为旅游主题形象、目的地形象或旅游目的地

形象。1971 年，美国科罗拉多州立大学亨特博士（Hunt）在其论文中首次提出，形象构建是旅游发展的一个重要因素，且具有重大意义。亨特提出的问题迅速引起学术界广泛关注，旅游形象从此成为旅游研究领域持续近 50 年的热点问题。

对旅游形象概念的界定，学术界长期存在不同观点。西方学者往往用印象、观点、信任、感知、期望或精神表征等描述旅游形象。例如，亨特（Hunt，1971）认为，旅游形象是个体对于自己非居住地所持有的印象；克朗普顿（Crompton，1979）认为，形象是一个人对目的地持有的信仰、理想和印象的总和；巴洛格鲁和穆克里林（Baloglu & McCleary，1999）认为，形象是个体对目的地的认识、感觉、总体印象的精神表征；金和理查森（Kim & Richardson，2003）则认为，旅游形象是旅游者随时间变化积累形成的对一个地方的印象、信念、观点、期望和情感的总和。此外，国外还有不少学者对旅游形象进行概念的界定，具体参见表 5-1。

表 5-1　国外学者对旅游形象概念的界定

Lawson and Bond（1977）	形象是个人对特定对象或地方的一种知识表达、印象、偏见、想象和情感思想
Assael（1984）	旅游地形象是个体对目的地的总体感知，通过在不同时间从各种资源中处理信息而形成
Embacher and Buttle（1989）	形象由个体或群体对旅游地调查的基础上持有的思想或概念组成，可以由认知部分和评估部分组成
Fakeye and Crompton（1991）	形象是在潜在旅游者对总体印象洪流中一些选定印象的基础上发展起来的一个心理构念
Kolter，et al.（1993）	地方的形象是一个人对该地方持有的信仰、思想和印象的综合
Gartner（1993，1996）	目的地形象由 3 个内部相关层次的部分组成：认知、情感和意动
Tasci，et al.（2007）	目的地形象是思考、观念、感觉、视觉和重游目的地倾向的一个相互作用的系统

资料来源：粟路军，何学欢．旅游地形象涵义、构成、特征与形成过程——基于国外文献的梳理［J］．旅游科学，2015（3）．

20 世纪 90 年代，随着我国旅游业快速发展，国内学术界对旅游形象的相关研究也快速展开。王克坚（1992）认为，旅游形象是旅游者对某一旅游接待国或地区总体旅游服务的看法或评价；李蕾蕾（1995）认为，旅游点的形象是其留在游客心中的生动如图画、鲜明而强烈的感知映像。张建忠（1997）将旅游区形象分为狭义和广义两种，狭义的形象是指旅游者对旅游区内自然风景、人文景观要素及其组合的感知和印象，而广义的形象不局限于风景要素，还包括旅游生态环境、服务设施及社会环境等方面的因素；邓祝仁（1998）认为，旅游形象是旅游者对目的地总体的、抽象的、对目的地历史影响、现实感和未来信息的一种理性综合；黄震方、李想（2002）认为，旅游形象是旅游者了解和体验旅游目的地之后所得到的印象总和；廖卫华（2005）提出，旅游形象是现实和潜在旅游者（主体）对旅游地（客体）的感知，是对旅游地各要素产生的印象总和，是旅游地特征在游客心目中的反映；文春艳等（2009）认为，旅游形象指公众对旅游地总体的、抽象的、概括的认识和评价。

综上可知，国内外相关研究大多倾向于把旅游形象定义为旅游者对目的地的总体感知和全部印象的总和。此外，也有少量研究倾向于从旅游资源、旅游地（客体）的角度对旅游形象进行界定，认为文脉（地方性），即当地的自然、历史文化、民俗、社会心理积淀构成旅游形象的内容（李蕾蕾，1999）。从旅游规划的角度来说，旅游形象是规划设计人员或旅游营销组织在总结提炼地方自然与文化资源特色的基础上，根据市场需求特点和竞争态势制定的竞争策略。因此，旅游形象是旅游地自然与文化核心特质及旅游特色的高度凝练表达和集中反映，代表旅游地的核心吸引力与竞争力，是旅游者旅游前对旅游地的感知印象和旅游后对旅游地的独特感受和综合体验的总和。

二、旅游形象的特征

（一）综合性

旅游形象是由内外多种要素构成的统一体，具有综合性特征。从旅游地内部来看，自然环境、历史文化、交通区位、旅游资源、旅游产品和管理服务等都是形象的构成要素；从旅游地外部来看，社会公众对旅游地的认知、旅游地知名度、美誉度和旅游者满意度等也是形象的构成要素。旅游形象是在综合内外各种要素的基础上逐渐形成的。

（二）稳定性

旅游者通过了解旅游地的各种信息，并到旅游地亲身体验，逐渐对旅游地产生一个总体认识与评价。显然，这种亲历后形成的总体认识与评价无论是积极的还是消极的，都具有一定的稳定性，在短时间内不会改变。同时，支撑旅游形象的环境、资源、文化背景和旅游产品等各项要素在短期内也不会发生很大的变化。因此，旅游形象形成后具有相对的稳定性，其实质是旅游地的独特性内涵受到旅游市场群体的共同稳定的认可。

（三）独特性

旅游形象是旅游地开展市场营销推广的重要工具，如何帮助旅游地在众多竞争者中脱颖而出，关键在于旅游形象的独特性。独特性决定了旅游形象在激烈竞争市场上的识别度和竞争力。旅游形象设计归根结底就是追求个性，旅游形象设计就是从旅游地的资源与环境、历史文化背景、交通区位和旅游产品等要素中提炼出核心特质并加以传播，这种核心特质就是一个旅游地区别于其他旅游地的独特性所在。

（四）可塑性

旅游形象确立以后，还会因资源与环境、旅游消费观念和市场竞争的变化而发生改变。一般可以通过重新整合资源、创新旅游产品和转变营销理念等方式进行重塑旅游形象。例如，20 世纪 90 年代，香港作为自由贸易港，是公认的“时尚橱窗”和“国际卖场”，被誉为“购物天堂”，成为亚洲旅游购物的首选地。但随着我国内地市场经济的日益繁荣，购物不再是香港的核心优势。因此，香港及时调整旅游业发展策略，陆续推出海洋公园、迪士尼和“幻彩咏香江”维港声光汇演等旅游项目，其旅游形象成功被重塑为“亚洲的动感之都”。

三、旅游形象的类型与构成

（一）旅游形象的类型

从形象衍生的时间顺序来看，旅游形象可以分为原生形象（Organic Image）、引致形象（Iduced Image）和复合形象（Complex Image）。

1. 原生形象

人们在日常生活中，通过网络、电视、报纸、杂志、亲友等与旅游不直接相关的信息来源，被动接收到关于旅游地的各类信息，在脑海中对旅游地所形成的最初印象，即原生形象。

2. 引致形象

旅游者一旦有了旅游的动机，决定出去旅游时，就会主动从网络、旅游刊物、报纸、电视节目、旅游宣传手册等媒体上搜寻有关可选旅游地的信息，或通过咨询旅游服务商获得相关信息，并对旅游地的相关信息进行加工，从中提炼有用的信息，进而对旅游地形成引致形象。

3. 复合形象

旅游者在对可选旅游地的旅行成本、收益及旅游形象进行比较后，选择合适的旅游地，到旅游地旅行后，通过自己的亲身经历和体验，结合以往的知识信息，进而对旅游地形成一个更综合的形象，即复合形象。

（二）旅游形象的构成

从基本构成来看，旅游形象可以分为理念识别（Mind Identity，MI）、视觉识别（Visual Identity，VI）和行为识别（Behavior Identity，BI）三大部分。

1. 理念识别（MI）

理念识别是旅游形象设计的核心，旅游形象设计必须建立在深刻的理念分析基础之上。旅游规划的总体目标、各阶段的分目标、旅游资源与产品特点往往都在理念识别中得到反映。理念识别的基础可以来自对旅游地文脉的把握。例如，山西省平遥古城是中国现存最完整的一座古代县城，因此其理念识别可以确定为“华夏第一古县城——城墙围起来的历史”。

2. 视觉识别（VI）

旅游形象的视觉识别内容包括旅游地名称、标志性景观、旅游标徽（Logo）、标准字体、标准色、吉祥物、员工制服和旅游宣传片的制作等。就旅游者能够通过视觉感受到的内容而言，旅游地的建筑艺术风格与色彩、景区道路、绿地、流水、花草、当地居民素质、旅游交通工具、旅游广告、宣传材料等，都是构成旅游地形象视觉识别的内容。

3. 行为识别（BI）

旅游形象的行为识别具有高度的统一性。首先，旅游地从管理者、企业员工、旅游者到居民，凡是与旅游有关的行为都要与行为识别保持一致；其次，旅游地的一切行为应做到上下内外一致，包括对内部的干部与员工教育、服务态度和质量等，以及对外部的市场调查、促销活动、旅游文化活动等都是为塑造旅游地良好形象服务的。

第二节　旅游形象设计方法与内容

创造和管理一个良好的形象是旅游地有效定位和营销战略的关键。巴洛格鲁和麦克莱瑞（Baloglu & Mc Cleary，1999）指出，旅游地的竞争无非是在潜在的旅游者脑海中树立印象。可见，旅游形象是决定旅游地发展成败的关键性因素，所以旅游地往往会花费大量的时间和经费进行旅游形象设计。

一、旅游形象设计概述

旅游形象设计是指在旅游地的知名度、美誉度和形象信息来源调查的基础上，根据旅游者对旅游形象的褒贬与其他渠道来源信息，对原有旅游形象进行修正、强化与重塑，从而形成新的旅游形象系统的活动和过程。旅游形象使旅游地在众多的同类产品中以鲜明的姿态出现在旅游者面前。如果旅游形象设计独具特色，会加强旅游者对旅游地的好印象，有利于激发旅游者的旅游动机；反之，则会给旅游者留下不好的印象，降低旅游者的到访概率。同时，旅游形象设计使旅游地政府和公众对本地核心旅游资源、产品定位和发展目标有更清楚的认识。因此，旅游形象设计是旅游规划的核心工作内容之一。

旅游形象设计的任务就是要挖掘旅游地与众不同的核心特质，找准特色与亮点，提炼出高度凝练并适于传播的形象理念，从而在旅游者心目中形成深刻印象。因此，旅游形象设计人员只有综合考虑资源与环境、市场条件、旅游者和竞争者等多种因素，才能为旅游地创造一个可以成功引导和激发旅游市场需求的鲜明旅游形象。

二、旅游形象设计的原则

（一）资源特色和市场导向相结合

在旅游形象设计中，资源特色提炼是基础性工作，但要注意资源能否转化及其转化成本的问题，以及发掘新资源的问题。在市场导向方面，旅游形象设计除了迎合市场需求，更应该力争引导市场需求。例如，20 世纪 80 年代末深圳华侨城锦绣中华项目的成功开发，便带动了中国主题公园的开发热潮。因此，旅游形象设计要在充分的旅游资源和市场调查的基础上进行，尤其要对周边相近相似的旅游地进行比较分析，避免产生同质化的恶性竞争。例如，同是山水城市，杭州的旅游形象定位为“东方休闲之都”，强调了休闲与爱情的城市文脉；苏州则定位为“天堂苏州，东方水城”，突出苏州园林和城中水系等特色旅游资源。两地形象各有侧重，都能产生较好的宣传推介效果。

（二）易识别性和难替代性相结合

文化是旅游的灵魂，但旅游本质上是一种文化休闲活动，而不是一种带有功利目的的学习活动。因此，旅游形象设计应努力用最浅显易懂的方式传达出文化的信息，不能过多地将历史的考辨思维带进来。也就是说，旅游形象设计要注意易识别性，要让历史变得时尚、让文化变得轻松。但是，易识别就容易被复制，如何与难替代性结合，又是一个重要问题。这就要求旅游形象设计要抓住地方核心特质，即便同类型的旅游地，也要突出各自的独特性。例如，珠海的“浪漫之城”与大连的“浪漫之都”，就产生了旅游形象雷同的问题，对双方旅游市场开发都不利。

（三）传承性与创新性相结合

旅游形象的形成是一个积淀与传承的过程，传承是创新的基础。经过历时积淀并得以传承的旅游形象才可能创新发展。旅游形象的建立不是一蹴而就的，也不是快速变化的，而是一个渐进式发展和完善的过程。一方面旅游市场在不断地发生变化，另一方面旅游市场竞争不断加剧。旅游地如果始终使用一种固有的旅游形象，其旅游客源市场份额就会越来越少。但是，旅游形象塑造周期相对较长，需要在注重传承性的基础上，根据内外条件和环境的变化及时进行创新性的调整优化。

三、旅游形象定位思路与方法

旅游形象定位就是要使旅游地在旅游者心中形成生动、鲜明而独特的感知，向旅游者推出吸引人的旅游卖点，即创造和管理一个独特鲜明和具有号召力的旅游形象。旅游形象定位是整个旅游形象系统中的关键和核心环节，也是旅游形象设计的前提，指明了旅游形象设计的方向。

（一）基本思路

1. 地方独特性分析

旅游形象定位的核心思想就是“去操纵已存在心中的东西，去重新结合已存在的连接关系”。准确的旅游形象定位，通常源自对地方独特性的深刻把握。所谓地方独特性，是旅游地自然环境和人文地理典型特征的集中体现，是一种综合性、地域性的自然地理基础、历史文化传统和社会心理积淀的三维时空组合。例如，威尼斯——水城、慕尼黑——啤酒城、巴黎——艺术之都、维也纳——音乐之都等，就是体现了各地最显著的地方独特性。地方独特性分析的主要任务就是通过对地方自然环境、历史文化的解读和提炼，从纷繁复杂的各类信息中，总结提炼出旅游地的自然与文化基本特质，并以简单明了的文字准确表达。例如，贵州是我国少数民族的聚居区域，民族文化丰富多彩，积淀极其丰富，因此，“文化千岛”是其显著的地方独特性。

2. 需求分析

需求分析主要是进行旅游市场受众调查，深入了解旅游者的需求状况及个性偏好，从而对目标市场的潜在旅游者“投其所好”。例如，长三角、珠三角、闽三角等我国发达地区，经济发展水平和人们收入水平都比较高，外出休闲度假需求旺盛。江西省毗邻上述地区，对接好这一市场需求，对促进地区旅游业发展具有重要促进作用，因此提出“沿海发达地区旅游休闲‘后花园’”的形象定位。

3. 竞争性分析

竞争性分析也可以理解为形象替代分析。任何旅游地都面临着强大的市场竞争压力，这就要求在进行旅游形象定位过程中必须通过实施差别化战术。通过竞争性分析，可以找出旅游地的比较优势，从而选择正确的形象定位。例如，山东曲阜作为历史文化名城，与陕西咸阳、山西平遥相比，显然属于同质竞争的旅游城市，而与海南三亚、广西北海等海滨度假胜地相比，则属于异质竞争市场。

（二）旅游形象表现形式

1. 新颖

旅游形象要在市场推广中吸引广泛关注，就要做到内容既要具有地方性特色，又要有一定创意，表现形式新颖。旅游形象的内容不能漫无边际或空穴来风，必须来自对旅游地独特性的提炼，是旅游地区别于其他竞争者的重要特质。从形式来看，旅游形象是浓缩的语言、精辟的文字对旅游地特色的集中展现。例如，山东自古是礼仪之邦，人民热情好客，在此基础上提炼的“好客山东”旅游形象赢得了市场的广泛认同。

2. 准确

旅游形象应做到准确、鲜明、科学、合理。检验旅游形象表达准确性的标准，是最终要得到当地居民和外来游客的接受和认同。为了准确表达旅游形象定位，旅游地常常发动群众，公开有奖征集旅游形象，然后组织专家在成千上万个备选方案中进行筛选。在进行旅游地形象设计时，为了做到准确无误，也常常采用头脑风暴法、专家意见法等方法对备选方案进行反复甄选。

3. 简洁

旅游形象设计在新颖、准确的基础上要做到简洁明了。简洁的优点是给人以美感，便于记忆和传播。文字过于冗长或过于烦琐、晦涩，往往令人费解，而且很快容易忘记。因此，旅游形象口号设计要使用简洁的文字。例如，“多彩贵州”“清新福建”等形象口号可以取得令人过目不忘的效果。

4. 响亮

旅游形象要得到社会的高度认可，还要体现正确的价值观，承载满满的正能量。气势恢宏、抑扬顿挫的旅游形象能给旅游地居民和旅游者带来荣誉感和自豪感，同时也可以发挥加深印象、增强评论、视听、宣传效果的作用，令人得到美的享受。例如，“江西风景独好”“交响丝路，如意甘肃”等。

（三）定位方法

1. 层面定位法

根据旅游地与旅游者之间的关系，将旅游地作为旅游者的旅游消费对象，可以分为三个层面：旅游资源层面、功能层面和理念层面。旅游形象定位立足资源、功能和理念三个层面，产生三种层面定位法，即资源定位法、功能定位法和理念定位法。

（1）资源定位法。旅游资源包括自然旅游资源、人文旅游资源及两者的综合资源。这主要是旅游地初始的风景层面，直接对应自然和文化观光旅游，是基础层。资源定位法就是从旅游地众多旅游资源中，找出最具特色和影响力的运用于旅游形象定位中，往往借助名人效应、重大事件或者绝特山水。例如，20 世纪 90 年代，江西省提出的“红色摇篮，绿色家园”、湖南湘潭市的“伟人故里，山水湘潭”、广西桂林的“桂林山水甲天下”等，都属于资源定位法。

（2）功能定位法。功能层面即旅游地以旅游资源和环境为基础，能提供除观光之外的其他旅游功能，是发展层。例如，旅游地从其具备的休闲度假、会展商务、体育竞技、生态考察、特色文化、业务修学、康乐保健等旅游功能中，选择主导功能或优势功能作为其形象定位。例如，河南平顶山市提出的“祈福圣地，度假天堂”，就属于功能定位法。

（3）理念定位法。理念层面即旅游地深刻体现旅游特点并蕴含为旅游者所认同、追求的地方精神理念，如巴黎的浪漫、纽约的时尚等。理念层面基于资源层和功能层，是最高层和综合层。理念定位法是基于抽象思维的一种旅游形象定位方法，需要在对旅游地自然条件、文化传统和风物特产等进行深入分析的基础上，提炼出地方精神理念并精练地表达出来。例如，河南省推出的“老家河南”、山东省推出的“好客山东”等旅游形象定位，即属于典型的理念定位法。

（4）综合定位法。在旅游形象定位工作中，将资源、功能、理念几个层面结合起来考虑的综合定位法也经常被采用。例如，“一江两山，神奇浪漫”（湖北）属于资源—理念兼有型综合定位，抽象与具体结合，既有明确的景观指称，又有很强的包容性和延展性；“岭南山水，休闲驿站”（南海）属于资源—功能兼有型综合定位；“海滨邹鲁，美食之乡”（汕头）属于功能—理念兼有型综合定位。

2. 竞争定位法

决定旅游形象定位的重要因素，除了旅游地与旅游者之间的关系，还有旅游地与其他竞争者之间的关系。根据旅游地与其他竞争者的竞争关系进行旅游形象定位的方法称为竞争定位法。竞争定位法可以分为以下五种。

（1）领先定位。领先定位法是一种超强定位策略，其目标是努力争取使本地在旅游者的心目中占据同类旅游形象阶梯的第一位置。这一形象定位方法适用于拥有独一无二、不可替代的旅游资源或产品的旅游地，并且旅游地需要有广泛的市场知名度，旅游产品的市场领先地位要得到旅游者的认可，否则会造成不切实际、盲目狂妄的印象。例如，广西桂林的“桂林山水甲天下”、西藏的“世界屋脊，神奇西藏”、泰山的“五岳独尊”等，都在旅游形象方面具有领先定位的特征。

（2）比附定位。比附定位法是一种近强定位策略，是指对于不可能占据某类形象阶梯第一位置的旅游地，可以强调与旅游者心目中处于某类阶梯第一位置的旅游地同属一类的形象，即借势扬帆、借船出海。这是通过比拟名牌、借用著名旅游地的市场影响力来设计和传播旅游形象。比附定位法的基本思路是避开第一位，抢占第二位。例如，海南三亚定位为“东方夏威夷”、宁夏银川定位为“塞上江南”、江苏苏州定位为“东方威尼斯”等。

（3）逆向定位。逆向定位是一种对强定位策略。它强调并宣传定位的对象是旅游者心目中居第一位的某类旅游形象的相对面或相反面，同时力争开辟一个新的旅游者易于接受的新形象阶梯。这是利用有较高知名度的竞争对手和声誉来引起旅游者对自己的关注和支持，以达到在市场竞争中占有一席之地的形象定位方法。例如，景德镇古窑景区的“北看故宫，南看古窑”。这种定位方法是挑战竞争对手，意味着旅游地要承担更大的风险，不过其实质仍然是基于旅游者需求差异的一种尝试。

（4）空隙定位。空隙定位法是一种避强定位策略，其核心是分析旅游者心目中已有的形象阶梯的类别，从新角度出发树立一个与众不同、从未有过的旅游形象。例如，云南丽江“艳遇之都”的形象定位，很快成为旅游市场的一大特色，取得了前所未有的关注。空隙定位是具有标新立异的特色竞争方式，与有形商品定位相比较，旅游属于典型的“眼球经济”，旅游地形象更适合采用空隙定位法。

（5）重新定位。重新定位不是一种独立的定位方法，而是对旅游地形象采取的再定位策略。当旅游地的旅游业出现明显的下滑时，就需要对原有旅游形象重新塑造，用新形象替代旧形象，从而保持或扩大旅游市场份额，走出旅游地生命周期的衰退期。旅游形象重新定位不仅是创新提法，更重要的是要围绕新的形象展开建设和推广，由于旅游地过去的形象已经形成刻板印象，因此，要重新定位形象是非常困难且需要慎重考虑的事。例如，“爱情之都”是杭州的一张名片，但针对崇尚浪漫的法国人，2019 年 8 月杭州在法国多家电视台推出“最忆是杭州”主题的旅游形象宣传片，引起广泛关注，取得了很好的市场推广效应。

四、旅游形象的塑造

旅游形象设计是在分析旅游市场需求特征及地方性特色的基础上，进而明确旅游地形象的核心理念和外在界面。因此，旅游形象设计要得到旅游行政管理部门、社会公众、旅游者和旅游企业等利益相关者的认可和鲜明化，可以通过设计旅游标徽、宣传口号、主题产品、主题路线和主题活动等方式进一步加以塑造。

（一）旅游形象 Logo

Logo，是 Logotype 的简称，即标志、徽标的意思。Logo 是现代市场经济的产物，是代表企业形象和品牌文化的符号，主要起到识别和推广的作用，是企业 CIS 战略的最主要部分。旅游形象 Logo 可以对形象起到塑造、支撑、强化和推广的作用。旅游形象 Logo 的基本内容包括：旅游徽标主体造型、中英文旅游地名称、旅游标准色和标准字体。如图 5-1 所示，旅游形象 Logo 有文字 Logo、图形 Logo、图像 Logo，以及结合广告语的 Logo 等各种表现形式。

图 5-1　旅游形象 Logo

旅游形象 Logo 设计就是用特殊的图形将旅游地具体的事物、事件、场景和旅游形象传达的抽象精神理念和品牌文化固定下来。旅游地通过对 Logo 的刻画和广泛应用，使其在旅游者心中形成深刻印象，进而对旅游地产生联想和认同感。因此，构图优美、内涵独特的 Logo 有利于旅游形象传播，是旅游地文化建设和营销推广必不可少的元素。

（二）宣传口号

旅游地确定旅游形象后，往往进一步围绕形象定位设计若干宣传口号。旅游形象定位与宣传口号关联紧密，常常组合使用，但较容易产生混淆。两者的主要区别在于，旅游形象定位必须包含明确的目的地概念，反映旅游地的核心特质，而宣传口号侧重对旅游者的招徕，是围绕旅游形象进行营销推广的一种方式，反映了旅游地对自身形象的理解，也是对不同客源市场采取的不同针对性宣传手段。例如，景德镇的旅游形象定位是“千年瓷都”，其宣传口号是“认识 china，从景德镇开始”，因为小写的 china 是瓷器。

由于不同地区、不同国家或不同人口统计特征的旅游者具有不同的消费偏好，旅游地宣传口号往往针对本地和外地、境内和境外、老年和青少年等不同旅游客源市场各有不同侧重。因此，宣传口号要围绕旅游形象定位，并在营销时机、旅游资源、景区产品、细分市场的互动分析中凝练地方特色，运用富有招徕力的语言将其表达出来。

（三）主题产品

规划设计的目标是在旅游地形成一个与旅游形象高度相符的、主题鲜明的集食、住、行、游、购、娱为一体的旅游产品组合。旅游主题产品设计是旅游地在其旅游形象指引下针对旅游细分市场，为满足特定旅游者群推出的特色鲜明的旅游产品。与旅游地形象相符的主题产品设计，更能有效满足和引领带动旅游需求，同时对塑造旅游地形象起到重要支撑作用。旅游主题产品设计应符合以下要求。

1. 突出核心项目的引领作用

围绕旅游形象推出旅游主题产品的目的是强化旅游形象认同，提升旅游产品吸引力和竞争力，进而产生更好的市场推广效果。旅游形象一经确立，就成为统领旅游地开发建设的最高纲领，反之，旅游形象的强化与推广也需要旅游主题项目的有力支撑和印证。因此，旅游地应紧密围绕旅游形象开展主题旅游项目建设，而且项目规模、品质和影响力均应比较突出，才能正在发挥其引领作用。

2. 强化配套项目的支撑作用

从旅游者需求角度来看，旅游地不仅要特色鲜明，而且要创造丰富的多元旅游体验价值。旅游地的快速健康发展，在需要大型主题化核心旅游项目引领的同时，还需要多样化的配套旅游项目的系统支撑。配套旅游项目与核心旅游项目的组合关联度较高，将对旅游者产生更强大的号召力，有利于激发其旅游动机，并获得更高的认同感。与之相反，如果配套旅游项目与核心旅游项目关系疏离，组合关联度不高，则会冲淡旅游主题，不利于旅游形象的市场推广。

（四）主题路线

旅游主题路线是指在一定的区域内，为使旅游者能够以最短的时间获得最大的观赏效果，紧密围绕旅游形象，用交通线把若干旅游景区（点）合理地贯穿起来，形成具有较强主题特色的旅游路线。旅游主题路线主要包括旅游资源、旅游景区（点）、旅游设施、旅游服务和旅游时间等要素，其设计应注意把握以下几个方面的问题。

1. 旅游景区（点）选取

旅游景区（点）是旅游路线的关键构成要素，是旅游者在旅游过程中停留的主要节点。在旅游主题路线设计中，旅游资源吸引力和主题特色是决定旅游景区（点）取舍的关键性因素。同时，路线设计还要充分考虑旅游景区（点）间的相似性和差异性。

2. 旅游时间安排

相关研究表明，旅游路线的游览时间的长短与目的地到客源地之间的距离存在着显著的对应关系。对于 50 千米远的市场，目的地的景区（点）一般需要提供给旅游者 2 小时的游览时间才具有较好的效益；当针对 100 千米远的市场时，则需要提供约 1 天的有效游览时间，其他情况可类推。因此，在旅游规划实践中，应以景区（点）参观活动时间和目标市场旅游需求特征为参照标准进行旅游路线设计。

3. 游览顺序安排

一条游线的各个旅游景区（点），在风格、质量、品位等方面总有差异。运用核心—边缘理论对旅游资源所存在的客观差异进行空间辨识，以旅游路线上较高级别的旅游节点为核心，形成旅游路线发展的若干增长极，贯穿路线联动原则，突出核心、边缘节点上的资源优势互补。因此，同样的旅游景区（点），由于不同的组合方式方法给旅游者带来的游览感受是大相径庭的。

（五）主题活动

旅游主题活动是结合旅游形象设计的节庆、会议、娱乐、体育等各类活动项目，属于一种动态性的旅游产品。由于旅游业与其他行业的融合度非常高，因此旅游活动的策划题材涵盖社会生活各个方面。但是，旅游主题活动策划应紧密结合旅游形象进行，着力突出鲜明主题，以扩大对外影响力，同时对旅游形象形成有力的支撑。

旅游地的旅游主题活动宜少不宜多，策划应明确活动的具体形式，具备一定规模，并为旅游者提供优质的活动服务，才能取得理想的活动营销效果。一般来说，旅游主题活动策划的步骤及运作程序为：①创意设想；②市场调研；③专家论证；④规划设计方案的提出；⑤实施方案；⑥绩效评估。

第三节　旅游形象的强化与推广

旅游形象一经确立，便成为旅游地开展市场营销推广的重要方式。在信息爆炸的网络时代，让旅游地的旅游形象得到广泛传播、接受和认可，为旅游地带来更高知名度和影响力，带动旅游客流增加，需要选择合适的强化载体、推广渠道，并采取恰当的策略。

一、旅游形象强化的载体

旅游形象强化通常划分为两个阶段进行：一是增强意识，二是增强兴趣。第一阶段，通过大量的旅游形象宣传使潜在旅游者产生对旅游地的认识，宣传策划重点是强调旅游地的重要特征，而并不着眼于细节描述。经过一段时间的宣传推广，旅游地的潜在意识开始在潜在旅游者头脑中形成。在第二阶段，潜在旅游者开始从被动转为主动，旅游形象宣传趋于具体，图像化的形象宣传成为这一阶段的重要手段。选择好的传播媒介往往能够提升传播的效果，从而有效强化旅游形象在旅游市场的推广效应。在实践操作中，旅游形象强化的载体主要有以下几类。

（一）媒体广告

广告是一种高度大众化的信息传递方式，传播面积广、效率高、速度快。旅游广告用语亦即宣传口号，是旅游形象的衍生品和最佳传播载体。宣传口号可使人在短时间内产生形象化的联想，因而对旅游形象的传播十分重要。对于旅游地而言，通过广告追求公众的认同和建立品牌忠诚度是理想的形象传播方式。

在进行广告宣传策划时，应充分利用新技术、新理念和新创意，尽可能提高形象传播的效果。首先，将旅游地特色和旅游者需求紧密结合起来，将旅游者的消费和旅游地产品营销整合起来，从而吸引更多的旅游者，并在其游玩的过程中不断强化对旅游形象的认可度；其次，在广告媒介的选取上要有的放矢，针对目标市场开展精准化营销，注重广告内容的新意和普及性，这样才能有效地提高旅游形象的传播效率。

（二）节事活动

节事活动已成为世界发展最快的休闲旅游产品之一。节事活动对举办地的旅游者数量的增加有积极的影响，通过节事活动可以全方位展示旅游地的文化底蕴和独特的旅游资源。旅游地举办旅游节事活动的目的是向旅游者提供休闲、文化、社交体验，旅游者是节事活动的终端客户。如果旅游者在参加节事活动中体验满意度较高，将会大大提升对旅游地的满意度和形象认知，对旅游地的发展具有积极的影响。同时，成功的旅游节事活动也能在旅游者心目中构造一个积极的、直观的旅游地形象。常见的节事活动有节庆型、商务型、体育型、博览型等。

1. 节庆型

节庆型活动主要是以传统民俗活动、特色产业、现代生活为吸引内容的旅游事件。它们常常与当地所处的地理环境及生产状况、生活条件、文化内涵有密切关系，带有浓厚的地方文化特色，如春节、元宵节、端午节、中秋节等。同时，还有各地因自然条件和产业集聚而形成的地方特色节庆，如牡丹节、荷花节、荔枝节等。此外，传统文化和现代生活相结合形成的新兴节庆也越来越多，如青岛啤酒节、大连国际服装节、海南岛国际椰子节等。

2. 商务型

由于全球经济的迅速发展、跨国公司的不断壮大，企业之间的合作趋势日益加强，以城市为中心的各种商务、会议活动数量不断增加，随之带来了大量客流，以商贸、会议活动为主要的商务型旅游事件也在增加。例如，广交会、中国财富论坛等。

3. 体育型

体育运动是人类展示健康体魄、冲击人体极限的主要方式之一。竞技体育由于具强烈的观赏性、高度的对抗性以及所体现的拼搏精神引起了众多体育爱好者的兴趣，由此形成了体育型旅游事件，如奥运会、世界杯足球赛、亚运会等。

4. 博览型

随着经济的发展和人们自身素质的提高，会展旅游逐渐成为人们陶冶情操、拓展知识面的重要途径。不同类型的展览活动以琳琅满目的各类展品吸引大量旅游者前来观赏，如珠海航展、北京世界园艺博览会等。

（三）公共关系活动

公共关系活动是一种协调旅游地与公众关系，使旅游地达到所希望的形象状态和标准的方法与手段，一般运用于新闻发布会、旅游推介会、旅游企业开业剪彩、周年纪念、竞赛评选和危机公关等方面。公共关系活动的目的包括传播信息、联络感情、改变态度和引起行动四个方面，对加强旅游形象推广有着积极的促进作用。旅游公共关系活动可以有效吸引媒体的关注，从而达到对外发布旅游形象的目的，被认为是一种低投入、高产出的旅游形象强化方式。例如，在“粉丝经济”盛行的时代大背景下，旅游地聘请明星或各界公众人物作为旅游形象代言人，以拍摄宣传片、制作海报、画册和举办活动等方式吸引旅游者广泛关注。由于旅游形象代言人可以与大众近距离地信息沟通，因此能够发挥加大广告宣传力度、强化品牌形象、激发旅游动机和消费欲望的作用。

二、旅游形象推广的渠道

旅游形象推广是一个系统工程，旅游地往往采取多样化形象推广方式，以有效提升推广效果，主要包括直接推广渠道和间接推广渠道两大类。

（一）直接推广渠道

直接推广渠道即直接将旅游地的旅游形象通过某些载体直接传递到目标市场，具体包括以下几种。

1. 广播电视电影

广播电视电影是通过无线点播、导线或信息储存介质向广大地区播送音响、图像节目的传播媒介，具有形象化、及时性和广泛性的特点。旅游地借助广播、电视、电影推广旅游形象十分普遍，具体做法有投放广告片，在电视、电影中植入旅游地形象等。例如，《非诚勿扰Ⅰ》迅速捧红了杭州西溪湿地公园，而《非诚勿扰Ⅱ》则使三亚亚龙湾的旅游知名度得到进一步提升。

2. 互联网与自媒体

网络已经成为人们获取信息的重要渠道。互联网具有传播范围广、传播及时、更新快捷等特点，利用互联网塑造和推广旅游形象，能让旅游者得到融图、文、声于一体的全方位感受，其中尤其是旅游社交网站、旅游评论网站的影响力十分广泛。同时，随着智能手机功能的日益强大，许多原来需要通过电脑完成的工作现在手机也能完成，基于网络的微信、微博、抖音等自媒体和新媒体快速成为旅游地形象推广的一个重要渠道。

3. 实物与资料

实物类旅游形象推广方式有旅游艺术品、旅游宣传画册、旅游地图、明信片、台历等。资料类形象推广方式通常有报刊、书籍、文艺作品和电子声像制品等。尽管大多数旅游者对互联网上的电子化信息依赖度比较高，但是旅游地推出的一些富有创意、制作精美的形象推广实物和资料也可以给旅游者留下深刻印象。

（二）间接推广渠道

1. 旅游企业

旅行社是旅游者了解旅游地形象的重要途径。旅游者一旦形成旅游动机，往往通过旅行社推出的旅游路线、散发的宣传资料和线上推广介绍了解相关旅游地，因此，旅行社可以将旅游地形象快速且相对精准地传递到旅游市场。此外，其他的旅游企业，如酒店、旅游车船公司通常也有信息咨询的服务及所在地旅游介绍资料，都有助于旅游地的形象推广。

2. 政府公众活动

通过举办或参与政府公众活动形成对旅游地社会责任的认可，可以将旅游形象快速传递到旅游市场。旅游地、旅游企业通过资助慈善事业、政府主办的大型活动等来赢得良好声誉，对树立旅游地、旅游企业良好的形象意义重大，有利于提高旅游地在公众心目中的形象和地位。例如，2020 年年初，新型冠状病毒引发肺炎疫情期间，我国医务工作者全力以赴开展抗击疫情工作，新余仙女湖景区率先宣布全年对全国医务工作者实行免票政策，赢得社会各界广泛好评，对景区旅游形象推广起到很好的强化和推广作用。

3. 旅游者

旅游者在旅游地的旅游过程中，通过对旅游地的旅游产品、节事活动的体验，以及对旅游地服务、标志等的感知，会形成一个非常具体的旅游印象，然后通过口碑传递形式到旅游市场，从而影响到潜在旅游者对旅游地的印象。尤其是旅游者在线发布的游记、攻略等网络文本，以及他们在网络旅游论坛、评论网站的留言等信息对旅游地形象影响力巨大，应给予充分重视，采取有效措施加强正面引导。

三、旅游形象强化与推广策略

好的旅游形象可以使旅游者更容易获取旅游地所传达的内涵和产品信息，也可以使旅游地获得更多的形象价值。当旅游形象的市场认可度得到有效提升，会广泛促成旅游者去旅游地旅游，而且价格因素也往往变得并不敏感。因此，采取有效的旅游形象推广策略，有助于快速提高旅游地的形象价值。

（一）媒介的多元化整合运用

旅游形象推广可以将商业广告、行销策略与大众传播策略相结合，综合运用各种媒介手段，以期达到最佳的推广效果。将传统媒介与互联网新媒体相结合，才能取得快捷高效、覆盖面广的优势。新旧推广媒介的多元化整合运用，不仅仅是为了扩大推广渠道，还是一种细分，是在推广中充分考虑受众的差异，从而达到良好的效果。居住区域、年龄、文化程度等的不同受众，其接触媒体的习惯也不同，除了报纸、杂志、广播、电视四大传统媒体和户外媒体的合理运用以外，基于网络技术的传播必不可少。官方网站、App、微博、微信平台的建设和维护都需要整合完善。

（二）区域旅游形象联合推广

旅游形象联合推广也是一种抱团合力推广策略。整体大于部分之和，规模是品牌力，也是竞争力，打造高端旅游合作平台已成为推动区域旅游产业快速发展的重要举措。例如，河南的中原经济区旅游城市联盟、大黄河旅游联盟、豫晋陕黄河金三角旅游联盟、鄂豫皖旅游联盟等，湖南的长株潭城市群旅游区、大湘南旅游区、环洞庭旅游区、大湘西旅游区等。这些高端旅游合作平台的搭建，推动了旅游与文化、会展、工业、农业、交通运输等行业的融合发展，有效推动了区域旅游交流合作与整体品牌形象推广。

（三）巧妙借势扩大传播效应

旅游形象的强化与推广善于借势而为，往往可以取得事半功倍、四两拨千斤的效果。巧妙借势重点在于借助重大活动、重大事件、新闻热点、知名人物或重要平台，让旅游地形象成功进入公众视野，得到快速的大范围传播并有效建立品牌信任度。旅游地可以采取参与介入的方式，也可以采取引进承办的方式，借力重大活动宣传推广旅游地形象。例如，2017—2019 年，新余市仙女湖景区连续三年成为中央广播电视总台七夕特别节目《天下有情人》的举办地，节目播出受到广泛关注，使景区“仙女下凡之地，人间爱情之源”的旅游形象得到有效推广。此外，巧妙借助重大事件和新闻热点也可以有效扩大旅游形象传播效应。例如，上海青浦的朱家角在 2001 年上海 APEC 会议期间，因成为各国元首及其夫人旅游的首选地而名扬海内外。

【本章小结】

1. 旅游形象设计包括旅游形象的基础理论、旅游形象设计的原则、旅游形象定位的思路与方法、旅游形象强化与推广等内容。旅游形象分为原生形象（Organic Image）、引致形象（Iduced Image）和复合形象（Complex Image）三种类型，由理念识别（MI）、视觉识别（VI）和行为识别（BI）三个方面构成。

2. 旅游形象设计原则包括资源特色和市场导向相结合的原则、易识别性和难替代性相结合、传承性与创新性相结合的原则。旅游形象定位的方法分为层面定位法和竞争定位法两大类型，其中层面定位法分为资源层面定位法、功能层面定位法、理念层面定位法和综合层面定位法，竞争定位方法包括领先定位、比附定位、逆向定位、空隙定位、重新定位五种。旅游形象确立后，可以通过设计旅游标徽、宣传口号、主题产品、主题路线和主题活动等方式进一步加以塑造。

3. 旅游形象强化的载体包括媒体广告、节事活动、公共关系活动、形象代言人。旅游形象推广的渠道包括直接推广渠道和间接推广渠道，其中直接推广渠道包括广播电视电影、互联网与自媒体、实物与资料，间接推广渠道包括旅游企业、政府公众活动和旅游者。旅游形象强化与推广可以采用媒介的多元化整合运用、区域旅游形象联合推广和巧妙借势扩大传播效应等方式。

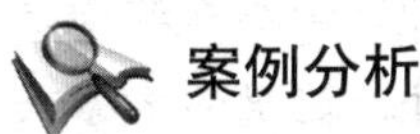

案例分析

宜春市昌铜高速生态经济带形象定位

目前，宜春市昌铜高速生态经济带由靖安县、奉新县、宜丰县、铜鼓县部分区域组成，昌铜高速公路呈东西走向贯通其中。这一区域高度一体化的旅游目的地概念尚未形成。因此，区域旅游合作发展的当务之急是推出主打旅游品牌，即确立鲜明旅游主题形象。

一、形象定位

（一）特色分析

1. 靖安

靖安地处九岭之麓、潦水之源，交通便利，出则繁华、入则清幽，是个偏而不远的佳境胜地。境内以三爪仑为代表的山水生态旅游资源品级较高，是江西唯一的国家级示范森林公园。同时，这里有九岭森林温泉、恒茂御泉谷特色温泉，还有宝峰寺、中部梦幻城、树化玉文化产业园、况钟园林和东周古墓博物馆等人文旅游资源，特色鲜明、文化底蕴厚重。此外，靖安县还是江西省首个国家级生态县、全国农业旅游示范点、全国工业旅游示范点、全国森林旅游示范点、中国娃娃鱼之乡、中国椪柑之乡、中华诗词之乡、全国生态示范县等美誉。

2. 奉新

奉新县自然基础条件好，森林面积广阔，河流水系发达，景区森林覆盖率高达90%。绿色生态是奉新的旅游资源本底，一批重要的历史人文资源点缀其中。奉新县旅游资源总体上种类较全，生态本底优越，形成了禅林、竹海、农耕科技资源“三足鼎立”的局面，其中，唐代百丈怀海禅师在百丈寺创立的天下清规和明代奉新人宋应星撰写的《天工开物》都具有世界性的影响力。此外，奉新的华林书院、张勋庄园及猕猴桃种植基地等资源亦具有较高知名度。

3. 宜丰

宜丰县四季分明，气候温和宜人，地方物产十分丰富，是“中国竹子之乡”“中国猕猴桃之乡”“中国白颈长尾雉之乡”“中国南方红豆杉之乡”。境内的官山是江西省建立最早的国家级自然保护区之一，是封禁长达400多年的自然秘境。此外，宜丰在佛教禅宗发展历史上有着十分重要的地位，境内的洞山是曹洞宗发祥地，黄檗山则是临济宗发祥地，其法脉传播十分广泛，在佛教界有“临天下、曹半边”之说。目前，宜丰的东方禅文化园、竹文化园、洞山、黄檗山和九天国际生态旅游度假区均具有一定的影响力。

4. 铜鼓

铜鼓县旅游资源丰富且类型多样，森林覆盖率高达87.4%，是“中国南方红豆杉之乡”“中国长寿之乡”。铜鼓境内生态环境优越，山水交融，尤其是丹霞山水在赣西最富特色，而且温泉资源品质突出，是休闲养生度假的理想之地。此外，这里的客家民俗、客家美食和红色遗址等人文资源也为旅游开发提供了广阔的空间。目前，开发较为成熟的景区有天柱峰景区、毛泽东化险福地，未来具有较好开发前景的有茶山林场、八大寨、铜鼓石、西向、修河源等地。

（二）形象定位

根据上述分析，昌铜高速生态经济带旅游资源富集且主体特色鲜明，山水生态、禅宗文化、客家民俗、田园风光等构成其主要旅游体验特质，有条件组合打造自然与人文交汇融合的线性风光带，以绿色生态、禅风古韵为主要看点，以生态休闲、宗教朝圣、温泉养生、红色寻踪和民俗体验等为主要内涵。

基于上述认识和判断，建议昌铜高速生态经济带旅游路线的主题形象定位为：

禅意山水，绿海慢乡

形象注释：本主题形象着重向游客传递昌铜高速生态经济带的禅宗文化、山水生态与田园风光三大特质，定位文化体验、生态度假和乡村休闲三大旅游功能，强调打造现代旅游的高品质慢生活。

（三）宣传口号

品禅意山水，享绿海逍遥

慢享竹风禅韵，畅游绿色赣西

禅宗祖庭朝圣，绿海慢乡休闲

二、片区特色

为便于路线组合与市场开拓，根据昌铜高速生态经济带各地旅游资源特色与开发现状，以现有行政区划为基础，将规划区分为四大旅游片区，构建小区域多极点的区域旅游发展格局。

（一）靖安

主体资源：三爪仑旅游区、中部梦幻城、九岭森林温泉度假村、恒茂御泉谷国际度假山庄、树化玉文化产业园、武侠世界文化产业园、香樟林养生养老基地、东白源道教养生谷、中东部种质资源库、金银岛玫瑰庄园、欧源山水文化产业园、香田野生动物园、圆梦园度假区、茅山、宝峰、中源特色旅游休闲度假小镇等。

特色功能：山水观光、生态度假、乡村休闲、避暑养生、佛禅体验

发展思路：

——以三爪仑旅游区创建国家5A级旅游景区和国家生态旅游示范区为契机，强化观音岩、宝峰寺、虎啸峡等核心景区的主题化建设，着力提升旅游景观质量与旅游服务质量，完善相关配套设施，带动区域旅游产业发展的转型升级。

——建设茅山、宝峰、中源三大重点旅游休闲度假小镇，合理配置观光游览、寻幽探秘、文化体验、休闲养生、美食购物、农宿等旅游产品体系，构建精品生态休闲度假旅游产业集群。

——以千年名刹宝峰寺和江西佛学院为依托，深度挖掘整合相关文化资源，做大做强禅宗文化影响力，构建禅宗圣地观光朝觐休闲养生度假项目群。

——以发展山水观光、生态休闲、避暑养生等旅游业态为先导，同时整合开发境内丰富的古村、农业种养基地、民俗文化等乡村资源，大力开发乡村旅游产品。

（二）奉新

主体资源："天下清规发源地"——百丈山、"越王勾践驻兵地、八大山人隐居地"——越王山、"江南第一瀑布群"——萝卜潭、极具道家文化特色的九仙汤温泉、宋应星科技文化园、张勋庄园、"江南四大书院"之一的华林书院和道教浮云宫、现代农业种植园区，特色旅游产品潦河奇石。

特色功能：温泉养生、生态休闲、佛禅体验、农耕科普

发展思路：

——以百丈寺为核心，整合周边山水、竹海、田园等资源打造国家4A级旅游景区，启动禅修小镇建设，开发禅寺观光、禅宗文化体悟、农禅体验、山地运动和乡村旅游等产品，最终将百丈山打造成为以禅宗文化创意体验为特色的世界闻名、中国一流的综合性景区。

——以宋应星《天工开物》中的中国古代农耕科技为素材，建设提升宋应星科技文化园，通过项目设计将农耕科技娱乐化、体验化，突出项目的游客参与性。由于本项目选址位于县城，时机成熟可以进一步打造夜游项目，促进城市旅游的发展。

——高品位、高标准、高起点开发建设或提升九仙温泉、萝卜潭景区、华林书院和张勋庄园等重点旅游项目，进一步充实完善县域旅游产品谱系，增强核心吸引力。

（三）宜丰

主体资源：东方禅文化园、竹文化园、渊明故里秀溪、国家级水利风景名胜区——渊明湖、国家级自然保护区——官山、省级水利风景名胜区——光华水库、临济宗祖庭——黄檗山、曹洞宗祖庭——洞山、“三古一泉”（天宝古村、潭山古树生态走廊、古祠、洑溪温泉）和九天国际生态旅游度假区。

特色功能：禅学研修、古村观光、生态探秘、乡村度假

发展思路：

——对东方禅文化园进行提升建设，进一步丰富项目内涵，与竹文化园连片发展，并在此基础上完善相关旅游配套设施，提升旅游服务质量，创建国家4A级旅游景区。

——以九天漂流项目为核心，整合周边山地、森林、田园等资源，扩大旅游开发范围，优化旅游产品结构，按照国家4A级旅游景区标准开发建设九天国际生态旅游度假区。

——在对洞山普利禅寺和黄檗山黄檗寺恢复重建的基础上，整饬寺庙周边环境，完善接待设施，开发禅学研修、素食品鉴等文化体验性项目。

（四）铜鼓

主体资源：福润温泉、汤里温泉、毛泽东化险福地、秋收起义铜鼓纪念馆、排埠万寿宫、天柱峰、铜鼓石、茶山林场、修河源、高桥红豆杉森林公园、八大寨、仙姑坛、西向晒红节、客家美食等。

特色功能：生态度假、丹霞览胜、红色旅游、温泉养生、民俗体验

发展思路：

——整合旅游资源，打造全域旅游，四区并举（山水生态养生区、温泉风情度假区、红色文化体验区、生态乡村休闲区）构建铜鼓差异化旅游产品体系，形成全县旅游发展大格局，实现旅游的联动发展。

——重点开发建设茶山林海国际养生庄园、中华鼓文化主题游乐园、西向乡村旅游度假区和八大寨等一批重点旅游项目，提升毛泽东化险福地、天柱峰两大景区为国家

4A级旅游景区，依托福润温泉和温泉镇打造温泉旅游综合体，同时建设城市旅游新区，提升城市旅游体验功能和旅游产业集聚功能。

——以永宁镇（含温泉镇）为核心，对S308（铜鼓段）沿路景观进行建设，对休闲设施系统进行升级，打造13个乡村旅游示范点，构建铜鼓五彩乡村旅游带。

资料来源：龚志强，肖可，朱瑞艳，等．昌铜高速生态经济带旅游路线专项规划（2014—2020）．

讨论问题：

1. 试分析案例中的旅游形象定位的基本思路。
2. 旅游形象定位确定后，旅游地应如何对之进行强化？
3. 旅游形象与宣传口号是什么关系？两者有什么不同？

实践活动

根据本章所学知识，查找自己感兴趣的旅游地的旅游形象设计方案，分析其使用的旅游形象定位方法及推广途径。

思考题

1. 阐述旅游形象的概念与内涵。
2. 谈谈对旅游形象设计原则的理解。
3. 旅游形象定位的具体方法有哪些？
4. 如何利用新媒体进行旅游形象推广？

【参考文献】

[1] Echtner CM，Ritchi RB（1993）.The measurement of destination image：An empirical assessment [J].Journal of Travel Research，1993，31（4）.

[2] 李蕾蕾．旅游点形象定位初探——兼析深圳景点旅游形象[J]．旅游学刊，1995（3）．

[3] 杨国良，杨晓红．论旅游规划中的主题形象设计[J]．四川师范大学学报（社会科学版），2000（6）．

[4] 吴必虎，宋治清．一种区域旅游形象分析的技术程序[J]．经济地理，2001（4）．

[5] 陆林．试论旅游形象的理念识别[J]．旅游科学，2001（2）．

[6] 王国新，齐亚萍．旅游形象定位与营销[J]．商业经济与管理，2001（11）．

[7] 李燕琴，吴必虎．旅游形象口号的作用机理与创意模式初探[J]．旅游学刊，2004（1）．

[8] 李晓莉．事件对举办地的旅游形象影响与提升战略研究综述[J]．旅游学刊，

2007（8）.

［9］张涛，贾生华．节事消费者感知价值的维度和测量研究［J］．旅游学刊，2008（5）.

［10］范晓庆．旅游规划中的主题形象定位分析——以四川省射洪县为例［J］．技术与市场，2009，16（11）.

［11］魏敏．旅游规划理论、实践与方法［M］．大连：东北财经出版社，2010

［12］马凌，保继刚．感知价值视角下的传统节庆旅游体验：以西双版纳傣族泼水节为例［J］．地理研究，2012（2）.

［13］白翠玲，秦安臣．旅游规划与开发［M］．杭州：浙江大学出版社，2013.

［14］李峰，李萌．旅游策划理论与实物［M］．北京：北京大学出版社，2013.

［15］马耀峰．旅游规划［M］．北京：中国人民大学出版社，2013.

［16］陶慧，冯小霞．旅游规划与开发理论、实务与案例［M］．北京：中国经济出版社，2014.

［17］原群．旅游形象定位与设计［N］．中国旅游报，2014-01-13（014）.

［18］吕兴洋，徐虹，林爽．品牌劫持：旅游目的地形象异化演进过程研究［J］．旅游学刊，2014，29（6）.

［19］彭荣．基于不同角度分析旅游形象系统的定位和设计［J］．旅游管理研究，2014（6）.

［20］粟路军，何学欢．旅游地形象涵义、构成、特征与形成过程——基于国外文献的梳理［J］．旅游科学，2015，29（3）.

［21］肖媛媛．我国西部民族地区旅游品牌形象的建立及推广策略研究——以阿坝藏族羌族自治州为例［J］．城市旅游规划，2015（10）.

［22］黄潇婷．产品跟随行为：旅游时间产品规划方法［J］．旅游学刊，2016，31（5）.

［23］丁烨．基于旅游产业转型升级下的旅游品牌推广策略［J］．社会科学家，2017（11）.

［24］李益彬，芮田生，耿宝江．旅游规划与开发［M］．成都：西南财经出版社，2017

［25］马勇．旅游规划与开发［M］．武汉：华中科技大学出版社，2018.

［26］蔡礼彬，田梦丽．近十年国外旅游目的地形象研究综述——基于 Tourism Management 和 Annals of Tourism Research［J］．中共青岛市委党校．青岛行政学院学报，2018（6）.

［27］王君怡，吴晋峰，王阿敏．旅游目的地形象认知过程——基于扎根理论的探索性研究［J］．人文地理，2018，33（6）.

［28］陆锋．新媒体时代的旅游目的地宣传和营销［J］．旅游学刊，2018，33（4）.

［29］陈宇．旅游新媒体营销策略研究［J］．度假旅游，2018（1）．

［30］李丽艳，张新想，王立鑫，胡克婷，朱志刚．基于网络文本分析的秦皇岛旅游目的地形象感知研究［J］．旅游纵览（下半月），2019（7）．

［31］方泽慧，于荀．旅游形象相关研究回顾与述评［J］．黑龙江生态工程职业学院学报，2019，32（6）．

［32］李桂莎，张海洲，陆林，陈劼绮．旅游宣传片影响下的目的地形象感知过程研究——巴厘岛案例的实验探索［J］．人文地理，2019，34（6）．

［33］丁春文．文旅融合视角下历史文化名城旅游形象的塑造——以宁波为例［J］．陕西学前师范学院学报，2019，35（9）．

第六章 旅游市场营销规划

本章内容包括旅游市场调查与分析，并对旅游市场细分、目标市场选择和制定目标市场定位策略等内容进行介绍，同时重点阐述旅游市场营销内涵、旅游市场营销组合策略和旅游市场营销方式策划等内容。

【学习目标】

了解旅游市场调查的目的、方法、步骤和主要内容；在市场调查、市场细分的基础上，采取科学的步骤和策略对旅游目标市场进行选择；熟悉旅游市场营销组合策略，结合旅游地实际情况开展旅游市场营销方式策划。

【核心概念】

旅游市场调查与分析、旅游市场细分、旅游目标市场、旅游市场定位、旅游市场营销策划

第一节 旅游市场调查与分析

旅游市场调查与分析是旅游规划的基础性工作。深入开展旅游市场调查，了解旅游需求现状与发展趋势，在此基础上进行科学的市场细分并选择合适的目标市场，才能科学指导旅游地的资源开发、产品设计与业态培育，帮助旅游地迅速取得竞争优势，占领市场，获得较好的综合效益。

一、旅游市场调查的目的

随着世界旅游业的快速发展，旅游市场规模不断扩大，从地区旅游市场逐步发展到全国旅游市场、国际旅游市场，市场竞争也日趋激烈。在此背景下，一个国家或地区发展旅游业，客观上要求进行市场调查分析，掌握更多的市场信息，从而进行正确的决策。国内外旅游市场已经成长为一个具有巨大潜力的市场，其开发对旅游地经济社会发展具有重要意义。开展旅游市场调查的目的体现在以下几个方面。

（一）了解市场需求，明确发展方向

通过对旅游市场的调查与分析，可以帮助旅游地及时了解市场需求的变化，掌握市场供需情况，了解竞争对手的发展情况，为旅游地的发展提供科学依据，并明确旅游地的发展方向。旅游市场调查是编制旅游规划的出发点，在提升旅游规划的效果中起到至关重要的作用。

（二）开拓潜在市场，开发旅游新产品

当前，旅游已经成为一种生活方式，随着人们外出旅游频次增多，旅游需求也日益多元化。一成不变的旅游产品和业态已无法有效满足人们的需求，市场调查可以帮助旅游地发现问题，及时调整发展思路，开拓潜在的旅游市场。通过市场调查可以对未来旅游市场需求进行预测，制定有效的旅游产品开发战略。因此，旅游地往往采取重新规划、专题规划等手段来改善和加强市场营销。

（三）改善经营管理，规避经营风险

在激烈的旅游市场竞争中，旅游地要想取胜不仅要了解自身，更要了解其他旅游地的发展情况。通过市场调查，旅游地可以了解自身在市场中的位置和竞争对手的优劣势，从而在开发建设和经营管理过程中找准方向，有针对性地制定解决问题的经营管理措施，提升市场竞争力，以有效规避投资和经营风险。

二、旅游市场调查的方法与步骤

（一）旅游市场调查方法

1. 文案调查法

文案调查法，又称为间接调查法、资料分析法、室内调查法，即通过收集各种历史和现实的动态统计资料（二手资料），从中摘取与市场调查有关的信息，在办公室内进行统计分析的调查方法。旅游市场调研需要收集的数据主要来源于：国家机构公布的相关资料，旅游组织、旅游行业协会发布的资料，旅游研究机构、专业情报机构和咨询机

构提供的研究结果和市场情报；旅游地内部资料和旅游地间的共享资料，国内外公开出版物等。一般可以通过文献资料筛选、报刊剪辑、情报联络网络等方式获取以上资料。鉴于文案调查法所需的时间和成本相对较低，故通常被作为市场调查的首选方法。

2. 访问调查法

访问调查法，即访谈法，是指市场调查人员采用访谈询问的方式向被调查者了解旅游市场情况的一种方法。通常在需要了解被访者的学历、爱好、工作、收入水平、家庭结构、宗教信仰、对旅游产品的满意度等情况时，可以采用访谈法。依据实际情况，可采用面谈、电话访问、邮寄访问、留置问卷等方式进行调查。

3. 观察调查法

观察调查法，即观察法，是指调查人员凭借自己的眼睛或借助仪器设备，在调查现场对被调查人的行为、言辞、表情进行观察和记录的一种信息收集方法。由于调查者通常是在不知不觉中被观察调查，处于“无意识状态”，故收集到的资料较之访问调查法要更为客观可靠。依据客观需要，可以采用直接观察、亲身经历、痕迹观察、行为记录等方式进行记录调查。但在实际观察中，无论采用哪种方式，观察调查法都要求调查人员必须保持客观公正的态度，摈除主观偏见。

4. 实验调查法

实验调查法，即实验法，是指把被调查者置于特定的控制环境下，通过控制外来变量和分析检验结果差异来发现变量间的因果关系，从而获取信息资料的调查方式。该方法起源于自然科学的实验室法，数据的客观性很强，排除了主观臆测的可能，对于研究变量之间的因果关系非常有效。实验法主要包括市场试销实验法、实验室实验法、模拟实验法，其中市场试销实验法适用于旅游市场调研。

5. 抽样调查法

抽样调查法，是指从研究对象的全部单位中抽取一部分样本进行考察和分析，并用这些样本的数量特征去推测研究对象总体数量特征的一种调查方法。抽样调查法是对旅游客源市场需求和反应进行调研的最为常用的方法之一，其对象主要是外来旅游者。抽样调查的关键在于调查问卷的设计和样本的选择，调查问卷的形式和内容可根据调查对象和目的灵活设置。样本的选择要注意数量和结构的控制。通常样本数量越大，误差率就越小，但调查的时间和经济成本就越高。样本的结构控制，应从性别、年龄、受教育程度、收入水平等人口统计特征加以考虑。旅游市场抽样调查一般要选择旅游者比较集中的地点，如车站、码头、景区（点）、旅游集散中心等。

6. 网络调查法

网络调查法，是指调查人员利用互联网了解和掌握旅游市场信息的方法。网络调查法具有以下优点：一是实时、互动，二是无时空、地域限制，三是便捷性和低费用，四是更为可靠和客观。网络调查法具体可以是通过 Web 页面加载调查问卷、给被调查者发送电子邮件、制作微信市场调查问卷等方式开展。较之传统调研方法，网络调查在组织实施、信息采集、调研效果等方面具有明显的优势，但受众范围有一定的局限性，即仅限于上网人群。

7. 座谈调查法

座谈调查法，是指调查人员通过召集被访问者召开座谈会，直接面对面交谈，从而获取数据的一种调查方法。座谈调查法的基本形式是由主持人根据调研主题，组织与会者开展讨论。与会者根据自身的工作性质和专业背景围绕调研主题发言，多角度看问题往往会取得意想不到的收获。在旅游规划编制过程中，座谈调查法比较适合应用于针对发改、国土、农业、城建、商务等相关政府部门领导的专题调研。

（二）旅游市场调查步骤

旅游市场调查步骤，是指从明确营销活动中面临的特定问题开始，到针对这个问题的调研结束的全过程中，按照顺序进行的工作步骤。一般而言，有效的旅游市场调研要经过确定调查目标、制订调查计划、实地调查和收集信息、分析信息并撰写调查报告四个步骤。

1. 确定调查目标

调查目标是调查所要达到的具体目标，包括旅游地产品和服务问题、经营中出现的困难、市场竞争问题及未来发展方向等。为使调查方向更为明确、调查结果更为科学，旅游市场调研之初就应确定需要调查解决的问题和调查工作所要达到的目标，避免调查工作走弯路。

2. 制订调查计划

确定调查目标后，接下来就开始制订调查计划。调查方案是对某项调查本身的设计，包括调查目的和要求、调查对象、调查内容、调查范围、调查方式等，是调查顺利实施的依据。调研计划是对某项调查的组织领导、人员配备和考核、工作制度、完成时间和费用预算等的预先安排。目的在于更有计划、有秩序地开展调查工作，保证调查方案的实施。在制订调研计划时，需要重点考虑调研人员配置、调研经费投入和调研所要收集的资料范围，避免造成资源浪费。

3. 实施调查和收集信息

拟订的调研计划经主管部门审核之后，就进入了实施调查和收集信息的阶段。这个阶段要做好的工作是组织调查人员按照调查方案的要求和调研计划的安排，通过实地调查或文案调查，收集、整理相关资料。在信息收集过程中，调研人员要随时对问卷中的不合理之处进行沟通、反馈，以便进一步完善调研计划。

4. 分析信息并撰写调研报告

资料收集完毕之后，调研人员应运用恰当的统计分析方法，对所有信息进行整理、筛选、分析，进而得出全面而符合逻辑的结论。根据市场调研分析结果，用清晰明了的语言和数据，以解答问题的形式，撰写市场调研报告。

三、旅游市场分析的主要内容

旅游市场变幻莫测，市场营销过程中会遇到各种各样的问题，所以对旅游市场的分析显得尤为重要。由于调查目的、时间等条件的约束使得每项市场调查的内容不尽相同，因而对市场的分析也有所侧重。一般而言，旅游市场分析包括旅游市场环境分析、旅游市场需求分析、旅游市场供给分析、旅游市场营销分析等方面。

（一）旅游市场环境分析

1. 政治环境

包括旅游地和客源地政府对发展旅游业的态度和制定的相应政策，以及当地的政治氛围和社会稳定状况。

2. 经济环境

包括旅游地及客源地的国民经济特征、消费结构与消费水平、物价水平，以及更大区域范围内的旅游经济发展趋势。

3. 法律环境

包括与旅游业有关的方针政策和法律法规，如《旅游法》《环境保护法》《出入境管理条例》等。

4. 自然环境

包括区位条件、旅游地的可进入性、气候条件、地形地貌和自然旅游资源状况等。

5. 文化环境

包括旅游客源地的人们的价值观、文化素养、职业特征、民族特征、宗教信仰与风俗禁忌等。

（二）旅游市场需求分析

1. 旅游市场总体状况

包括国民经济发展水平与人口特征、收入水平与闲暇时间、旅游市场结构等。

2. 旅游者动机

即促使旅游者产生旅游行为的内在原因。

3. 旅游者行为

即旅游者在实际旅游过程中的具体表现，如旅游时间、地点、出行方式、停留时间、旅游偏好、消费结构等。

（三）旅游市场供给分析

1. 旅游资源

指那些对旅游者构成吸引力的自然因素、社会因素及其他因素。旅游资源的数量和质量决定着旅游者对目的地的选择，同时也制约着当地旅游业的发展。

2. 旅游设施

旅游地为直接开展旅游经济活动，向旅游者提供的食、住、行、游、购、娱等方面接待服务的凭借物。旅游设施的质量和规模也是旅游地吸引力的重要组成部分。

3. 旅游服务

指旅游业从业人员通过各种设施、设备、方法、手段、途径和“热情好客”的种种表现形式，满足旅游者物质和精神需要的过程，是旅游产品的核心。

（四）旅游市场营销分析

1. 旅游产品

旅游地赖以生存的物质基础，具体包括旅游产品设计、旅游产品组合等方面。旅游地不断推出能够满足旅游者需要的产品，才能在激烈的市场竞争中赢得生存空间。

2. 旅游产品价格

直接影响到旅游产品的销售状况和旅游地盈利水平的重要因素。这个调研主要分析旅游产品供求的变化趋势，从而制订替代产品和新产品价格策略。

3. 旅游产品分销渠道

影响到旅游产品的销售效率和成本的关键性因素，应系统分析旅游产品销售渠道的长度和宽度、旅游中间商等情况，并对如何提高旅游产品销售效率和降低销售成本进行重点分析。

4. 旅游产品促销

通常着重于对促销对象、促销方法、促销投入和促销效果四个方面的分析。

第二节　旅游市场细分与定位

旅游市场作为一个整体存在的同时，又因地理条件、社会背景、人口特征等情况的不同而出现不同的旅游者群体差异，而不同的旅游者群体存在不同的旅游需求特点。同时，不同的旅游地，因其交通区位、旅游资源、旅游产品、业态及旅游发展环境的各不相同，其旅游目标市场也必然各有侧重。因此，对旅游市场进行细分并准确定位，是旅游地和旅游企业开展市场营销的必要之举。

一、旅游市场细分

（一）概念界定

旅游市场细分，是指根据旅游市场的性质、结构、规模、分布范围及特征等，将其按照一定方法，划分为若干个不同类别的消费群体的过程，也是将旅游市场按照一定标准去分割而又集合化的过程。理解这一概念时，需要注意以下两个方面的问题。

1. 旅游需求异质性是旅游市场可能细分的客观基础

从需求的角度看，旅游产品市场可以分为两类：一类是同质市场，一类是异质市场。同质市场里旅游者对某种旅游产品的需求、购买行为和对相应营销策略的反应等方面具有高度一致性。只有少数旅游产品市场属于同质市场，如极地、太空类的旅游产品。绝大多数旅游产品市场属于异质市场，即某类旅游产品会有很多种不同内容、时间、价格、特点的具体产品。例如，度假类旅游产品，就可以让旅游者在购买时间、购买行为、购买习惯等方面存在更多的差异，正是这些差异使旅游市场细分成为可能。

2. 旅游市场细分并不总是把一个整体市场加以分割

事实上，旅游市场细分常是一个聚集而不是分解的过程。所谓聚集的过程，就是把对某种旅游产品特点最敏感、最易做出反应的人们或用户集合成群。聚集的过程可以根据多种变量连续进行，直到鉴别出其规模足以实现经营目标的某一顾客群。

（二）旅游市场细分的作用

科学合理地细分旅游市场，对旅游形象宣传、旅游产品销售和旅游市场发展有着重要的作用，主要体现在以下几个方面。

（1）有利于进行市场机会分析，发现新的市场机会；有利于旅游地或企业开拓和占领新的旅游市场。

（2）有利于改善旅游地内部的营销管理和组织，降低营销成本。

（3）有利于旅游地制定、调整和完善营销、竞争策略。

（4）有利于旅游地发现对于目标旅游市场最有效的传播媒体。

（三）旅游市场细分的原则

旅游市场细分的目的是识别旅游者需求的差异，以发现有利的营销机会。成功有效的旅游市场细分，一般要遵循以下原则。

1. 层次性原则

旅游市场细分应在旅游产品上区分中、高、低三个档次，在规模上区分大、中、小三个规格，在需求上区分不足、平衡、供大于求三种关系，使细分后的旅游市场具有明显的层次性，以便于采取不同的营销策略。

2. 衡量性原则

细分旅游市场要有明显的区别，做到范围清晰、规模和大小可预测。同时，各子市场应有明确的旅游消费群体，且有共同的需求特征，表现出类似的购买行为。

3. 适合性原则

细分旅游市场必须同时适合营销者和旅游消费者。一方面，营销者能以子市场作为目标市场，有效地开展营销活动；另一方面，目标市场的旅游者愿意接受，并能买到营销者提供的旅游产品。

4. 效益性原则

细分旅游市场不仅要相对稳定，还必须有一定规模的、现实和潜在的需求，能够使旅游地获得效益，否则这种旅游市场细分就没有意义。

5. 占领性原则

细分旅游市场应是旅游地营销活动能够进入的，必须适应旅游地自身的开发和营销能力，是有能力占领的市场。

6. 空白性原则

旅游地在细分旅游市场时，应留出一部分空白市场供其他旅游地的产品进入，具有垄断和明显竞争优势的旅游地尤其应注意，目的是通过观察其他旅游产品的进入、竞争和发展情况，发现自身在产品和营销策略上的问题，并改进和提高。这就是市场营销中所谓的“群狼策略”。

（四）旅游市场细分的标准

旅游市场细分的标准比较多样，一般可以按地理因素、人口统计特征、旅游者心理因素和行为特征四个标准进行细分。

1. 地理因素标准

即按照旅游者所处的地理位置、自然环境来细分市场，其标准包括地理区域、距离远近和气候特点三种。

（1）按地理区域划分。地理区域是细分旅游市场最基本的变量，即根据旅游客源产生的地理区域和行政区域对旅游市场进行划分。不同地理区域的经济社会发展水平、文化传统等特征不同，旅游需求也往往存在明显差异。对于国际旅游市场，通常以洲别、国别或地区为单位进行划分。例如，世界旅游市场分为欧洲市场、美洲市场、东亚及太平洋市场、南亚市场、中东市场和非洲市场六大部分。对于国内旅游市场，通常以省、市、县等行政区或地区作为单位划分。例如，国内旅游市场可分为长三角市场、珠三角市场、京津冀市场等。

（2）按距离远近划分。旅游客源地与目的地之间距离的差异，使旅行时间、费用、语言沟通、文化交流等方面都存在明显不同特点。据此，可以将旅游市场细分为近程市场、中程市场和远程市场。按距离远近标准划分旅游市场，通常不能仅仅根据空间距离进行判断，而要充分考虑旅游地与客源地之间的交通便利程度，即时间距离。假如旅游地与客源地的空间距离比较近，但乘坐交通工具抵达的时间很长，那么该客源地对旅游地的重要程度就会下降。

（3）按气候特点划分。各地气候条件的不同也会影响到旅游产品的消费和旅游者的流向。按照气候特点的不同，可将旅游市场分为热带市场、亚热带市场、温带市场和寒带市场。对气候差异较大的地区而言，常常是互为客源地和旅游地的关系，因此可以按气候特点进行客源市场划分。例如，海南省和我国的黑龙江省分别处于热带和温带，海南省的旅游者往往选择冬季去黑龙江参与冰雪旅游，而黑龙江的旅游者则喜欢冬季去海南海滨享受阳光、海水和沙滩。

2. 人口统计特征标准

人口统计特征划分法是将旅游市场按年龄、性别、职业、家庭规模、婚姻状况、收入、受教育程度、宗教信仰、民族、国别等划分为不同群体。由于人口统计特征较之其他变量更容易区别，且与消费者的兴趣爱好、文化习惯及产品使用率等都有密切联系，因此，在旅游市场细分中较为常用。

（1）按年龄细分。年龄是旅游市场细分理论的一个重要社会人口学变量。不同年龄阶段的旅游者在其消费偏好、出游方式、出游频率和空间行为等选择上的差异，直接影响到整个旅游市场的发展。按照这一标准可以将旅游市场细分为儿童市场、青少年市场、中年市场、老年市场。

（2）按性别细分。不同性别的旅游者的旅游需求有所差异，可以细分为男性旅游市场和女性旅游市场。对于国内大部分旅游景区（点）而言，性别差异在旅游市场中的区别并不明显。但一些高强度运动型、探险型、刺激型的旅游项目，吸引的男性旅游者较女性旅游者多。而安全系数高、价格优势明显的旅游项目，则更受女性旅游者青睐。随着社会的进步，男女旅游市场偏好的区别在逐渐缩小。

（3）按职业特征细分。不同职业的旅游者由于其知识水平、工作条件和生活方式等的不同，旅游消费特点存在着很大的差异。此外，不同职业的购买水平和休假制度，也影响到对旅游目的地、交通方式等的选择。

（4）按受教育程度细分。不同学历层次的旅游者，其文化素养、价值观念、生活方式等都存在着差异，并直接影响到他们的旅游行为选择。一般而言，受教育程度越高，旅游的品位就越高，对旅游的需求也相对越高。不同类型的旅游地应根据自身资源的特色来确定相应受教育程度的旅游者群体作为目标市场。

3. 旅游者心理因素标准

这是按照旅游者的生活方式、态度、个性等心理因素来细分旅游市场的。旅游者的需求、消费能力、购买行为，不仅受人口统计特征因素的影响，还受到心理因素的影响。按心理因素标准细分旅游市场，主要有以下几种情况。

（1）按照生活方式划分。生活方式是一个人对生活、消费、工作、娱乐活动等的不同态度。旅游者的生活方式不同，旅游消费偏好、消费水平也存在差异。旅游地可以根据旅游者生活方式的不同，设计不同的营销组合来适应不同旅游细分市场的需求特点。

（2）按社会阶层划分。社会上相对的同质性和持久性的群体构成了社会阶层。每一个阶层的成员都具有相同或相似的价值观、兴趣爱好和行为方式。一个人的社会阶层与其收入水平、职业、受教育程度等多种因素有关。不同社会阶层的旅游者对旅游产品的需求不同，在旅游营销中应根据不同阶层旅游者的需求特点提供产品和服务。

（3）按性格类型划分。性格是导致一个人对其客观环境做出持续反应的明显特征。人们外出旅游主要追求的是一种精神享受，自身的性格特征会直接影响到其消费行为的选择。美国学者斯坦利·C. 帕洛格研究发现，人们可以被分为五种心理类型，即自我中心型、近自我中心型、中间型、多中心型、近多中心型。性格类型不同，人的旅游需求特征也存在明显不同。例如，自我中心型的人，其特点是思想谨小慎微，多忧多虑，不爱冒险，最强烈的旅游动机是休息与轻松。

4. 行为特征标准

旅游者行为特征是指根据旅游者对产品的购买行为和使用情况等。在这一标准下，通常根据旅游者的购买目的、购买时间、购买方式、购买数量和频率及购买习惯等进行市场细分。

（1）购买目的。按旅游者的购买目的细分，通常可分为观光旅游市场、度假旅游市场、商务旅游市场、会议旅游市场等。

（2）购买时间。按旅游者的购买时间可划分可分为淡季旅游市场、旺季旅游市场和平季旅游市场。

（3）购买方式。购买方式包括旅游者购买旅游产品过程的组织形式和渠道。按购买组织形式可分为散客旅游市场和团体旅游市场，按购买渠道可分为网络购买、电话购买、零头售商处购买等。

（4）购买数量和频率。按旅游者购买产品的数量和频率特征，可分为较少旅游者、多次旅游者和经常旅游者。旅游地应当保持与旅游者的联系，深入探析不同购买数量特征的旅游群体在人口属性、心理特征等方面产生差异的深层原因。特别要加强与经常使用者之间的联系，使其购买频率进一步提高。

（5）购买习惯。购买习惯体现出旅游者对产品的忠诚度，据此可分为坚定品牌忠诚者、多品牌忠诚者、转移忠诚者。旅游地必须善于辨析旅游者的忠诚度，以便更好地满足他们的需求，并适当给予忠诚顾客以某种形式的回报。

（五）旅游市场细分的程序

旅游市场规模巨大，而且不同旅游者群体的需求特征差异大，加之市场细分可供选择的变量很多。因此，有效细分旅游市场，必须遵循一定的程序和步骤。

（1）选定旅游市场范围。旅游市场定位必须以市场需求为基础。旅游地在选定市场范围时，要选择符合自身资源、产品特点和经营目标的细分市场进行研究。但应强调的是，旅游市场范围应以市场需求而不是产品特性来确定，并且旅游市场范围应尽可能地全面。

（2）列举分类旅游者的基本需求。在选定旅游市场范围的基础上，旅游地可以从地理、人口、心理行为等各种因素入手，初步预测潜在旅游者的需求，以进一步了解市场需求状况。例如，会议旅游者要求通信方便，而疗养旅游者则要求环境清静、空气清新等。

（3）分析不同潜在旅游者的不同要求。在初步分析的基础上，以罗列出的各种旅游需求为依据，对不同类型、具有鲜明特征的潜在旅游者进行归纳，并进一步了解他们较为迫切的需求，然后集中选择两三个作为市场细分的标准。

（4）抽样调查潜在旅游者的共同需求。对初步选定的各细分旅游市场的需求进行验证，剔除各细分旅游市场的共同需求和次要需求因素，保留那些具有鲜明特征的主要需求和购买行为。

（5）根据潜在旅游者基本需求上的差异，划分不同的旅游群体和子市场。

（6）进一步分析每一细分市场中旅游者的需求和购买行为特点。了解影响细分旅游市场的新因素，以决定对各细分旅游市场是否再做细分或重新合并，使旅游市场细分更加科学合理。

（7）分析每个细分旅游市场的规模和潜力。对每个细分旅游市场进行综合评估，尤其是对细分市场的发展潜力、规模和经济效益等进行评价，使旅游地能选择到具备一定规模和发展潜力的细分旅游市场。

二、旅游目标市场定位策略

旅游地需要研判自身条件、市场环境和竞争态势，选择恰当的策略进行准确的旅游目标市场定位，具体包括无差异性市场策略、差异性市场策略和集中性市场策略。

（一）无差异性市场策略

无差异性市场策略是指旅游地将整体旅游市场看作一个大的目标市场，以一种产品、一种市场经营组合去满足所有旅游者的需求的策略。它的优点是平均成本低、不需要进行市场细分，可以节约大量人力、财力、物力，规模效应显著。对于新产品介绍期的旅游地，产品供不应求的旅游地，竞争较弱、需求差异较小的旅游地，可以采用无差异市场策略。

（二）差异性市场策略

差异性市场策略是指旅游地选择两个或两个以上细分市场作为自己的目标市场，供给不同旅游产品，运用不同的旅游营销组合。它的优点是满足不同顾客需求，有利于扩大销售，分散经营风险。但这一策略也会导致经营成本增加，且对于规模有限的旅游地是无法办到的。对于产品成熟期、竞争激烈时期、规模大和资源雄厚的旅游地，适于采用差别性市场策略。

（三）集中性市场策略

集中性市场策略是指旅游地把全部资源力量集中投入到某一个或几个细分市场上，

实行专业化的生产和经营策略。它的优点是将有限资源最大限度地投入到一个或几个细分市场上，力争获取尽可能大的市场占有率，但这也会带来比较大的风险。中小型旅游地，以及资源独具特色，能吸引一定类别的旅游者的旅游地，适于采用集中性市场策略。

三、旅游目标市场选择

在旅游市场细分基础上，选择旅游目标市场可以让旅游地找准旅游者群体，建立竞争优势，精准实施营销策略，而且有利于避免旅游地之间的恶性竞争。

（一）旅游目标市场定位

旅游目标市场是指旅游地的目标旅游者群体，是旅游产品的主要消费对象，也是旅游地在整体旅游市场上选定作为营销活动领域的某一个或几个细分市场。旅游目标市场定位，就是旅游地为使其产品或服务在目标市场顾客的心目中树立明确、独特并深受欢迎的形象而进行的各种决策和开展的各种活动。

（二）旅游目标市场选择

旅游地选择准确而细化的旅游目标市场，以其现实和潜在的旅游需求为导向，充分利用自身资源优势，通过规划、设计、加工、组织和包装成有特色、有卖点的旅游产品，以有效满足不同区域、不同层次、不同旅游群体的需求，从而实现良好的综合效益。

1. 评估细分市场

选择目标市场的第一步就是分析评估各细分市场。结合旅游市场营销目标和旅游地现实条件，对各细分市场规模、结构、吸引力、增长潜力予以准确评估，在此基础上决定细分市场的取舍。

2. 选择目标市场的要求

对各细分市场进行评估后，旅游地应确定一个或几个细分市场作为自己的目标市场，在选择目标市场时应符合以下要求。

（1）符合旅游地的经营目标和能力。旅游地选择目标市场必须具备开发该市场所需要的人力、财力、物力资源条件，同时还必须与自身的最终发展目标相一致。某些细分市场虽然具有较大吸引力，但不能推动旅游地实现发展目标，相反还会大量消耗资源，使之无法完成其主要经营目标，就应该考虑放弃。在选择目标市场时，旅游地应把拥有的资源条件作为首选参考依据，选择能充分发挥自身优势、使营销获得成功的目标市场。

（2）最大限度地提高有限资源的利用率。过多旅游地把同一细分市场作为自己的目标市场，会造成某一种旅游产品的供给大大超过市场需求的状况。同类旅游地争夺有限的细分旅游市场，必然会导致恶性竞争，造成各种资源和社会劳动的浪费，影响经营成本和经济效益。因此，差异化打造旅游产品，准确定位不同的目标市场，有利于最大限度地提高有限资源的利用率。

（3）要有一定的规模和发展潜力。选择某一或某些细分市场作为目标市场，其最终的目的是期望进入该市场后能获得充足的发展空间、获取可观的效益。这就要求旅游地选择的目标市场必须具有一定的规模和发展潜力。测量目标市场的规模和发展潜力，一般要估算目标市场的需求总量。目标市场需求总量是在一定时空条件下，该市场的旅游者人数、购买力和购买意愿三者乘积的结果。

第三节　旅游市场营销策划

由于旅游吸引物具有空间上的不可转移性，导致旅游购买的实际发生是旅游者从客源地向旅游地流动，最终在旅游地交易完成。因此，如何将旅游者吸引到旅游地成为旅游管理部门和旅游企业必须高度重视的问题。旅游市场营销就是关注如何吸引旅游者前来旅游地的管理活动。但是，旅游市场营销是一个复杂的问题，涉及经济、政治、文化、心理、广告等诸多方面。

一、旅游市场营销的基本内涵

旅游市场营销（Tourism Marketing），是指旅游地在市场调查分析的基础上，制定营销战略，选择合适的营销策略，进行目标市场拓展和促销的一系列活动，具有三个方面的基本内涵。

（1）以交换为中心，以旅游者为导向，力求通过提供有形产品和无形服务使旅游者满意，以实现旅游地的经济目标。

（2）旅游市场营销是一个动态管理过程，通过分析、计划、执行、反馈和控制这样一个过程来体现旅游地的管理功能。

（3）旅游市场营销适应范围广泛，既包括对有形实物产品的营销，也包括对无形服务的营销，以及由此所发生的一系列旅游地经营行为。

二、旅游市场营销组合策略

旅游市场营销组合是指旅游地在规划和实施其营销战略及实现其营销目标的过程中，对自己可控制的营销变量进行的优化组合和综合运用。市场营销组合是实现旅游地营销战略目标的手段，属于营销的策略和战术层面。

（一）4P 营销组合策略

20 世纪 60 年代，美国市场营销学家杰罗姆 · 麦卡锡（Jerome McCarthy）提出 4P 市场营销组合策略，4P 即产品（Product）、渠道（Place）、价格（Price）与促销（Promotion）。4P 理论在一定程度上发挥了理论框架指导的作用，能够帮助旅游地建立有效的旅游市场营销组合。它把许多影响旅游市场营销的因素概括成 4 点，简单有效地指导旅游地根据产品、价格、渠道和促销情况来定位旅游开发策略，因此在旅游市场营销中得到广泛应用。

随着旅游市场的发展升级和个性旅游的兴起，英国学者阿拉斯塔 · 莫里森（Alastair Morrison）结合旅游服务业的特性，如旅游生产和消费的同时性及旅游供给人员本身也可能是主要吸引物等，创造性地提出旅游服务营销的 8P 营销组合，即除了传统的 4P 外，还包括合作（Partnership）、人（People）、项目包装（Packaging）和活动策划（Programming）4 个方面。

（二）4C 营销组合策略

20 世纪 90 年代，美国市场营销学家罗伯特 · 劳特朋（Robert F. Lauterborn）提出了 4C 营销组合策略，即顾客（Customer）、成本（Cost）、便利（Convenience）和沟通（Communication）。该理论以消费者需求为导向，提出企业应不再将目光放在自己的产品上，而是要针对顾客需求来生产产品。顾客满意度是 4C 理论侧重的内容，该理论认为应通过降低顾客的购买成本和提高购买过程中的便利程度，以及与顾客保持沟通，从而进行有效的市场营销。

4C 理论应用到旅游市场营销中，就是强调要以旅游者需求为导向，有针对性地提供旅游产品和服务。例如，旅游者希望可以报团定制价格，那么旅游地就应该根据旅游者购买能力开发路线，同时还要创造方便旅游者购买的条件，如让旅游者在线上和线下都可以购买到旅游服务。

（三）4R 营销组合策略

21 世纪初，美国学者唐 · 舒尔茨（DonE Schultz）在 4C 营销组合策略的基础上进一步提出 4R 营销组合策略，即关联（Relevance）、反应（Reaction）、关系（Relation）、回报（Return）。4R 理论强调关系营销，侧重于企业和顾客关系的互动，不仅从企业的利润考虑，而且也考虑到消费者的需求。

当前旅游业态的发展使得旅游地不能只关注旅游者，而必须以快于竞争对手的速度实现与旅游者的良好互动，以实现自身的发展目标。“互联网 + 旅游”使旅游地与旅游者的紧密互动成为可能并得到迅速发展。例如，携程已经从以前无限制的在机场、酒店派发小卡片进行市场营销，发展到现在的线上关系营销模式，即通过定制旅游路线、酒店团购、机票团购和各种旅游攻略的推广等旅游营销策略来提高旅游者的黏度，将旅游者在旅游过程中可能进行的旅游需要一一进行覆盖，而不只是单纯地为旅游者提供旅游参团服务。

三、旅游市场营销方式

旅游市场营销方式是指旅游地通过特定的销售手段和方法满足旅游者的需求，在此基础上实现旅游产品的销售。旅游市场营销方式因旅游产品的类型、所处的生命周期阶段、市场成熟度等因素的影响而改变。在旅游市场细分趋势明显和市场竞争激烈的情况下，越来越多的旅游市场营销方式被创造出来，以满足不同情况下旅游产品的营销活动。

（一）整合营销

整合营销强调针对消费者个人的沟通，以消费者为核心进行企业行为与市场行为的重组，并不是机械性地迈入市场，是在产品或服务提供商与消费者之间构建长期合作机制，并注重两者之间信息的沟通。旅游消费活动是一个复杂的动态过程，往往需要跨区域、跨行业整合资源才能有效满足旅游者需求，因此整合营销传播理论在旅游行业得到广泛应用。例如，单个旅游景区（点）在市场上的推广难度较大，但当其与周边旅游景区（点）组合形成旅游路线时，却可以取得很好的市场推广效果。

旅游整合营销的主体可以是旅游目的地或旅游企业，通常以旅游目的地为核心，以市场为调节方式、以价值为联系方式、以联动为行为方式，统一营销策略、集聚营销力量、协调营销手段、提升营销效果，以较低的成本形成强大的宣传攻势和促销高潮，是谋求旅游目的地内整个旅游价值链营销效果最大化的一种新的营销理念和营销模式。通过整合营销，既可以保证提供旅游产品或服务的各个环节的质量，树立旅游品牌形象，又可以更有效地动员各种相关资源，形成整体优势和更大的市场冲击力。例如，福建武夷山、邵武、泰宁三城联盟营销就是大武夷山旅游圈的整合营销，尝试利于降低营销成本、扩大对外影响力和知名度，最终实现三地共赢。

（二）网络营销

网络营销就是以互联网为基础，利用数字化的信息和网络媒体的交互性来辅助营销目标实现的市场营销方式。网络营销具有跨时空、多媒体、交互式、个性化、成长性、整合性、超前性、高效性、经济性、技术性的特点。旅游地利用互联网开展市场营销，可以有效提升受众面和传播效率，并且可以用廉价的成本寻找到最好的中间商，达到降低营销成本、提高营销成效的目标。

互联网已经成为目前传播旅游信息的第一媒介，旅游地依托网络开展营销推广活动是最普遍的方式。事实上，旅游地建立的旅游网站通常就是一个综合性营销服务平台，网站中可以设计数字虚拟景区、网上预订服务系统、网上旅游者论坛、网上旅游者意见反馈系统服务旅游者需求，还可以定期出版旅游电子刊物。

同时，旅游地还往往与比较成熟的、大型旅游门户网站合作，借助其平台优势开展旅游营销活动。此外，还可以向比较有影响力的网站投放网络软文，开展旅游营销。网络软文具有传播面广、受众多、扩散迅速的特点，主要有新闻稿、公关软文、广告软文等多种表现方式，着眼于获取点击率和转载概率，但在文字原创、标题吸引度、热点追踪和创新等方面有较高要求。

（三）新媒体营销

新媒体（New Media），是在新的技术支撑体系下出现的媒体形态，如数字杂志、数字报纸、数字广播、手机短信、移动电视、网络、桌面视窗、数字电视、数字电影、触摸媒体、手机网络等。新媒体一般通过平台打造企业形象，如利用官网、公众号来树立品牌形象，对应的一般是用户和订阅者。新媒体具有交互性与即时性、海量性与共享性、多媒体与超文本、个性化与社群化的特点。

新媒体不仅可以发布旅游目的地形象广告、价格优惠信息，开展旅游事件营销、危机公关等活动，还可以开展旅游产品网上展示、在线虚拟旅游，借助网络社交媒体进行人员推销，实现旅游产品的在线销售，及时把被促销激发出的旅游需求转化为旅游消费。此外，从新媒体平台上收集的旅游市场数据可以为旅游营销决策提供重要参考，并提供在线导游解说、游客投诉、导航等基于网络的旅游服务和公共服务。由于可供选择的新媒体平台很多，不同的新媒体具有旅游地可根据游客行前、行中、行后不同阶段的需求和获取渠道的匹配，借助不同的新媒体平台开展营销。

（四）自媒体营销

自媒体（We Media），又称“公民媒体”或“个人媒体”，是指私人化、平民化、普泛化、自主化的传播者，以现代化、电子化的手段，向不特定的大多数或者特定的单个人传递规范性及非规范性信息的新媒体的总称。自媒体的特点便是“个人化”，利用平台打造个人的品牌，对应的人群则是个人粉丝。自媒体平台包括博客、微博、微信、百度官方贴吧、论坛/BBS等网络社区。自媒体具有平民化与个性化、低门槛与易操作、交互强与传播快的特点。

随着互联网与智能手机的紧密结合，旅游社交类、视频类、搜索类、攻略类自媒体使旅游者拥有越来越多的话语权和话语空间，同时也为旅游地开展市场营销创造了新的机会。例如，短视频以更多创意方式记录美好生活，其独有的沉浸式、体验式表达方式，具有视觉、听觉空间感的场景，更具趣味性和互动性，吸引了大批“90后”人群，成为近年来内容传播的主力军。旅游地可以借助抖音、快手等自媒体平台将营销短视频精准投放给青年旅游爱好者，其传播成本较低，而时效性和到达率很高。当然，旅游地和旅游企业要加强对自媒体的舆论引导，否则一次“宰客”事件或旅游安全事故，就有可能导致“口碑溃败”。

（五）旅游活动营销

旅游活动营销（Tourism Marketing Activities），是指旅游地通过介入重大社会活动或整合有效的资源策划大型活动而迅速提高其品牌知名度、美誉度和影响力，从而促进旅游产品销售的一种营销方式。活动营销集新闻效应、广告效应、公共关系、形象传播、客户关系于一体，是在世界范围内流行的一种公关传播与市场推广手段，可以为旅游地的产品推介、旅游品牌展示创造机会，是一种快速提升旅游品牌知名度与美誉度的营销手段。尤其是活动营销与互联网相结合，可以迅速广泛传播和并引起关注，因此，成功的旅游活动营销案例屡见不鲜。

旅游活动营销包括举办展会、节庆、会议和赛事等。策划旅游营销活动策划应紧密结合旅游资源特色、地方文化特色或优势产业，并充分整合名人、重大事件和各类平台资源，借势扩大对外影响力和知名度。在旅游规划过程中，为旅游地策划旅游营销活动，要做足特色、做出亮点，并持之以恒做出影响力。例如，江西宜春市依托明月山资源和文化特色，从 2007 年开始每年举全市之力举办月亮文化旅游节，每届月亮文化旅游节的举办都是一次对月亮文化的生动诠释。如今，月亮文化已经成为宜春独特的标识，极大地提升了宜春在旅游市场的知名度和美誉度。

【本章小结】

1. 旅游市场调查的目的是了解市场需求、开拓潜在市场，并在此基础上改善旅游地的经营管理。旅游市场调查的方法包括：文案调查法、访问调查法、观察调查法、实验调查法、抽样调查法、网络调查法。旅游调查的步骤包括确定调查目标、制订调查方案和调研计划、实施调查和收集信息、分析信息和撰写调研报告。旅游市场分析的主要内容包括旅游市场环境分析、旅游市场需求分析、旅游市场供给分析、旅游市场营销分析。

2. 旅游市场细分原则包括层次性原则、衡量性原则、适合性原则、效益性原则、占领性原则和空白性原则。旅游市场细分的标准包括地理因素标准、人口统计特征标准、旅游者心理因素标准和行为特征标准。旅游目标市场定位策略包括无差异性市场策略、差异性市场策略、集中性市场策略。旅游目标市场选择要注意对细分市场的评估及细分市场的方法。

3. 旅游市场营销是以交换为中心，旅游者为导向的一个动态管理过程，既包括对有形实物产品的营销，也包括对无形服务的营销，以及由此所发生的一系列旅游地经营行为。旅游市场营销组合策略包括 4P 组合营销策略、4C 组合营销策略、4R 组合营销策略。旅游市场营销方式策划包括整合营销、网络营销、新媒体营销、自媒体营销和旅游活动营销。

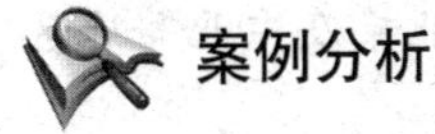

案例分析

案例 1　北京海洋馆——魅力商务空间

在海洋馆这样让小朋友欢呼雀跃的场所举办公司会议似乎有些让人“耸听”，实际上，北京海洋馆正是通过开发会议功能使自己更加声名远播。

1999 年 3 月开业的北京海洋馆也曾经历过许多主题场所“一年红火，二年冷清”的尴尬，在同业的竞争中，门票收入曾难抵巨大的日常维护开支。2001 年，新的总经理上任，将酒店经营理念导入海洋馆。作为单馆规模堪称亚洲之最、中国内地当之无愧的最大的海洋馆，北京海洋馆拥有 1000 多种、5 万余尾海洋生物，当然不能停留在“养鱼卖票”的初级经营阶段。

北京海洋馆第一个大手笔是 2001 年年底策划的“超乎想象的圣诞夜”，结果有 3000 多名中外旅游者在瑰丽奇特的皑皑人造雪景和海洋鱼类的欢腾中度过了难忘一夜。这一大型活动的成功使北京海洋馆从此声名鹊起。自此，千人以上的公司会议已经举办不下 50 场。

正因为海洋馆拥有星级酒店或大型会议中心所不具备的特色，北京一些会议公司或公关公司已经“盯”上了它，在大型公关活动集中的年末旺季北京海洋馆甚至可以“待价而沽”。北京海洋馆涉足会议会展领域，改变了一些大公司多年来固有的会议形式，虽然海洋馆的场地价格相当于五星级酒店的会议价格，但仍然赢得了不少回头客。

资料来源：北京海洋馆——魅力商务空间［EB/OL］. http://guanli.100xuexi.com/ExamItem/ExamDataInfo.aspx?id=B66DA7A5-AF65-43BF-B77F-7A48D0A10965.

讨论问题：

1. 北京海洋馆运用了什么产品营销策略？
2. 旅游项目应如何准确定位目标旅游市场？

案例 2　泰和县赣江休闲旅游带目标市场定位与营销规划

一、旅游客源市场定位

赣江休闲旅游带的客源定位不仅要立足于其地理区位、地域特点与资源特色之外，还与邻近的井冈山风景区客源市场密不可分。

（一）地理客源市场定位

（1）核心客源市场。南昌、吉安、赣州、宜春、新余、萍乡等省内中心城市及井冈山的溢出旅游客源市场。

（2）重点客源市场。以本省的九江、上饶等中心城市及周边省份广东、湖南、福建、浙江、湖北等地区域中心城市为重点客源市场。

（3）机会客源市场。以上海、安徽、江苏、四川、山东、河北、北京及东北等地区为机会客源市场。

（4）入境客源市场。我国港澳台地区，以及日本、韩国、东南亚国家和受中华文化影响较深的国家与地区。

（二）人口特征客源市场定位

（1）都市白领：倾向于接触大自然生态，体验田园风光，感受远离城市的慢生活。

（2）未婚情侣：24~35 岁的年轻男女，月收入 2000 元以上，喜欢在游玩中增加感情，对田园风充满向往的时尚一族。

（3）小康家庭：家庭成员以三口居多，月收入在 3000 元以上，有自驾车，家中有小孩及老人，乐于通过乡村旅游和体验农家生活来增添家庭生活乐趣。

（4）单位集体组织性市场：以经营效益比较良好的企业、事业、政府机关为主，有每年为员工举办郊游的需求。

（5）艺术爱好者：以美术、摄影协会为主，注重保存比较好的自然风光和生态景观。

（6）自驾游团体：如各种类型的车友会、户外旅游俱乐部或家庭自驾游群体，他们收入较高，喜欢开展多种形式的郊游、团体聚餐活动。

二、旅游市场营销方案

（一）广告促销

（1）在《中国旅游报》《江南都市报》《南昌晚报》《信息日报》等传统纸媒体上刊登大幅旅游广告，在南昌、赣州、宜春、九江等核心客源市场及周边邻近省份的基础客源市场的电视台或主流报刊大手笔宣传。

（2）在井冈山机场各航班机舱、旅游专列及火车站候车接待室、各大银行书报展示架、三星级以上宾馆、商务连锁性酒店、星级农家旅馆等类似场所，放置免费取阅的专门宣传泰和赣江休闲旅游带的精美杂志、宣传手册、明信片、DVD 光碟或者其他宣传招贴画。

（3）在国道 105、国道 319、赣粤高速、泉南高速、泰井高速等高速服务接待区、游客中心及各主要客源地火车站、长途汽车站、机场、市民休闲广场、高校集中区，主干道和主要桥梁通道等公共场所制作户外广告，并完善路牌路标。

（4）创作拍摄以地方文化为题材或背景的旅游宣传片，借助电影（含网络微电影）、电视节目及手机流媒体应用（App）等形式，提高景区的知名度和美誉度。

（二）网络推广

（1）网站促销。通过搜索引擎竞价等付费形式，提高旅游景区关键词排名，扩大赣江休闲旅游带品牌知名度；与知名网站如携程网、去哪儿网、同程网、酷讯网等合作，在其网站里下设景区旅游网页、开展旅游团购活动、建立交换链接、投入有偿广告；制定详尽的经典旅游路线攻略，并广泛发布，以便在游客搜索时能便捷地获取到该攻略，方便决策；邀请主流网站媒体记者或知名摄影家拍摄赣江休闲旅游带风光，让他们充当旅游消费者的“意见领袖”，形成“引爆效应”和“扩散效应”。

（2）微博营销。在新浪网、腾讯、搜狐、网易等国内知名门户网站注册“畅游赣江在泰和”微博账号，利用微博实用方便的信息互动方式，实时分享泰和赣江休闲旅游带相关的最新资讯、旅游服务与产品，针对最新旅游季节特点，调整旅游微博的线上内容和线下活动，吸引微博用户持续关注，积极与游客进行互动，积累良好的游客口碑，拉近与终端旅游消费者之间的距离。

（3）社交网络。在大型类SNS互动平台（如开心网、人人网）注册自己的旅游主页，利用社交网络的分享和口碑优势，发挥多媒体功能，将旅游产品通过声、像、形等科技手段立体化在网站上展示出来。还可以在BBS上的旅游俱乐部上向注册会员发送泰和赣江休闲旅游带的相关信息，利用节假日举行户外联谊活动，吸引游客参与。

（4）电子邮件营销。把旅游景区的网站页面精简一下或者做一些景区精美电子杂志、折扣门票和旅游邀请函的形式，采取邮件发送的方式，吸引旅游者。

（三）细分市场的推广促销

（1）针对企事业单位人群，他们主要为商务旅游，消费额度大，在旅游淡季利用人员促销及网络媒体方式进行商务旅游的宣传，报纸杂志、电视广播等媒体作为辅助宣传手段。

（2）针对家庭型旅游群体，他们注重亲近自然，体验田园，同时注重旅游接待设施的方便舒适，消费水平比较高，因此应季节性在客源地针对性地开展宣传活动，主要通过电视广播媒体、报刊等进行宣传。

（3）针对高校学生群体，他们的假日集体出游机会多，是网络媒体的积极拥护者，喜欢新鲜刺激的旅游产品，因此可在假期（寒暑假、节日性假期）集中进行旅游宣传，利用校园BBS、手机流媒体及在校安排学生代理等方式促销。

（4）针对其他人群，集中在节假日利用网络、电视广播、报纸杂志、打折促销等方式进行宣传，宣传时突出旅游产品的主题性和新颖性。

资料来源：龚志强，等．泰和县赣江休闲旅游带总体规划（2013—2025）．

讨论问题：

1. 案例中地理客源市场细分反映了什么样的特点？主要影响因素有哪些？
2. 基于整合营销理论，案例中的旅游市场营销方案还可以做哪些优化？

实践活动

根据本章所学知识，找一个自己熟悉的旅游地，通过问卷调查，了解该地旅游者的主要特征，并结合旅游地旅游资源和产品的特点，分析未来应采取的旅游营销策略。

思考题

1. 旅游市场调查的方法有哪些？

2. 试述阐述旅游市场分析的主要内容。

3. 选择旅游目标市场具体要符合哪些要求？

4. 对旅游目标市场定位可以采取哪些策略？

5. 试比较 4C、4P、4R 市场营销组合策略的异同。

【参考文献】

[1] PhilipKotler, JohnBowen, JamesMakens. 旅游市场营销［M］. 2 版 . 谢彦君，译 . 北京：旅游教育出版社，2002.

[2] 张金桥，柳伯力 . 四川体育旅游目标市场的定位［J］. 体育学刊，2003（4）.

[3] 杨军 . 旅游公共管理［M］. 天津：南开大学出版社，2008.

[4] 高晓文 . 浅谈旅游业的市场细分［J］. 商场现代化，2006（20）.

[5] 许刚 . 旅游市场营销组合理论综述［J］. 北方经贸，2010（5）.

[6] 魏敏 . 旅游规划理论、实践与方法［M］. 大连：东北财经出版社，2010.

[7] 王铁 . 我国旅游市场营销现状分析及对策［J］. 山西财经大学学报，2012，34（S3）.

[8] 许沁乔，薛美珏 . 江苏省乡村旅游市场细分研究［J］. 中国商论，2017（12）.

[9] 李益彬 . 芮田生 . 耿宝江 . 旅游规划与开发［M］. 成都：西南财经出版社，2017.

[10] 唐继刚 . 旅游目的地新媒体营销的任务与原则［N］. 中国旅游报，2018-06-12（003）.

[11] 杨昆，陈刚，赵毅 . 旅游目的地营销模式研究［J］. 经济研究导刊，2018（21）.

[12] 周永博，蔡元 . 从内容到叙事：旅游目的地营销传播研究［J］. 旅游学刊，2018，33（4）.

[13] 陆锋 . 新媒体时代的旅游目的地宣传和营销［J］. 旅游学刊，2018，33（4）.

[14] 梁明兰 . 森林旅游产品开发与市场营销策略［J］. 南方农业，2019，13（18）.

[15] 徐彤彤，何艳宇，王静 . 大学生旅游市场调查分析报告——以抚顺市周边大学为例［J］. 现代营销（经营版），2019（6）.

[16] 黄晓玲 . 理论指导下旅游市场的营销分析——以 4P、6P、4C、4R 为例［J］. 旅游纵览（下半月），2019（2）.

[17] 新媒体［DB/OL］https://baike.so.com/doc/5389242-5625822.html.

[18] 自媒体［DB/OL］https://baike.so.com/doc/5013890-5239245.html.

第七章 旅游功能分区规划

本章首先对旅游功能分区规划的基础理论进行介绍，具体有区位理论、增长极理论、分形理论及拓扑理论；其次对旅游功能分区的原则进行阐述，包括主题性原则、完整性原则、适度性原则和协调性原则，并介绍了基于增长极理论的旅游空间结构模式和基于拓扑理论的旅游空间结构模式；最后对旅游功能分区规划的具体方法和步骤进行了说明，即如何定位、定性、定界。

【学习目标】

了解区位理论、增长极理论、分形理论、拓扑理论等旅游规划功能分区的基础理论，熟悉旅游功能分区规划的基本原则和旅游空间结构的典型模式，掌握旅游功能分区规划的定位、定性和定界方法。

【核心概念】

旅游功能分区、区位理论、增长极理论、分形理论、拓扑理论、旅游空间结构模式

第一节 旅游功能分区规划基础理论

由于旅游者在旅游地的体验活动往往在不同旅游区开展，分区体验总和构成了旅游者的整体旅游体验。因此，旅游地功能分区是否合理，直接关系到旅游者的旅游体验。如何将旅游地各要素进行最优组合布局，是一个涉及经济学、社会学、消费者行为学等多学科知识的问题，应在相关理论指导下进行。

一、区位理论

区位理论探讨的是人类经济活动的空间法则和一般规律。四大古典区位理论分别是农业区位论、工业区位论、中心地理论和空间竞争理论。农业区位论的创始人为德国经济学家杜能（J. H. von Thünen），1826 年在其著作《孤立国》中系统阐述了关于农业生产区位问题的思考。区位理论中影响最大的是由德国经济学家韦伯（Alfred Weber）创立的工业区位论，其 1909 发表的《区位的纯粹理论》被认为是最早关于工业区位的比较系统和完整的理论著作。1933 年，克里斯塔勒（Walter Christaller）凭借《德国南部的中心地原理》一书创立了中心地理论。随后，廖什（August Lösch）根据中心地理论将割裂的农业区位论与工业区位论整合为综合的空间理论，提出了解释区位现象的理论模型——廖什公式，进而创立市场区位理论。在此基础上，1929 年，美国学者哈罗德·霍特林提出空间竞争（Spatial Competition）分析框架，以竞争存在为前提分析区位选择，标志着空间竞争理论登上历史舞台。

区位理论是关于空间组织优化的理论，从诞生之日起就已经应用到游憩活动与地理空间结构关系的研究中。区位理论引入旅游领域，就产生了旅游区位的概念。旅游区位是旅游地与客源地及各旅游地之间的位置关系（连接程度和等级层次）。克里斯塔勒提出的中心地理论在旅游研究中得到广泛应用，其核心观点是中心地为周围地区提供货物和服务，不同等级的中心地影响范围大小不同，中心地为周围地区提供的货物越多、服务范围越大，则吸引和影响的范围就越大，中心地的等级就越高；反之，中心地的等级越低。该理论中有两个关键词：中心地、中心性。

旅游学者将中心地理论与旅游业的特点相结合，构建了旅游中心地的相关概念。旅游中心地就是指旅游中心性达到某一强度的城镇中心，而旅游中心性指一个城镇对外旅游服务功能的大小，反映了城镇在本区域内旅游业发展中的相对重要性（柴彦威等，2003）。城镇对外旅游服务功能的大小由两个维度决定，即对城镇外区域内的旅游吸引物旅游服务功能与对城镇外旅游者的服务功能。根据旅游中心地对外服务功能的大小，旅游中心地可以分为高级中心地和低级中心地。高级中心地数量相对较少，服务功能强，服务范围广；低级中心地数量相对较多，服务功能弱，服务范围小。传统的中心地理论认为城镇的中心性主要受到市场、交通、行政三方面因素的影响。结合旅游业的特点，柴彦威等（2003）、吴必虎（2010）梳理总结了旅游中心地的影响因素，具体参见表 7–1。

表 7–1　旅游中心地的影响因素

要素	子要素	要素	子要素
交通	航空	接待	酒店个数及规模
	高速公路		餐馆个数规模
	铁路		从业人员
	公路		酒店餐馆营业收入
	航运		公共汽车

续表

要素	子要素	要素	子要素
城市特征	人口规模	旅游资源	旅游资源数量
	经济实力		旅游资源等级
	基础设施建设		旅游人数
	产业结构		旅游收入
商业及服务业	商店个数及规模	旅游管理能力	管理机构数目及人员
	特色旅游商品		
	旅行社		管理机构等级与能力
	导游系统		管理体制

二、增长极理论

增长极理论（Growth Pole Theory），最早由法国经济学家弗朗索瓦·佩尔鲁克斯（F. Perroux，1950）提出，其主要思想是经济增长不是在全行业所有空间内均匀分布，而是偏向或集中在具有创新能力的行业或者主导经济部门，而这些行业和部门常常集聚于经济空间的最佳区域，于是就形成了增长极。增长极对所在区域的主要影响包括极化效应、扩散效应两种。极化效应指的是发展迅速的推动性产业通过经济、地理等方面的集聚产生规模经济，而规模经济又反作用于产业，促进增长极的进一步发展；扩散效应是指增长极通过一系列联动效应向外辐射，带动周边区域的发展。增长极理论在旅游空间结构中的发展应用主要体现为点轴理论、梯度理论与核心—边缘理论。

（一）点轴理论

点轴理论建立在增长极理论和中心地理论的基础上，于1984年由我国著名地理学家陆大道提出。点轴理论认为，大部分社会经济要素在“点”上集聚，并由线状基础设施联系在一起而形成“轴”。这里的“点”指各级居民点和中心城市，“轴”指由交通、通讯干线和能源、水源通道连接起来的“基础设施束”，对附近区域有很强的经济吸引力和凝聚力（陆大道，2002）。

许多学者将点轴理论应用于旅游空间结构的研究。在旅游业中，“点”就是中心城镇或重点旅游区，轴就是它们之间的连接通道（即交通线）（吴必虎，2010）。然而，这种“点线型”结构运行模式在由于地区利益而形成地区分割的情况下，存在着诸多问题。因此，李志飞（2000）提出，要从“点线旅游”的区域结构模式上升到点轴面结合的“板块旅游”结构模式上来。汪德根等人（2005）为了优化旅游空间结构，将“点轴旅游”的区域结构模式与旅游地系统结合提出了板块旅游模型。

（二）梯度理论

20 世纪 70 年代，区域经济学家克鲁默（Krumme）、海特（Hayor）等人创立了区域发展梯度推移理论。“梯度”一词的本来含义是指事物在一定方向上呈有规律的递增或递减的现象，也就是说，它是描述事物在空间内不均匀分布状况的一个概念（李国平等，2002）。梯度理论是指在区域经济开发过程中，按照各地经济技术水平的差距由高到低分期开发。1984 年，郭凡生提出了“反梯度理论”，在承认技术、资本等从发达地区向落后地区的扩散的同时，认为落后地区也要发挥自身的能动性积累自身优势。“反梯度理论”对“梯度理论”在一定程度上进行了补充，但二者还是从静态的角度分析问题。为了避免梯度推移产生的负面效果，李国平等又提出了广义梯度理论，即在对经济、社会、自然、生态等广泛意义上的各种各样梯度现象分别把握的基础上，研究对它们如何利用、培植和配置，形成科学、有序、和谐的分布态势和开发战略。

旅游业的发展显然也存在着明显的区域差异，往往表现为空间上经济技术水平由旅游中心区向外围递减。目前，梯度理论已经在旅游资源开发、区域旅游发展路径、旅游区构建等方面的研究中被广泛应用。正确认识梯度理论在旅游中的作用，对旅游产品、旅游资源进行合理规划对旅游业的发展大有裨益。

（三）核心—边缘理论

1966 年，美国经济学家弗里德曼（J. R. Fridemna）在《区域发展政策》一书中提出核心—边缘理论（Core-periphery Theory），随后又在《极化发展理论》一书中进行了完善。弗里德曼认为，任何一个国家都是由核心区域和边缘区域组成的，而核心区域和边缘区域在区域发展中处于不同地位，也起到不同的作用。核心—边缘理论是一种用来解释区域间不平衡发展的过程的理论，试图阐明区域间如何由孤立发展到不平衡发展，又如何从不平衡发展转向相互关联的平衡发展这一动态过程。

旅游学者将核心—边缘理论运用在旅游研究中，又发展出一系列概念。史密斯（S. Smith，1987）认为，一个旅游区应由核心区、直接支持带、间接支持带三部分组成。吴必虎（1998）提出环城游憩带（ReBAM）概念，即以城市居民为主、并拉动相当数量外来旅游者参与的游憩活动和支持这种活动的游憩设施和游憩土地利用所构成的空间。保继刚等（2002）对 1970 年产生的 RBD（游憩商业区）进行了界定：RBD 是城市中以游憩与商业服务为主的各种设施（购物、饮食、娱乐、文化、交往、健身等）集聚的特定区域，是城市游憩系统的重要组成部分。这些理论都证实了旅游地存在核心—边缘的空间布局。核心—边缘理论在旅游资源的区域整合、旅游景点的土地资源利用规划、区域旅游经济联动发展方面都起到不容忽视的作用（朱莉等，2017）。目前，该理论在国内旅游研究中主要应用于旅游空间结构的演变及优化、旅游产品开发、旅游地培育及旅旅游者流时空分布等方面。

三、分形理论

分形理论（Fractal Theory），由美国数学家曼德勃罗（B. B. Mandelbrot）于 1973 年创立。所谓分形，其原意是破碎和不规则，而分形理论是揭示复杂现象所隐藏的规律性、层次性和标度不变性的有效理论（陈建设等，2012）。分形理论的本质特征是自相似性（Self-similarity）和无标度性（No-scaling）。自相似性是说局部放大与整体一样，整体缩小又与各个部分相同，而无标度性是指形体具有无穷嵌套的层次结构，却没有特征尺度指示其几何形态。分形有三个基本组成要素——形态（Form）、机遇（Chance）和维数（Cimension），形态对应于空间，机遇对应于时间，而维数则指特征信息（陈彦光等，1997）。

自分形理论创立以来，在物理学、化学、工程技术、生物医药、水文地理、经济管理等诸多方面得到应用。旅游资源可以分为自然资源和人文资源，其中自然资源本身就具有分形特点，那么以自然资源为基础开展的人类生产生活活动也自然具有分形特征。布鲁斯（Bruce T. Milne）首先将分形理论运用到旅游景观空间结构研究中，认为结合分形方法进行景观开发布局能够提升景观的审美价值。20 世纪 90 年代末，国内学者将分形理论引入旅游地理学研究中。分形理论在用于研究旅游景区系统空间结构时，往往通过集聚维数、关联维数（刘继生等，1999）来刻画区域旅游景区系统空间结构的发育程度及复杂性（刘大均等，2013）。

四、拓扑理论

拓扑理论（Topology），又称形势几何理论，是德国数学家莱布尼茨（Leibniz）于 1679 年提出的名词，原意是对形状的研究。19 世纪中期，德国数学家黎曼（Riemann）开始了现代拓扑理论的系统研究。拓扑理论是研究几何图形或空间在连续改变形状后还能保持不变的一些性质的学科。在拓扑理论里，只考虑物体间的位置关系而不考虑它们的形状和大小，重要的拓扑性质包括连通性与紧致性。借助拓扑几何理论的原理来表征空间实体的相互关系，被称为拓扑结构。拓扑理论是几何学的一个分支，但是又和通常的平面几何、立体几何不同。通常的平面几何或立体几何研究的对象是点、线、面之间的位置关系及它们的度量性质。拓扑理论对于研究对象的长短、大小、面积、体积等度量性质和数量关系都无关。例如，在通常的平面几何里，把平面上的一个图形搬到另一个图形上，如果完全重合，那么这两个图形叫作全等形。但是，在拓扑理论里所研究的图形，在运动中无论它的大小或者形状都发生变化。在拓扑理论里没有不能弯曲的元素，每一个图形的大小、形状都可以改变。

旅游活动的整个过程实际上是旅游者参与的，借助区域交通网络体系，从客源地出发，移动汇聚到旅游景点，实现旅游目的，最终返回客源地的过程。由此可知，旅游系统主要由旅游客源地、旅游景区和旅游交通等要素组成。旅游空间拓扑结构就是指旅游客源地、旅游景区及旅游交通三者之间有机联系所构成的不规则的网络图形。依据计算机网络结构的划分方法，王祖正等（2007）将旅游空间拓扑结构分为星型、单线型、树型、环型和网状型结构，并对其概念进行了界定并分析了各结构的优缺点。

第二节 旅游功能分区原则与典型模式

旅游功能分区是旅游规划的核心工作任务之一，需要在对旅游地情况进行深入系统研判的基础上展开。同时，旅游功能分区应以旅游者需求为导向，遵循旅游者认知的一般规律。对旅游地在发展中形成的典型空间结构模式进行分析，有助于加深对旅游功能分区方法和基本规律的认识。

一、旅游功能分区原则

（一）主题性原则

旅游功能分区的首要原则是突出每个功能区的功能和主题。确立各功能区不同的主题，也是对旅游地进行功能分区的重要前提。旅游功能区的主题源自其资源特色、文化内涵和旅游产品定位。在确定旅游功能区主题后，可以通过旅游景观打造、产品设计、业态培育、活动策划等方式塑造或进一步强化旅游功能区的主题。

（二）完整性原则

在旅游地资源富集区域，依据自然地形、行政区划、旅游资源特点、交通区位条件和未来旅游产品开发方向进行旅游功能区划分，要求既做到单个功能区内部的相对完整性，又使各功能区之间形成具有层次性、连续性和差异互补性特点的旅游功能组合关系。从旅游地系统的角度来看，每个旅游功能区都可以成为一个自成一体的完整系统，同时，在多个旅游功能区的基础上形成更大的完整的旅游地系统。

（三）适度性原则

心理学研究表明，人类注意力的广度通常在4~6。在一个旅游地范围内，旅游功能区的划分过少，则会导致旅游产品和业态单一，旅游体验价值相对较低，旅游吸引力不足的问题。但如果旅游地的功能区划分过多，则会导致主题不突出，各功能区之间的关系杂乱，产品和业态的差异互补性不高等问题。因此，应根据旅游地空间范围的大小和旅游资源、交通区位等条件展开具体分析，将旅游地功能区的数量设置为4~6个比较适宜。

（四）协调性原则

旅游功能区是旅游地接待服务功能的载体，应做到每个功能区的点、线、面结构清晰，旅游要素配置协调。同时，每个旅游功能区在进行旅游产品、旅游业态打造时，一方面紧密围绕各自主题展开，另一方面又要充分考虑各功能区之间的差异性和组合关系，形成功能互补的协调发展的局面。

二、旅游空间结构典型模式

（一）基于增长极理论的旅游空间结构模式

根据增长极理论，戴安娜·雷奇（Dianne Dredge，1999）提出三种旅游地空间结构模式，即单节点旅游地空间结构模式、多节点旅游地空间结构模式（见图 7–1）和链状节点旅游地空间结构模式（见图 7–2）。这三种旅游地空间结构模式是层层递进的关系。单节点旅游地是旅游空间成长的第一个阶段，一个节点只包含一个吸引物，旅游者也只去一个地方，旅游者流向单一。随着旅游地的发展，多节点空间结构开始出现。首要节点是旅游者选择该旅游区的首要推动力，但旅游者不仅仅是被首要节点吸引，次级节点对旅游者也存在着较大的吸引力，旅游地甚至可以在没有首要节点的情况下凭借自身吸引力吸引旅游者。旅游者围绕着首要节点设计旅行路线，形成旅游地空间结构模式所要求的循环路线。随着旅游地的进一步发展，旅游者到达后可选择的旅游区变多，各旅游区之间的竞争合作关系更加密切，就形成了链状节点的旅游地空间结构模式。

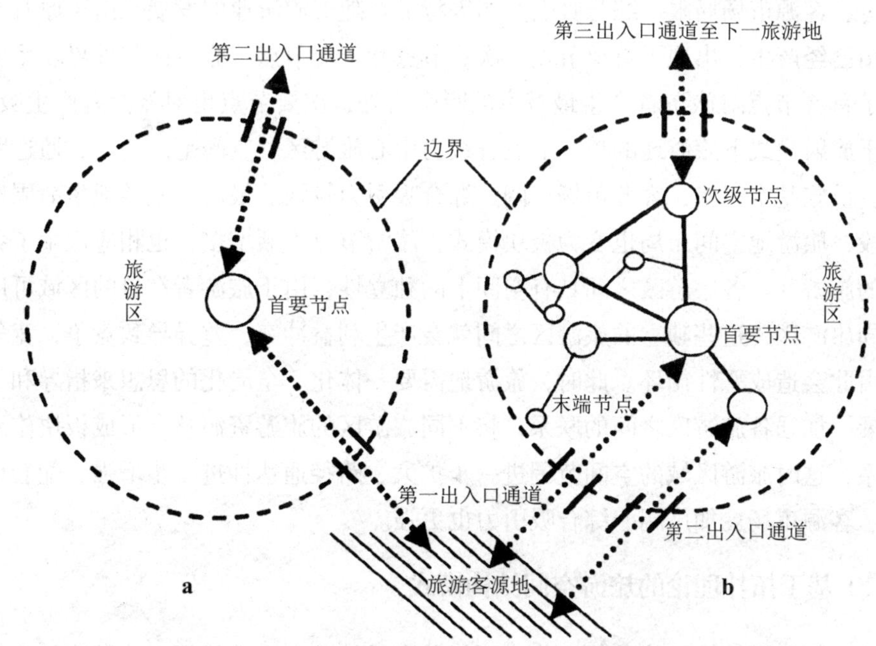

图 7–1　单节点旅游地空间结构模式、多节点旅游地空间结构模式

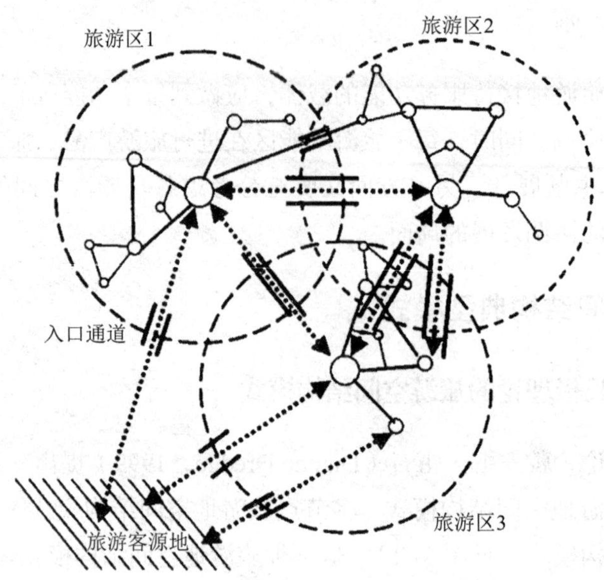

图 7-2 链状节点旅游目的地空间结构模式

汪德根（2007）在雷奇的旅游地空间结构的基础上引入旅游地生命周期理论，提出了三种新的旅游地空间规划布局模式，即开发期的凝聚模式（对应单节点旅游地空间结构模式），成长期的放射模式（对应多节点旅游地空间结构模式）及成熟期的板块模式（对应链状节点旅游地空间结构模式）。开发期凝聚模式下的旅游地由于节点单一，对游客吸引力有限，并且与外界联系不强，具有空间范围小、通达路径单一、旅游配套设施不完善、客源市场局限、综合吸引力弱等特征。随着旅游业的发展，由于原有节点的辐射作用已经产生，出现了首要节点、次要节点和末端节点，旅游区与外界联系变得密切，除了首要节点对旅游者产生最基本的吸引力外，次要节点也对旅游者产生吸引力。这时处于放射模式下旅游地的单一节点升级为中心旅游区，空间范围变广、通达路径变多、配套设施基本完善、客源市场广阔、综合吸引力较强。最后，旅游地生命周期来到成熟阶段，旅游地空间布局也变为板块模式，旅游节点不断增多，也相应产生了各种不同性质的旅游区。各旅游区之间具有空间上的独立性，由于旅游者在目的区域可以自主选择不同旅游区，这些独立的旅游区之间就会产生利益冲突，差异导致竞争，竞争加剧差异，由此会造成恶性循环。此时，旅游地需要一体化、全局化的思想来指导和干预旅游业发展，加强各旅游区之间的联系，将不同旅游区的旅游资源整合形成板块旅游空间结构体系，这时旅游区域的空间范围进一步扩大、路径通达性进一步增强、配套设施体系完善、客源市场更加广阔、综合吸引力也更强。

（二）基于拓扑理论的旅游空间结构模式

在旅游网络系统中，旅游景区作为网络节点，旅游交通路线视为旅游流的重要通道载体，旅游客源地作为经济源泉，三者有机联系，构成不规则的网络图形，共同维持着旅游系统的稳定和协调，这种不规则的网络图形称为旅游空间拓扑结构。依据计算机网络结构的划分方法，可以将其结构分为单线形、星形、环形、树形和网状形结构五种类型，具体情况参见图 7–3、表 7–2。

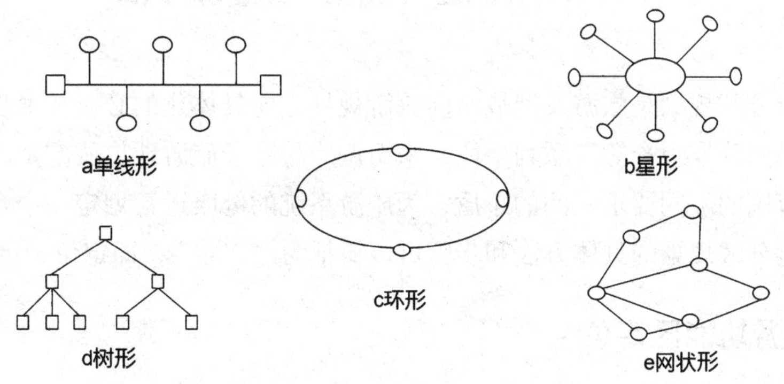

图 7–3 旅游空间拓扑结构类型

表 7–2 旅游空间拓扑结构类型比较

类型	概念	优缺点
单线形	各节点以珠串形式存在的结构	线形结构的优点为结构较简单，修建成本低，发展潜力足，可以向其他任何一种结构转变；缺点是各节点的发展受其所在路线实际状况的影响和制约
星形	各节点呈星状模式的结构	星状结构包含中心节点，旅游客源地、旅游景点与中心节点以直线的形式相连。其优点是从中心节点出发，到其周围节点方便快捷，相反，周围节点以向心的方式向其汇聚也很方便；其缺点是公路建设成本高，中心节点出现问题影响其他节点的工作，各末端节点之间存在着竞争
环形	各节点之间相互首尾连接呈环状的结构	其优点为建设成本低，旅游流选择性较多；缺点为道路状况影响相距较远节点之间的通达性
树形	各节点呈树状的结构	其优点是建设成本较低，易于萌发新的节点；缺点是高级别的节点影响着比其级别低的节点的发展
网状形	各节点之间以网状的形式存在，其中包含两个以上的环路，一般是在地域尺度较大的情况下产生的结构	其优点为旅游流路径多样化，各节点之间通达性高；缺点是修建成本较高

参考：刘海飞 . 沿黄经济区旅游拓扑结构及可达性分析［D］. 宁夏大学，2017.

此外，吴晋峰等（2002）利用拓扑理论分析了旅游系统空间结构布局模式，以运动模式、路径、节点、节点层次、地面、扩散空间结构的六个几何要素为基础，构建了一个以旅游地、客源地为节点、以交通路线为连接的占据一定地面、处于扩散过程中的网络——旅游系统的网络空间结构模式。该模式对研究旅游系统、揭示旅游流的空间规律具有指导意义，还可以用于客源市场分析和预测、定量评价旅游地交通可达性及旅游业空间竞争分析。

第三节　旅游功能分区规划方法

旅游功能分区规划是旅游发展战略向旅游规划方向具体化的必要技术步骤，其根本目的是通过空间分异组合等一系列手段，来协调旅游者、旅游地、旅游企事业单位三者对旅游地域范围的不同要求之间的矛盾，为旅游系统的健康运行划定一个合理的地域范围。旅游功能分区规划的具体方法和步骤可以概括为“三定”，即定位、定性、定界。

一、旅游功能区定位

旅游功能分区是根据交通区位条件、旅游资源分布特征、旅游要素配置情况和未来发展定位对旅游地进行空间分异组合，在突出各空间片区不同功能的同时，又保持其整体有机联系，目的是构建一个功能完善的旅游地系统。旅游功能分区既要符合规划区域资源分布的不平衡性，又要符合规划区域的整体发展利益。旅游功能区定位的基本思路是，遵循区位理论的指导，依据旅游资源分异规律调查结论和市场分析成果，采用科学的定位方法进行旅游功能区定位。

（一）区位理论的指导意义

区位理论对旅游功能分区定位具有重要的指导意义，主要体现在以下几个方面。

（1）交通成本（时间、花费）较低、市场适宜性高的旅游地，比交通成本高、市场适宜性低的旅游地，有更大的成功机会。

（2）相关性低的旅游项目可以分散，相关性高的旅游项目则需要集中，而相互排斥的旅游活动，必须通过区划定位实施分离。

（3）以旅游者的逗留时间和进入频率为基础，旅游中心地须形成不同的等级体系。

（4）区划定位需考虑功能区的门槛入口，这取决于该功能区的旅游资源及其相关旅游活动的类型。

（5）旅游地内部旅游者交通成本最低的地方，往往具有较大的发展潜力。

（二）旅游资源分异规律

每个旅游地都有其自身的资源结构和客观的外部环境。旅游资源的分布的地域固定性，决定了其差异性，具体表现为地域性、地方性和地点性三种分异规律。准确把握旅游资源分异规律是进行旅游功能分区定位的重要前提。

1. 地域性分异规律

地域性分异规律的主导因素是水、热和土壤条件。它使区域内的动植物生态、水生态、气候条件及其建造技术乃至社会文化形态都呈现一定的规律。由于外部的影响和干扰，上述情况也可能发生改变。在旅游过程中，人们更趋向于寻找地方独特性和体验不同。因此，旅游地开发过程中应尽量保持这种原生性的地域差异。例如，新疆的草场、海南的红树林都是体现地域性分异规律的植物群落，可以成为具有地方特色的旅游景观。

2. 地方性分异规律

地方性分异规律的主导因素是当地的地质地貌、海拔、小气候、物种和文化习俗等。这些因素与周边地区的差异越明显，其旅游吸引力就越突出。因此，认识和理解规划区域与周边地区存在的地方性差异，在鉴别其差异程度同时尽量保存其原生状态，并进一步采取措施使其典型化、风格化，是旅游规划过程中应重点考虑的问题。例如，“十里不同风，百里不同俗”，说的就是各地风俗存在的地方性差异。

3. 地点性分异规律

地点性分异规律的主导因素是地质地貌演化突变、历史事件集聚或现代旅游活动的特殊适宜性等，使这一地点与周边地区存在显著差异。这些地点通常就是旅游资源点或景点，具有较高的辨识度。例如，溶洞、革命旧址等。规划区域内的这些具有典型意义的地点，在旅游资源调查、分类与评价阶段就可以筛选出来。旅游功能区定位阶段的任务，就是确定这些地点之间的内容相关性和空间联系的可能性。

（三）旅游功能区的定位方法

1. 认知绘图法

认知绘图法（弗里根等，1983），主要用于确定并综合受访者对地区中形象的认识，然后综合受访者的意见，算出旅游位置分数，并沿低谷勾绘界线，确定各个旅游区域，具体步骤如下。

（1）对受访者（潜在旅游者）进行抽样，确保获得一个具有代表性的随机样本。

（2）向受访者提供一张画好轮廓的地图（该图上带有行政区界线，注明主要城镇），要求被访者画出他们认为是旅游区域的各基本行政区域范围，并让每位受访者在他们认为是中心的地方填上“×”。

（3）计算每个基本行政区的旅游位置分数，计算公式为：

$$TLS=(A+B+C)\times(A+B)/(1+C)$$

其中，A为一个基本行政区所得“×”的次数，B为一个基本行政区被划进旅游区域的次数，C为一个基本行政区部分地区被划进旅游区域的次数。

（4）将受访者所绘地图的TLS分数加起来，计算每个基本行政区的总分数，并标在一张新地图上。

（5）沿分数的低谷处画线，分隔各个旅游区。

2. 降解区划法

降解区划法（L. J. Smith，1986），是一种从较大地域单位入手，逐渐按两分法分解成越来越小的区域的逻辑划分法（见图 7–4）。

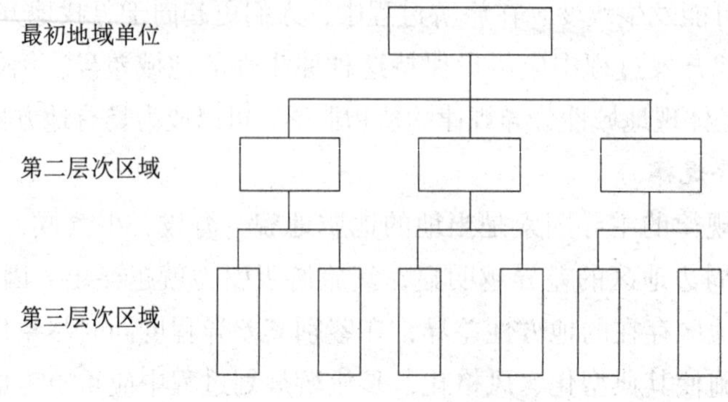

图 7–4　降解区划法

3. 聚类区划法

聚类区划法，又称综合法、上升区划法，是指从小的地域系统入手（旅游点或村镇），逐渐合并为数量较少的大区域的方法（见图 7–5），具体步骤如下。

（1）设定 N 个地域样本。

（2）计算样本之间的空间距离，并按相邻样本之间的共性形成 N—X 类。

（3）进行同类、相邻样本的合并。

（4）最终形成 N—X—Y 个数量有限的几个大区域。

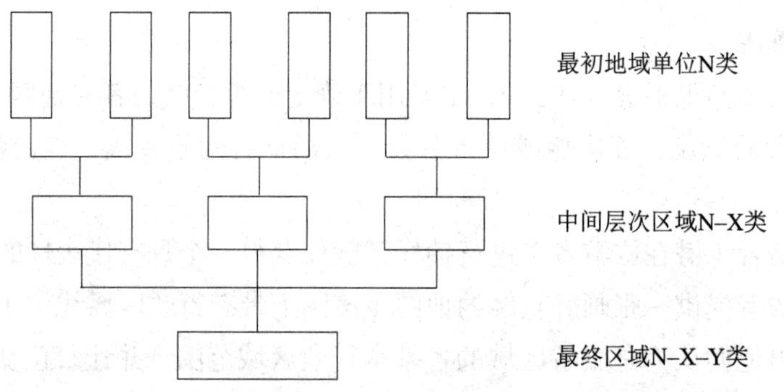

图 7–5　聚类区划法

聚类区划法和降解区划法是两种正好相反的逻辑过程，将两种方法结合使用，效果会更好。

二、旅游功能区定性

旅游功能区定性工作是指对已经定位的各功能区进行命名、分类，并确定功能和级别，以区分各功能区的差异，初步确定各功能区之间的分工协作关系。

（一）功能区命名

对旅游功能区命名应立足于本地资源特色、文化背景和旅游开发方向进行，要使各种复杂信息浓缩为一个特有的便于识别的名称，不仅有利于规划、管理和沟通交流，也有利于市场宣传推广。例如，《湖南省旅游业“十三五”规划纲要》提出，重点建设长株潭都市休闲旅游区、张家界国际生态旅游度假区、环洞庭湖湖泊度假旅游区、韶山红色经典旅游区、崀山生态文化旅游区、南岳祈福康养旅游区、凤凰文化体验旅游区、炎陵神农文化旅游区、九嶷山生态文化旅游区、东江湖休闲度假旅游区、雪峰山生态文化旅游区、梅山文化体验旅游区 12 个旅游功能区。这些功能区的命名基本反映了当地的资源特色、文化背景和旅游开发方向。

（二）功能区分类

在旅游功能分区定位的基础上，对各功能区进行分类，可以采取按价值分类、按功能分类、按行政区分类等方法。旅游功能区分类应符合可比性原则和稳定性原则。可比性原则强调的是功能分区应在同一分类标准下进行。稳定性原则是指对旅游地功能区分类一经确定后，应在较长的时期内是保持相对稳定的，以有利于功能区建设的系统性、持续性推进。在旅游规划实践工作中，对旅游功能区按功能分类是最为常见的做法。例如，《九江县旅游产业发展十年行动计划（2014—2024）》中明确，全县旅游功能分区总体布局为：一心驱动，一带贯通，两区共举。一心，即城市文化中心区；一带，即江湖休闲旅游带；两区，即乡村休闲区、生态度假区。

（三）旅游功能定位

在对各旅游功能区进行命名分类工作后，需要对各功能区的性质作进一步的功能阐述，这需要遵循两大原则。首先是资源适宜性原则。旅游功能分区是反映区域的区位与资源差异，因此，应以资源对旅游活动的适宜性用途和区位条件为基础。例如，通常将适宜观光的资源划入观光旅游区，适宜水上体育活动的资源划入水上运动旅游区等。其次是一致性原则。旅游功能分区应在保持旅游功能区内资源具有某种程度的类似性和相邻性的基础上，使旅游项目的差异性、一致性、相邻性有机结合，为打造功能鲜明的旅游区创造条件。从旅游项目开发的角度来看，同类旅游项目之间存在一致、无关、排斥三种关系，而不同类旅游项目之间存在互补关系。因此，在对旅游功能区进行开发建设时，应注意不同旅游项目之间的一致性，尤其应避免项目之间的排斥性。例如，滑雪、雪橇、滑冰、冬泳等旅游项目互为相关，但与冰上垂钓相互排斥。

（四）功能区定级

旅游功能区划分级别就是使各功能区形成不同规模、不同等级、不同层次的多维网络，以利于平衡主次关系，选择建设时期，加强分工合作。旅游功能区级别，从外部环境看，可以分为国际级、国家级、省级、市级、县级，如“世界遗产”“国家级旅游度假区”“省级风景名胜区”等；从内部关系看，有旅游区、景区、旅游点、景点等分级；游客中心和景点还可以根据其规模、作用等标准分为一级、二级、三级。

三、旅游功能区定界

旅游功能区定界是指确定旅游功能区的边界，即明确范围。清晰的旅游功能区边界是旅游者对旅游地体验认知的重要组成部分，也是对旅游功能区进行开发建设、运营管理和研究的客观需要。一些特殊的旅游区，如世界遗产、自然保护区、风景名胜区等必须精确界定边界，以便使有关保护条例、规章制度或法律等强制管理手段得以实施。对于更小的区域，如旅游度假区、游客集散中心等，因涉及建设用地、所有权等因素，也需要精确界定其边界。

确定旅游功能区边界主要有两类方法：一是主要围绕现状条件（资源、市场）的适宜性，确定旅游功能区范围；二是围绕旅游容量要求或建设管理条件，对旅游功能区范围进行调整。具体有叠图法（资源适宜性）、吸力模型法（市场）、行政边界法（管理区）、容量法（供需匹配）等。其中，叠图法是精度较高的一种方法，具体步骤是：①确定研究地区，准备地形图；②鉴别并确定有效的评价因子；③确定每一因子的评价标准，通常分 4~5 级；④分别绘制单因子评价图；⑤综合各张地图信息，可采用数字化地图在电脑上叠加；⑥在叠合图的基础上，依据所确定的标准，界定旅游功能区范围。

综上所述，科学合理的旅游功能分区定位、定性、定界，将使旅游地的发展战略、资源保护与开发、运行管理与容量控制等规划理念具体化为空间框架，有利于提高土地利用的适宜性、资源保护的可操作性、经营管理的针对性和实现各功能区之间的紧密合作。

【本章小结】

1. 旅游功能分区规划的基础理论主要有区位理论、增长极理论、分形理论、拓扑理论四种，其中增长极理论又包含点轴理论、梯度理论及核心—边缘理论。

2. 旅游功能分区原则包括主题性原则、完整性原则、适度性原则、协调性原则。旅游空间结构的典型模式有基于增长极理论的旅游空间结构模式及基于拓扑理论的旅游空间结构模式。

3. 旅游功能分区规划的具体方法可以概括为定位、定性、定界，其中旅游功能区的定位方法有认知绘图法、降解区划法、聚类区划法三种。

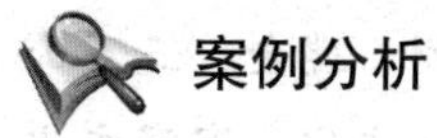
案例分析

案例1　江西省旅游空间结构模式演化历程

江西省是一个旅游资源大省，拥有数量丰富且具有高知名度的品牌资源，如庐山风景名胜区、井冈山风景旅游区、三清山旅游景区、婺源江湾景区、景德镇古窑民俗博览区。纵观改革开放至今江西旅游业的发展历程，江西省旅游业在不同发展阶段存在不同的空间结构模式，陈志军（2008）认为江西旅游空间结构大致表现为3个演化阶段：点状模式、放射模式、凝聚模式。

江西省旅游业发展处于起步阶段时，发展主要集中在资源优势突出以及区位较好的南昌、九江（庐山）、吉安（井冈山）等地。旅游景区（点）数量少且较分散，景区建设和旅游设施简易，客源主要来自周边近程市场。其中，南昌作为省会城市发挥其交通集散和客源输出作用，此时江西旅游空间结构处于点状模式（见图7–6）。总体而言，此阶段旅游活动处于自发状态，旅游业发展比较分散，但已出现旅游业的雏形。

江西省旅游业处于发展阶段时，由于旅游供给和需求均得到很大改善，居民出游条件逐渐成熟，江西省旅游业开展范围扩大到九江、吉安、赣州、鹰潭、景德镇和上饶等7个设区市。旅游景区和旅游设施建设得到显著改善；客源市场虽仍以周边近程市场为主，但范围较前一阶段得到明显拓展；南昌作为全省旅游主集散中心的作用更加明显，旅游流呈现放射状；各旅游地间旅游产品有初步互动，为旅游圈的形成奠定了基础。此时，江西旅游空间结构处于放射模式（见图7–7）。

进入21世纪，旅游已成为人们日常生活需要，供求双方的动力共同推动了旅游业的快速发展，旅游业已经成为江西省的支柱产业，是旅游业发展的相对成熟阶段。其间，不仅全省旅游产业链已经初步形成，产业体系更加完善，而且形成了赣东北旅游圈（包括南昌、九江、景德镇、上饶和鹰潭），此旅游圈基础设施完善、产品类型互补、资源级别较高，已成为江西目前最成熟和知名度最高的旅游产品。虽然旅游业得到空前发展，但仍存在环境保护、区域发展不平衡、旅游产业链不完备等方面的问题。此时江西省旅游空间结构处于凝聚模式（见图7–8）。

随着旅游业的进一步发展江西旅游空间结构也进行了优化升级，形成了扩展模式的雏形，即以南昌为主集散中心、赣州为次集散中心，构建江西旅游空间结构模式。南昌旅游圈包括南昌、樟树、靖安等旅游区，南昌作为主旅游集散中心，突出革命英雄城、历史文化、中医药研习及养生和都市休闲的产品特色；庐山旅游圈包括庐山、鄱阳湖、柘林湖、云居山等旅游区，突出世界文化景观，将名山、名江、名湖、名城融为一体，共建具有国际影响力和竞争力的旅游产品；大井冈旅游圈包括井冈山、吉安、万安等旅游区，突出革命摇篮及革命胜迹、庐陵文化和高山田园风光的“红绿相映”旅游产品；赣东北旅游圈包括景德镇、婺源、三清山、龙虎山等旅游区，突出世界瓷都、道教祖庭、峰林绝景、古村民居和丹霞地貌等产品特色；赣南旅游圈包括赣州、瑞金、三百山等旅游区，以赣州作为全省次旅游集散中心，突出革命历史文化、宋城文化、客家文化和自然生态等特色；赣西旅游圈包括仙女湖、武功山、安源等旅游区，突出山水生态、革命胜迹和禅宗文化。

上述对江西省旅游空间结构演化模式的分析结合了 Dredge 的旅游空间结构模式及旅游产品生命周期理论，当然，一个区域旅游业的发展不可能达到一个绝对成熟的阶段，旅游空间结构模式总是处于不断的优化过程，因此最佳的江西省旅游空间结构模式还应在不断的实践中探寻。

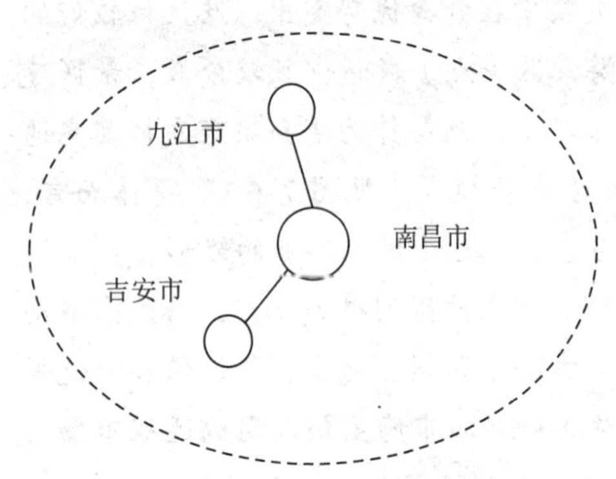

图 7-6　江西旅游空间结构（点状模式）

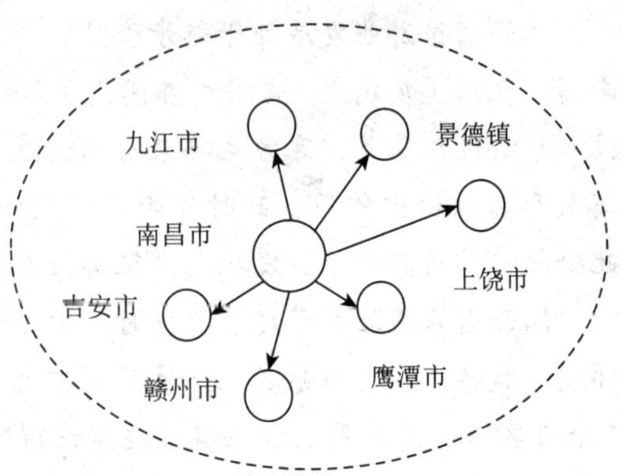

图 7-7　江西旅游空间结构（放射模式）

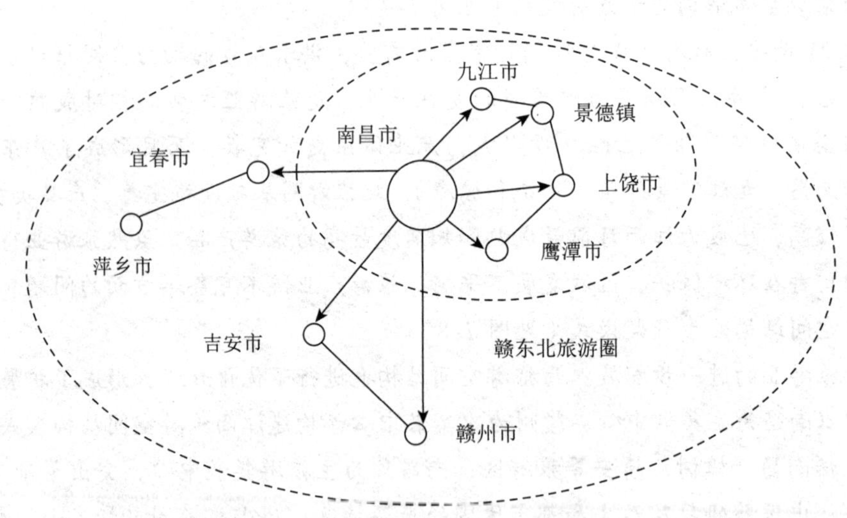

图 7-8　江西旅游空间结构（凝聚模式）

资料来源：陈志军．区域旅游空间结构演化模式分析——以江西省为例［J］．旅游学刊，2008（11）．

讨论问题：

案例中分析的江西省旅游空间结构演化的三阶段与雷奇、汪德根研究中提出的旅游空间结构典型模式有何异同？

案例2　弋阳县旅游功能分区规划

弋阳县地理版图为南北向狭长形，以信江为界，分南乡、北乡两大片区。南乡有世界自然遗产——龟峰、佛陀山、双岩寺、谢叠山故居、谢叠山墓，北乡有方志敏故居、漆工暴动纪念馆、弋阳腔曹溪古戏台、盘古情石林等高品质资源，构成了“悠然雅致弋阳，自由自在龟峰”的本底特色。

本着“突出重点、强化功能、空间连续、协调发展”的原则，在南北两大地理片区的基础上，根据弋阳县旅游资源分布状况、交通条件，以及旅游景区、旅游项目优化组合趋势，弋阳县旅游总体布局在空间结构上概括起来为：一轴贯通、一心驱动、两翼齐飞、四区并举（见图7–9）。

一轴：建设一条贯通南北的景观轴线，串联盘古情景区、柴角湾生态养老中心、城市旅游中心区、佛陀山、龟峰、杨桥金龟王乡村旅游基地和大坑岭漂流庄园等重要旅游景区。

一心：以叠山书院、望江路、刘家洲、文星塔和赣东北贸易广场等资源为依托，跨信江两岸建设城市旅游中心区，融汇旅游集散、书院文化体验、特色餐饮购物街区、湿地公园、主题游乐园区、旅游产业园和信江水上休闲等功能。

两翼：以信江为分界线，分为北部乡村生态休闲协作翼和南部丹霞山水度假协作翼。

四区：四大旅游综合区，具体思路如下：

丹霞山水度假区——主要范围涵盖圭峰镇、南岩镇、旭光镇，以龟峰景区为核心，以佛陀山、旗山茶场生态旅游度假村、杨桥金龟王乡村旅游基地、杨桥金龟王乡村旅游基地、傅塘庙和神塘温泉为

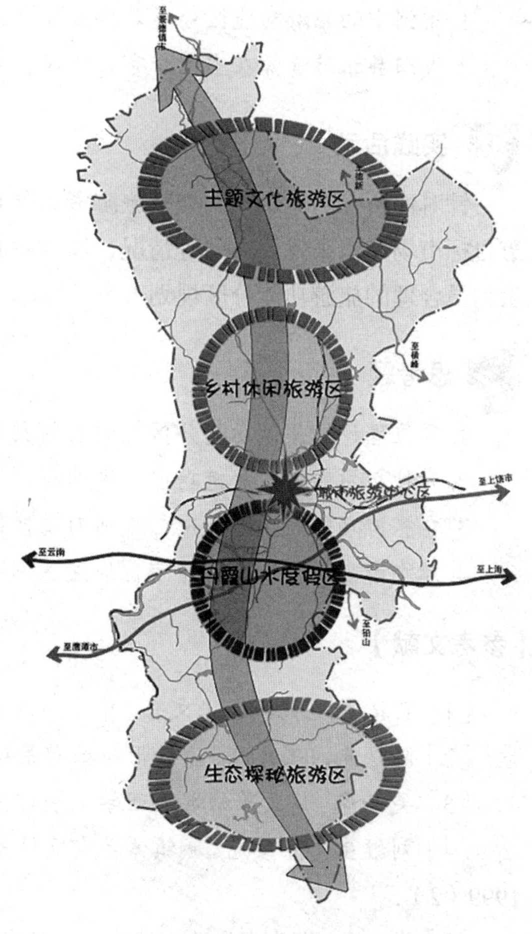

图7–9　弋阳县旅游功能分区

重要支撑，整合资源，抱团发展，将其建设成为引领全县旅游发展的重要旅游产业集聚区。

生态探秘旅游区——主要范围涵盖叠山镇、港口镇和洪山林场，主要依托境内义坑岭、方团水库、洪山的优良生态资源发展生态休闲旅游；依托谢叠山故里、谢叠山墓、港口天主教堂等文化资源发展文化探秘旅游。

文化体验旅游区——主要范围涵盖曹溪、漆工和三县岭，以湖塘村方志敏故居为中心，整合乡村资源，发展红色主题文化旅游；曹溪以盘古情梦幻石林为资源基础，开发原始部落主题文化旅游；以三县岭优质的山地生态为依托，建设自驾车营地和游览体系，开发自驾车旅游。

乡村休闲旅游区——主要范围涵盖樟树墩乡、中畈、清湖、湾里、葛溪、花亭、朱坑等乡镇，以中华秋沙鸭保护区、柴角湾生态养老中心和俄罗斯鲟鱼养殖基地、红心猕猴桃种植基地等为支撑，发展乡村休闲旅游。

资料来源：龚志强，彭燕，何亚婷，等．弋阳县旅游业发展总体规划（2016—2025）．

讨论问题：

1. 案例中的旅游功能区分类是按照什么标准进行的？

2. 弋阳县旅游资源在空间分布上体现了哪些特点？

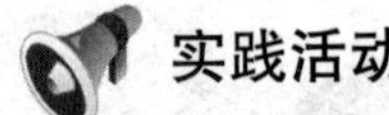

实践活动

针对你所在的城市，调查其旅游资源分布特点、交通区位条件、旅游接待设施、旅游目标市场和未来发展方向等情况，通过对其信息资料的全面整理和分析，制订一个你认为最合理的旅游功能分区规划方案。

思考题

1. 区位理论对旅游功能分区规划有何具体指导意义？

2. 为什么主题性是旅游功能分区的首要原则？

3. 在旅游功能分区规划中，如何对功能区进行准确定位？

4. 对旅游功能区进行功能定位应注意哪些问题？

【参考文献】

［1］T. R. 威利姆斯，张文合．中心地理论［J］．地理译报，1988（3）．

［2］陈彦光，王义民．论分形与旅游景观［J］．人文地理，1997（1）．

［3］吴必虎．楚义芳旅游地理学（修订版）［M］．北京：高等教育出版社，1999．

［4］刘继生，陈彦光．城镇体系空间结构的分形维数及其测算方法［J］．地理研究，1999（2）．

［5］李志飞．湖北省旅游业结构调整与优化升级对策研究［J］．经济地理，2000（2）．

［6］吴必虎．区域旅游规划原理［M］．北京：中国旅游出版社，2001.

［7］国家旅游局人事劳动教育司．旅游规划原理［M］．北京：旅游教育出版社，2001.

［8］陆大道．关于“点—轴”空间结构系统的形成机理分析［J］．地理科学，2002（1）．

［9］吴晋峰，包浩生．旅游系统的空间结构模式研究［J］．地理科学，2002（1）．

［10］李国平，许扬．梯度理论的发展及其意义［J］．经济学家，2002（4）．

［11］保继刚，古诗韵．广州城市游憩商业区（RBD）的形成与发展［J］．人文地理，2002（5）．

［12］卞显红．城市旅游空间结构研究［J］．地理与地理信息科学，2003（1）．

［13］柴彦威，林涛，刘志林，曹艺民．旅游中心地研究及其规划应用［J］．地理科学，2003（5）．

［14］廖建华，廖志豪．区域旅游规划空间布局的理论基础［J］．云南师范大学学报（哲学社会科学版），2004（5）．

［15］魏伟忠，张旭昆．区位理论分析传统述评［J］．浙江社会科学，2005（5）．

［16］张玲．旅游空间结构及演化模式研究［J］．桂林旅游高等专科学校学报，2005（6）．

［17］汪德根，陆林，陈田，刘昌雪．基于点—轴理论的旅游地系统空间结构演变研究——以呼伦贝尔—阿尔山旅游区为例［J］．经济地理，2005（6）．

［18］李山．旅游圈形成的基本理论及其地理计算研究［D］．华东师范大学，2006.

［19］汪德根．城市旅游空间结构演变与优化研究——以苏州市为例［J］．城市发展研究，2007（1）．

［20］孙贵珍，陈忠暖．我国旅游区位研究的回顾与展望［J］．桂林旅游高等专科学校学报，2007（3）．

［21］王祖正，孙虎，赵宇茹，龙小霞．旅游系统的空间分层拓扑结构研究［J］．人文地理，2007（5）．

［22］陈志军．区域旅游空间结构演化模式分析——以江西省为例［J］．旅游学刊，2008（11）．

［23］魏敏，等．旅游规划：理论·实践·方法［M］．大连：东北财经大学出版社，2010.

［24］何调霞．旅游中心地的内涵及成长机制研究［J］．无锡商业职业技术学院学报，2010，10（2）．

［25］刘佳．中国滨海旅游功能分区及其空间布局研究［D］．中国海洋大学，2010.

［26］毕丽芳，马耀峰，高楠．国内旅游空间结构研究进展［J］．资源开发与市场，2012，28（3）．

[27] 陈建设，朱翔，徐美．基于分形理论的区域旅游中心地规模与空间结构研究——以湖南省为例［J］．旅游学刊，2012，27（9）．

[28] 马耀峰．旅游规划［M］．北京：中国人民大学出版社，2013.

[29] 李峰，李萌．旅游策划理论与实物［M］．北京：北京大学出版社，2013.

[30] 刘大均，谢双玉，陈君子，裴星星．基于分形理论的区域旅游景区系统空间结构演化模式研究——以武汉市为例［J］．经济地理，2013，33（4）．

[31] 文连阳，许春晓．我国红色旅游产业梯度与空间结构研究［J］．吉首大学学报（社会科学版），2014，35（5）．

[32] 张俊英．国内旅游目的地空间结构研究述评［J］．市场论坛，2015（1）．

[33] 朱莉，万怡春．核心—边缘理论在区域旅游规划中的运用分成［J］．旅游纵览（下半月），2017（3）．

[34] 刘海飞．沿黄经济区旅游拓扑结构及可达性分析［D］．宁夏大学，2017.

第八章

旅游产品规划

本章主要内容包括旅游产品的概念、结构、特征和旅游产品谱系；旅游路线的概念、特点，不同空间分布形态的旅游路线，旅游路线规划的基本原则，旅游路线规划的内容和步骤；旅游商品的概念、分类、特征、开发原则和旅游商品开发中存在的问题及对策。

【学习目标】

了解旅游产品的基本内涵，熟悉不同分类标准下形成的旅游产品谱系，掌握旅游路线规划的原则与方法，熟悉我国旅游商品开发现状与存在问题，培养分析问题、解决问题能力。

【核心概念】

旅游产品、旅游路线、旅游商品、旅游产品结构、旅游产品谱系、旅游路线

第一节　旅游产品概述

旅游产品是实现旅游经济活动中各种经济关系的连接点，是旅游地开发工作的核心，也是旅游者消费的主要对象。因此，旅游产品是旅游规划中最重要的概念，也是旅游规划工作要解决的核心问题之一。

一、旅游产品的概念

长期以来，由于旅游活动牵涉面非常广泛，学术界关于旅游产品（Tourism Product）的概念没有形成定论，不同学者从不同角度对其进行概念界定，基本可以分为三种类型，即组合说、经历说与交换说。

（一）组合说

组合说把旅游产品定义为由多种要素组合而成的综合性产品。如魏小安、冯宗苏（1991）认为，旅游产品是提供给旅游者消费的各种要素的组合，其典型和传统的市场形象表现为旅游路线。杨森林（1996）认为，旅游产品是指旅游资源、旅游商品及旅游服务等各种实物与现象的总和。王大悟、魏小安（1998）认为，旅游产品是由其各种构成要素科学合理地组合而成的，也就是为了实现一次旅游活动所需要的各种服务的组合。谢彦君（1999）认为，旅游产品是指为满足旅游者审美和愉悦的需要而在一定地域上被生产或开发出来的以供销售的物象和劳务的总和。

组合说从旅游供给角度认识和定义旅游产品，有利于对旅游产品的组成要素进行分析，以发现供给中存在的主要问题，从而有利于旅游产品开发和销售，提高产品质量和服务水平。但并非所有旅游产品都是相同要素的组合，有的游客不购买旅游商品或不参加旅游娱乐，并非就说明其未购买完整的“旅游产品”。此外，旅游产品组合说把单项的旅游活动排除在旅游产品之外，是不合理的。例如，游览一次景点或单独购买旅游商品，实际上也算是消费旅游产品。

（二）经历说

经历说把旅游产品定义为旅游者在旅游活动过程中的全部经历和感受。例如，顾树保、于连亭（1985）认为，旅游产品不是指旅游者在旅游过程中购买的一般商品，而是指旅游者从离家开始旅游到结束旅行回到家整个过程中所包括的全部内容。林南枝、陶汉军（2000）认为，旅游产品是指旅游者花费了一定的时间、费用和精力所换取的一次旅游经历。

经历说强调从旅游消费角度认识和定义旅游产品，把旅游产品视为一次旅游活动的全部经历，有利于强化旅游开发中的市场观念、增强服务意识等。但是，旅游经历因各种条件不一而存在较大差异，难以对其进行质的规定性，也无法鉴别旅游产品质量的优劣。同时，由于旅游需求的多样性和个性化特点，使旅游经历在时间上有长短之别，内容上有多少之分，从而无法对旅游产品做出量的确定。由于既缺乏质的规定性，又缺乏量的规定性，因而就很难有效进行旅游产品开发和供给组织等。

（三）交换说

交换说把旅游产品定义为旅游者和旅游经营者之间所交换的物质产品和服务产品的总和。如肖潜辉（1992）认为，旅游产品是旅游经营者所生产的，准备销售给旅游者消费的物质产品和服务产品的总和。罗明义（2002）认为，旅游产品是指旅游者以货币形式向旅游经营者购买的，一次旅游活动所消费的全部产品和服务的总和。交换说从市场交换的角度出发，对旅游产品的概念进行界定，不仅对旅游产品有质的规定性，也有量的确定性，有利于从旅游经济方面完整认识和理解旅游产品概念，有利于旅游产品开发、销售和统计。

综上所述，由于旅游是一个综合性的活动，包含食、住、行、游、购、娱等方面，所以旅游产品是一个整体概念。旅游者需求不同，旅游产品的组合内容也就不同。旅游产品有的时候表现为非物质形态的旅游服务，有的时候是物质形态的旅游商品，还有的时候是旅游服务与物质实体的综合。从不同的角度出发，可以给旅游产品进行不同的概念界定。旅游规划主要着眼于解决旅游供给问题，本书认为旅游产品是旅游地为了满足旅游者的旅游需求而提供的设施实体及服务的总和。

二、旅游产品的结构与特征

（一）旅游产品的结构

市场营销专家科特勒（Kotler，1988）提出了产品三层次结构理论，认为任何一个产品都可以被分为核心部分（Core Product）、有形部分（Actual Product）、附加部分（Augmented Product）三个层次。核心部分是指产品的有用性，即产品的使用价值或效用，是消费者真正购买或使用该产品的动因；形式部分是核心部分的具体表现形式，是整个产品内涵的有形载体，是一种看得见摸得着的产品层次，是消费者视角的产品；附加部分即附加服务或利益，是指卖方能提供消费者在实体商品之外更多的服务与利益。

从市场营销学的角度来看，旅游产品的核心部分是旅游吸引物和旅游服务，形式部分就是旅游产品的载体、质量、特色、风格、声誉及组合方式，附加部分是其价格优惠、分期付款及馈赠礼品等。

（二）旅游产品的特征

旅游产品是一种既包含有形物质实体又包含无形服务的产品，其生产和消费是同时进行的，旅游者无法在消费前对旅游产品进行评价和测试。因此，旅游产品与其他产品相比较，存在明显不同的特征，主要表现为：无形性、生产消费同时性、不可储存性、不可转移性、差异性和季节性等。

三、旅游产品谱系

所谓旅游产品谱系，是指将所有旅游产品按照某种可变特征分类别并系统进行编排而得出的一种系列（吴必虎等，2010）。按照不同标准，旅游产品可以划分形成不同的产品谱系。较为常见的划分标准有按旅游者参与程度和旅游产品功能两种，同时其他划分标准可以作为有益借鉴。

（一）按照旅游者参与程度划分

1. 观光型旅游产品

观光型旅游产品是旅游行业发展初期就存在的一种最常见的旅游产品，是人类为了满足其好奇心并增益知识而产生的初级旅游产品，其面向的旅游者范围也非常广泛。观光旅游是景观信息的探索和景观知觉过程，是一种景观审美活动（俞孔坚，1989），其实现形式是以参观为主，根据参观对象的不同可以划分为自然观光类产品及人文观光类产品。这种产品不需要经营者对已有的旅游资源进行过多的设计，且旅游者只是为了满足观赏需要并没有很多个性化的要求，被动地欣赏景观，参与度低。然而，随着多选择、个性化的后消费主义时代的到来，传统的、单一的观光旅游方式已经不能够满足人们多样化的需要。

2. 主题型旅游产品

主题型旅游产品就是为了满足旅游者特定的需要，而突出某个重点的旅游产品。这种旅游产品依然是以观光为主，但是与观光型旅游产品不同的是，主题型旅游产品在参观的内容之间具有一定的联系，把游客最感兴趣的部分提取出来，形成一个主线，所有的旅游活动都围绕着这个主线进行，如红色旅游、民俗文化旅游、生态旅游等。主题型旅游产品可以吸引一批具有相同爱好的旅游者，因此，相对于观光型旅游产品而言，旅游者在旅游活动中的参与度相对更高，但是其往往是针对具有特殊兴趣的小众市场，目标市场范围较窄。

3. 参与型旅游产品

参与型旅游是一种将旅游者和社区参与结合起来的旅游模式，需要充分调动旅游者的积极性，由被动观赏转为主动参与。参与型旅游可以最大限度地消除陌生与隔阂感，增强体验与体验者间的紧密联系性（范长征，2017）。在旅游过程中，旅游者和当地居民其实是一种互动关系，旅游者在参与活动的过程中感受到当地的人文风情、生活习俗，而当地居民在融洽、愉悦的氛围中为旅游者提供更有质量的服务。参与型旅游产品的关键在于旅游地的风俗文化及当地居民与旅游者之间是否能够形成一个良好的互动。

4. 体验型旅游产品

体验型旅游产品是以旅游企业作为舞台和道具，游客参与互动为主要特征，以游客获得各种感官刺激和精神震撼为目标，是共性化和个性化相结合的旅游消费活动。旅游体验分为享受自然、摆脱紧张、学习、价值共享和创造五个层次。随着我国社会经济的发展，人们对于旅游产品的要求也越来越高，旅游者追求的是更为个性化、多元化的旅游体验，体验已经成为旅游产品的核心竞争力，旅游经营者也从最早的向旅游者提供独立的旅游资源和旅游服务转变为提供以资源和服务为依托的旅游体验，未来体验型旅游产品的发展空间会更大。

（二）按照旅游产品功能划分

1. 享受型旅游产品

所谓享受型旅游是指旅游者不再以前往某地旅游为骄傲，而是以经常在城市中或城市周边地区休闲为主要目的，把旅游当成是提高生活质量的一种日常活动，其主要表现形式是休闲娱乐式旅游。但是，享受型旅游并非是奢侈型旅游，其主要特点有：旅游时间短、出游次数频繁、以休闲为主、重游率高、以散客和家庭旅游为主（张国平，2008）。

2. 康养型旅游产品

随着经济社会发展，越发显著的人口老龄化问题以及亚健康问题催生了康养型旅游产品。康养旅游概括来讲即为健康旅游、养生旅游，是一种建立在自然生态环境、社会人文环境基础上，结合观赏、休闲、康体、游乐等形式，以达到延年益寿、强身健体、修身养性、医疗、复健等目的的旅游活动。康养型旅游产品可分为生态养生康养旅游、运动休闲康养旅游、休闲度假康养旅游、医疗保健康养旅游、文化养生康养旅游 5 种类型。

3. 探险旅游产品

探险旅游是指在自然环境或户外环境中，将冒险及可控制的危险与个人挑战结合起来，为追求新的体验而举行的特殊旅行活动（Sung 等，1997）。探险旅游产品的诞生是为了满足人们逃脱单调繁杂的日常事务束缚，追求新鲜刺激体验的欲望。探险旅游产品从地理角度可以分为空中活动、陆地活动及水中活动，也可以根据风险程度分为风险度较高的、存在真实危险的“硬探险”，以及新手友好型、危险性小的“软探险”。

4. 商务旅游产品

商务旅游一般指人们出于商务或工作目的到达并在非居住地停留的活动。现代旅游业的发展使商务旅游的内涵和外延都有所扩展，不再局限于经商与旅游活动的结合，涵盖了所有因工作关系到外地从事与商贸有关的个人或集体活动，通常还包括会议旅游、奖励旅游及大型商业性活动，主要可以分为传统商务旅游产品和新兴商务旅游产品（见图 8–1）。商务旅游具有以下特点：商务旅游者往往是专业人士，旅程时间较短但频次较多；目的地选择由工作需要或他人决定，很大程度上限于城镇；旅游费用由公司而非本人支付。

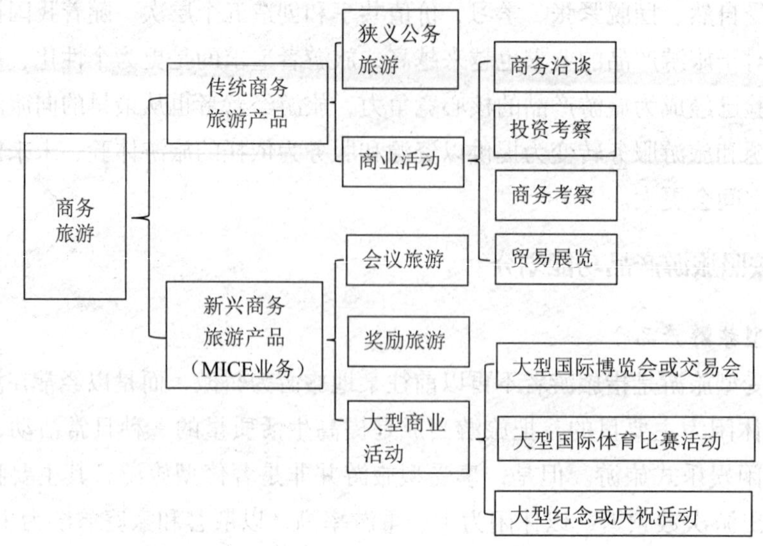

图 8-1　商务旅游产品分类结构

（三）按照其他分类标准划分

（1）按照旅游产品等级划分，由高到低可以分为品牌旅游产品、重要旅游产品及配套旅游产品。品牌旅游产品是旅游地的导向性产品，竞争力强，能够展现和强化旅游地形象；重要旅游产品是整个产品布局体系的支撑，是旅游地产品的主力；配套旅游产品可以丰富产品结构，满足小尺寸客源市场和低消费市场群体的需要。

（2）按照旅游产品的功能层次划分，可分为基础型旅游产品、提高型旅游产品和发展型旅游产品。基础型旅游产品指客源市场广，但旅游者参与度不高的游览型旅游产品；提高型旅游产品相对于观光游览型产品而言客源市场变小，但是旅游者参与度相对提高，相应的花费的时间、金钱也更多；发展型旅游产品是客源市场最小、旅游者参与度最高，花费的时间、金钱最多的一类旅游产品。

（3）按照旅游产品要素划分，可以分为旅游餐饮产品、旅游住宿产品、旅游交通产品、旅游游览产品、旅游购物产品及旅游娱乐产品。

（4）按照旅游产品的开发程度划分，可以分为全新型旅游产品、换代型旅游产品、改进型旅游产品和基础型旅游产品。

按照不同标准划分旅游产品，产生的旅游产品谱系也不尽相同。在为旅游地构建旅游产品谱系时，应当按照旅游地的实际情况选择适当的分类方法对旅游产品进行整合。

第二节 旅游路线规划

旅游者外出旅游的活动轨迹是一个线性空间移动过程。为了使旅游者获得最佳旅游体验，旅游经营者通常将旅游景区（点）、旅游基础设施、旅游接待服务设施等要素组合连线提供给旅游者。因此，旅游路线是旅游产品的一种表现形态，其规划设计是否合理，直接影响旅游消费体验和评价。

一、旅游路线的内涵

（一）旅游路线的概念

旅游路线是旅游经营者面向旅游市场推销的一种旅游产品，包含了旅游活动需要具备的旅游日程安排和食、住、行、游、购、娱等各项旅游要素及价格。旅游路线包含旅游交通线和一定区域内的旅游景区（点）、旅游设施、旅游活动项目、旅游服务、旅游价格等组成要素。不同要素组合形成不同旅游路线，其目的是满足不同旅游者的旅游需求。因此，旅游路线设计不仅要考虑旅游地的资源、景观和产品的空间布局，而且要考虑旅游者旅行的一般规律。

（二）旅游路线的特点

1. 时间连续性

游览时间的连续性是旅游路线的重要特征。旅游者来到旅游地开展旅游活动都有其时间计划，普遍希望在有限的时间内参加丰富的旅游活动。因此，旅游路线通常体现出时间上的紧凑性，具体表现为适度控制各旅游点之间的距离，缩短乘坐交通工具的时间，而尽量延长游玩体验时间。

2. 空间差异性

实现常住地到旅游地的空间转换，是旅游者外出旅游的基本需求。在旅游期间，旅游者同样存在空间转换的需求，不同的旅游点的有机串联，使旅游者感受到旅游地的空间差异性，从而丰富旅游体验价值。旅游路线除了区域内不同旅游点的串联外，为了进一步增强旅游路线的吸引力，旅游路线设计往往还与周边旅游地开展跨区域的旅游路线组合设计。

3. 内容组合性

旅游路线本质上是不同旅游景区（点）、不同旅游活动项目的组合。从丰富旅游体验的要求来说，旅游路线通常较少同质重复性的内容组合，而往往是将自然生态、民俗风情、宗教文化、运动娱乐等不同内容的旅游景区（点）和旅游活动项目进行有机组合，串联成线。同时，在旅游路线的内容组合性还体现在项目之间的动静、雅俗组合等方面。

二、旅游路线的类型

旅游路线的具体表现形态是旅游各要素的空间组合关系。因此，旅游路线通常以空间分布形态为标准进行分类。

（一）两点往返式旅游路线

两点往返式旅游路线有两种表现形式。第一种是客源地与旅游目的地之间的单线连接。这种情况下旅游地的旅游资源比较集中、有竞争力，可以吸引旅游者专门前往，如广州—桂林、北京—上海等。第二种是旅游地内的两点往返式旅游路线。这种旅游路线表现为旅游集散中心与核心景区（点）之间的客流流动（见图 8–2），适用于客流或代表景区（点）非常集中的旅游区或旅游城市，通常是出于度假目的的逗留型，也有部分商务型或观光型游客。

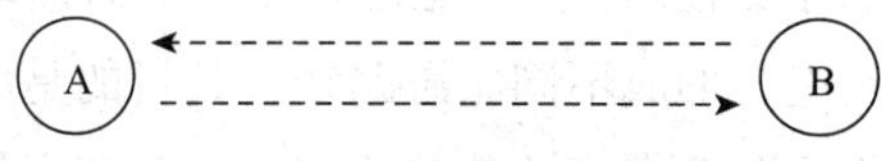

图 8–2　两点往返式旅游路线

（二）单通道式旅游路线

单通道式旅游路线可分为大、中尺度和小尺度两种表现形式。在大、中尺度的旅游路线中，单通道式旅游路线表现为以交通线连接若干个旅游城市或旅游景区；小尺度中，即旅游景区或旅游城市中，则表现为以街道串联多个景点，区内没有交通路线或者不能网络化布局。单通道式旅游路线中的旅游城市、旅游景区（点）在地理上的分布通常处于狭长地域中，游客完成游览后由终点原路返回起点，且单通道式旅游路线多属于周游型旅游路线（见图 8–3）。

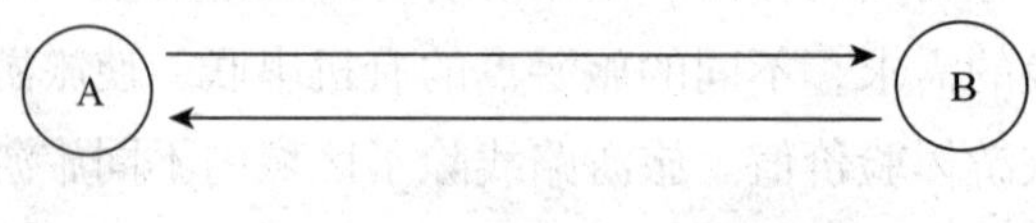

图 8–3　单通道式旅游路线

（三）环通道式旅游路线

环通道式旅游路线的游览活动在一条环线上展开，从客源地出发后经过若干个旅游城市、旅游景区（点），最终回到出发地。在这种旅游路线中，景区（点）间的距离相对较短，旅游者可游览的景区（点）多且不必走回头路，是最受旅游者青睐的一种旅游路线（见图 8–4）。

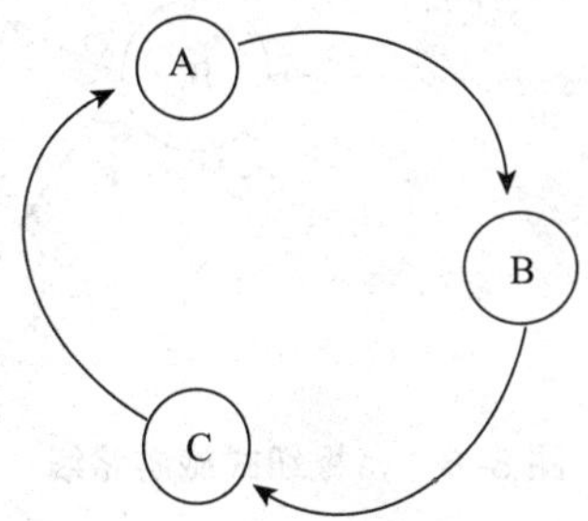

图 8–4　环通道式旅游路线

（四）单枢纽式旅游路线

单枢纽式旅游路线以一个旅游中心地的住宿地为旅游节点，其他所有旅游地都与之连接，形成一个放射状的系统，景区（点）间具有明显的聚集效应且服务设施集中。旅游者选择一个旅游中心地作为节点向四周的景区（点）作往返式的短途旅游（大多为 1 天），可以看作多条单通道式路线的组合（见图 8–5）。在特定旅游区内，这种旅游路线形式常见于自然景区中，为了保护自然景区的生态环境不便于在景区内修建接待服务设施，于是需要一个服务中心承担起旅游接待的功能。在跨区域旅游中，单枢纽式旅游路线通常表现为多个旅游地与枢纽间距离较近且景区（点）规模不大，设施不完善，逗留时间不长。

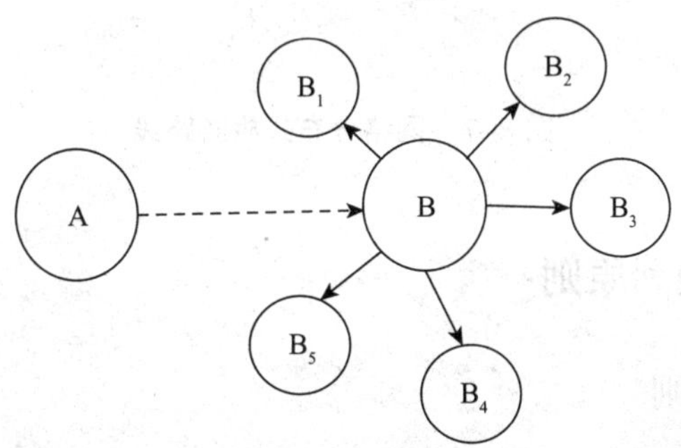

图 8–5　单枢纽式旅游路线

（五）多枢纽式旅游路线

多枢纽式旅游路线以若干重要旅游城市（镇）为枢纽连接其他的旅游地，几个枢纽间由路线直接连接，枢纽间的连接有利于缓解接待压力（见图 8–6）。这种旅游路线适用于规模较大的旅游区或者是旅游资源丰富的城市群之间，常见于经济发达或资源密集的区域，如宁—沪—杭旅游路线上就有多个枢纽城市。

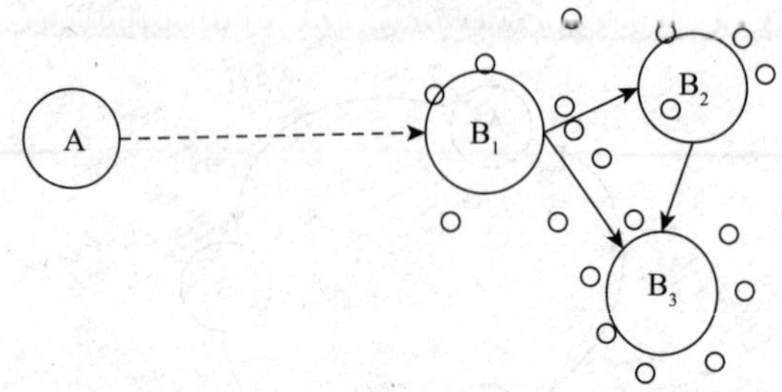

图 8-6　多枢纽式旅游路线

（六）网络分布式旅游路线

网络分布式旅游路线中，交通路线覆盖一定区域内的旅游城市及旅游区，游客可以任意选择景区（点）进行游览参观（见图 8-7）。网络分布式旅游路线在旅游区内实现的条件是景区（点）内部交通路线设计方便且各景区（点）之间不存在替代关系。在跨区域旅游路线设计中，网络分布式旅游路线的实现条件是各城镇之间具有发达的交通网络。

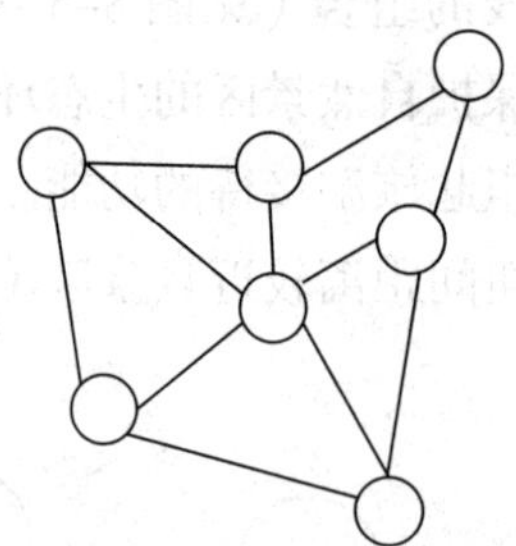

图 8-7　网络分布式旅游路线

三、旅游路线规划原则

（一）市场导向原则

旅游者由于所处地区和年龄、职业、爱好等条件的不同，对旅游产品的期望也是不一样的。这些多样化的需求正是决定旅游产品生产、发展乃至消亡的决定性因素。因此，在旅游市场细分的大背景下，设计旅游路线时要分析旅游者的旅游动机，以市场需求为导向，确定旅游路线的节点和内容设置。

（二）突出特色原则

特色是旅游产品的核心竞争力。在旅游业竞争激烈的情况下，旅游路线的特色是制胜的法宝。因此，旅游路线设计要考虑充分整合地方资源与文化特色，同时还要考虑到市场竞争情况，避免和其他地区特别是周边的旅游地的旅游路线产生雷同。

（三）时间安排合理原则

旅游是追求精神愉悦为主的休闲活动，时间安排应相对充裕。同时，旅游活动牵涉面广，即使事先做了充足的准备也难以避免一些偶发情况。因此，在旅游路线设计过程中行程不宜安排过满，应当留有余地。此外，路线安排应当张弛有度，全面分析游客心理，把握好优质景点与一般景点在路线上的分布顺序。

（四）空间安排有序原则

旅游路线在空间安排上要注意平衡热门景区（点）和冷门景区（点）的关系。不能把所有热门景区（点）安排在同一条路线中，应合理搭配设计路线。这样既可以减轻热门景区（点）的负荷给旅游者更好的旅游体验，又可以给冷门景区（点）带去一定的客流，扩大旅游效益。此外，旅游路线设计要尽可能设计成环状或网状结构，不走回头路。

（五）安全原则

安全是旅游者最基本的需要，当安全受到威胁，旅游活动就面临取消或改变。旅游路线设计要求避开自然灾害频发或存在社会不稳定因素的地区。同时，选择交通工具和旅游方式时，也应考虑是否安全可靠，避免旅游者在旅游过程中发生安全事故。对存在一定安全风险的探险旅游路线应制定安全应急预案。

（六）效益原则

旅游路线是旅游产品的一种表现形态，同其他商品一样以追求效益为目标。从旅游者的角度出发，希望能在一次旅游活动中花费最少的费用和时间获得最大的满足感；从旅游经营者的角度而言，获取最大的经济效益才是他们的目标。同时，旅游路线的设计还要注意社会效益和生态环境效益，要平衡开发与保护的关系，实现协调发展。

四、旅游路线规划方法

旅游路线规划是面向市场需求进行的，因此在存在一定差异性的同时，又体现出一定的共性要求，并应遵循相关步骤进行方案制订。

（一）旅游路线规划要求

1. 确定旅游路线类型

根据旅游地的基础条件、开发建设方向和旅游市场需求特点，以强化产品特色、提高产品的“组合力”为主要目的，确定旅游地的主要游线，并在此基础上进一步规划设计各类专项旅游路线。例如，生态旅游路线、研学旅游路线等。

2. 确定各旅游线段的性质

旅游路线在空间上是线性连续展开的，每一段路线所处的位置和所承担的功能各有不同。按照各线段旅游功能和规划建设特征的差异，可以分为以下三类：“旅线”，即以旅行为主要功能的旅游线，一般要求方便、舒适、快捷；“游线”，即以游览为主的旅游线，一般要求步行、驻足、提供最佳观景或活动参与时间等功能；“游旅结合线”，即边旅边游，通常要求配置特色旅游交通工具和专业解说，如观光小火车、游轮、马车等。

3. 合理安排转换节点

节点是指不同性质的旅游线段的连接处，是旅游者在旅游过程中旅游方式的切换点，常常也是不同游客群体的游线分岔点，具体表现形式往往是游客集散中心或集散点。在旅游路线规划中设置转换节点，通常要求依托城市主要交通站点、大型景区和旅游地内部的道路交通枢纽。由于在转换节点往往形成较大旅游客流，所以应配置相应级别的服务设施。

4. 确定旅游路线的空间结构

前文关于旅游路线的类型介绍中，将其分为两点往返式、单通道式、环通道式、单枢纽式、多枢纽式和网络分布式六种空间结构。旅游路线规划设计中，可以根据不同时间、费用、内容要求和旅游交通条件，因地制宜选择不同的空间结构类型。

5. 合理安排时间

旅游者都有其出游时间计划，近程旅游 1~2 天，中远程旅游 3~7 天，洲际旅游往往超过一个星期。不同类型旅游地能够吸引旅游者逗留的时间也因旅游资源、交通区位和接待服务设施等条件的不同而不同。因此，旅游路线规划应根据旅游地具体条件，合理安排一日游、二日游、三日游乃至一周游等不同时间的旅游路线。

（二）旅游路线规划的基本步骤

1. 确定旅游目标市场的成本因子

旅游目标市场的成本因子主要是指旅游者旅游需要花费的经济费用和时间成本。旅游目标市场的成本因子在总体上决定了旅游路线的性质和类型，是旅游路线规划设计中应重点考虑的问题。

2. 确定旅游路线的空间格局

首先，充分了解旅游地的旅游资源分布情况、自然地理环境和交通区位条件，并分析旅游者的期望；其次，在实地考察的基础上，明确各旅游景区（点）的游览时间并准确掌握区间或景区（点）间交通情况及其耗时；最后，确定核心区、集散区和服务区的位置及数量并根据成本、交通条件确定最适合该旅游地的路线模式。

3. 旅游基础设施和接待服务设施进行分析

这个环节要求规划设计人员对旅游地的基础设施、接待服务设施和配套服务条件进行考查，然后对这些要素进行优化组合，并根据不同的旅游路线主题和旅游者需求特点制订多条差异化旅游路线。

4. 选择最优的旅游路线方案

综合考量各方因素，确定主推旅游路线，然后审视旅游路线是否合理并小规模投入市场推广实践，以判定该旅游路线是否符合市场需求。通过对旅游市场实践反馈信息进行分析，对旅游路线进行有针对性的改造升级，然后确定最终的旅游路线。

第三节　旅游商品开发

旅游六要素中的“购”，是旅游活动的重要环节，旅游者往往出于馈赠、收藏和使用的目的购买旅游商品。旅游商品是旅游产品的具体表现形态之一，在旅游总消费中占有重要比重，因此旅游商品开发也是旅游规划的重要内容之一。

一、旅游商品的概念

随着人们生活水平的不断提高，购物越来越成为旅游的重要内容之一，有的旅游者甚至以购物为主要旅游动机，这种旅游被称之为购物旅游。旅游者的购物范围不会局限于旅游地设计好的商品之内，还会选择购买一些他们认为具有当地特色的普通商品。此外，旅游者在旅游前会购买一些日用品，随着探险等专项旅游活动的兴起，人们对旅游专业用品需求量也越来越大。这些购买活动因旅游行为而产生，所以旅游者在旅游准备阶段购买的商品也应纳入旅游商品的范围。销售旅游商品对促进旅游地人口就业、提升旅游经济效益和树立旅游品牌形象都有十分重要的作用。

从广义来说，旅游商品是指由旅游活动引起，旅游者出于商业目的以外购买的，以旅游纪念品为核心的有形商品（苗学玲，2004）。广义的旅游商品定义侧重旅游需求视角，可以将其分为四大类（见图 8–8）：一是旅游者旅行前在居住地购买的，准备在旅途中使用的商品，包括旅游户外用品、旅游书籍、生活日用品及用于探亲访友的土特产等；二是旅游者在旅游中购买的，具有旅游地“地方特色”的商品，称为旅游纪念品，是旅游商品的核心组成部分，包括旅游工艺品、土特产和旅游印刷品等；三是旅游者在旅游中购买的，满足日常生活需要的日用品；四是国际旅游者在已经办完出境手续，即将登机、上船和乘车前往境外之前，在免税商店购买的商品，称为免税商品（Duty-free）。

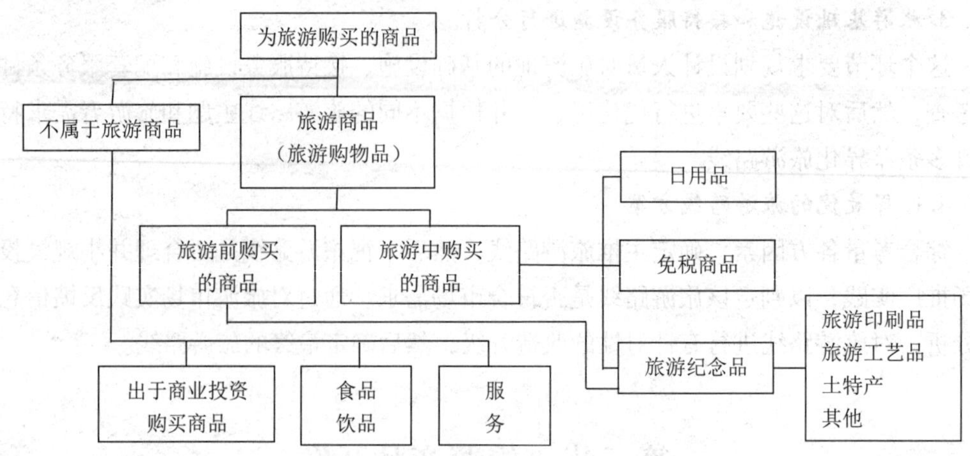

图 8–8　旅游商品概念性定义

从狭义上来说，旅游商品是指旅游者在旅游过程中，出于商业目的以外购买的、能反映旅游地特色的有形商品，主要包括纪念品、工艺品、艺术品、土特产品和日常用品五大类。狭义的旅游商品定义更多是侧重从旅游地供给视角。卢凯翔、保继刚（2017）指出，在需求者维度下，旅游商品指旅游者在旅游活动中所购买的有形商品；在供给者维度下，旅游商品指由旅游生产系统供应的，具有"旅游"内涵的有形商品；在商品流通维度下，旅游商品指在面向旅游者开放的市场上流通的有形商品。旅游规划中的旅游商品开发工作主要就是从供给角度展开的。

二、旅游商品的分类

旅游商品种类众多、特征各异，其用途和价值也大不相同，因此按照不同的分类标准可以将其划分为不同的类型。

（一）按属性分类

按属性分类，旅游商品可以被分为工艺美术品、文物古玩及其仿制品、风味土特产、旅游纪念品、旅游日用品五类。工艺美术品是指有由特殊工艺或特色材料制成的具有收藏、使用或馈赠价值的商品，如刺绣、雕塑、蜡染等。文物古玩在这里指的是国家允许出口的文物古玩，价格昂贵且数量有限只有极少部分旅游者可以消费，而其仿制品价格比较适宜，受到更多游客的欢迎。土特产品包括的种类十分丰富，通常是用旅游地特有的地方物产制成的、极富当地特色的商品。旅游纪念品通常是指以旅游地的人文景观和自然景观为题材，体现地方特色传统工艺和风格的、带有纪念性的工艺品，其种类繁多、价格适中，具有很强的艺术性、收藏性。旅游日用品是指旅游者在旅游准备期以及旅游活动过程中为满足自身生活需要而购买的商品。

（二）按用途分类

按用途分类，旅游商品可以被分为旅游消耗品、旅游纪念品和旅游馈赠品三类。旅游消耗品可以分为旅游中消耗品和旅游后消耗品。旅游中消耗品指的是在旅游活动进行过程中，用以满足旅游者基本生活需要的日用品。旅游后消耗品则为旅游者在旅游活动过程中购买的具有当地特色，用以异地消费的商品，如土特产等。旅游纪念品是旅游者在旅游过程中在旅游地购买的具有文化特征、民族特色，能帮助旅游者回忆旅游经历的旅游商品，如少数民族服饰、陶瓷工艺品、建筑仿制模型等。旅游馈赠品则是指旅游者在旅游活动进行过程中购买的用以馈赠亲朋好友的旅游商品。这类商品一般能够展示旅游目的地的文化特色并且具有一定的使用价值或观赏价值。

（三）按原材料分类

按原材料分类旅游商品可以分为动物性旅游商品、植物性旅游商品和矿物性旅游商品及人工合成类旅游商品。动物性旅游商品，如皮毛制品等；植物性旅游商品，如农副产品、根雕、植物标本等；矿物性旅游产品，如金银饰品、玉石珠宝等；人工合成类旅游商品随着科技的进步也日渐增多，如 3D 打印模型等。

（四）按标准化程度分类

按标准化程度分类，旅游商品可以分为标准化旅游商品和非标准化旅游商品两类。标准化旅游商品是指有明确的标准可以对其进行管理评价的旅游商品，如旅游土特产品等。非标准化旅游商品则是指难以用统一标准界定其优劣的旅游商品，如工艺品、艺术品等。这类旅游商品的价值和优劣完全由其购买者的主观喜好决定，无法给出具体评价方法。

三、旅游商品的特征

（一）纪念性

旅游者在旅游过程中除了饱览异地风光、欣赏历史遗迹、领略风土人情外，一般都想从旅游目的地购买一些富有纪念意义的旅游商品。旅游商品应当体现旅游目的地的文化内涵、传统工艺和地方风俗，优秀的旅游商品往往能唤起旅游者对旅游经历的美好回忆。

（二）地方性

旅游商品通常是用当地原材料和传统工艺流程进行制作和生产的，其形成和发展往往反映了深厚的地方文化特色。通过旅游商品的设计，将不同地域的消费方式、审美标准、群体爱好和人际关系表示出来。旅游商品的地方性是其区别于其他商品的重要特质，是其核心吸引力所在。

（三）美观性

旅游商品在表达地方特色的同时具有独特的内涵美，既能成为旅游地文化的形象符号，又能促进旅游者欣赏水平的提高。同时，旅游商品的外形要具有美感，包括造型、色彩、图案、装饰等，既要立足本土特色，又要捕捉时尚元素，不断推陈出新，给人以新奇和美的享受。

（四）便携性

旅游活动具有异地性，旅游者处于移动状态，携带过多物品十分不便。这就要求旅游商品具有便携性特点。旅游商品的便携性主要体现在两个方面：一是体积不能过大，二是重量不能过重。

四、旅游商品开发原则

（一）市场导向原则

旅游商品的消费者是旅游者，其开发必须坚持以市场为导向。因此，旅游地或旅游企业要分析目标旅游市场的需求特点，有计划地设计和开发旅游商品。旅游者的购物动机一般可分为纪念动机、馈赠动机、新异动机、价值动机、文化动机及享受动机。旅游商品开发应结合旅游地具体情况和旅游者购买动机展开。

（二）突出特色原则

特色是旅游产品的核心竞争力，只有地方性突出的旅游商品才能获得旅游者的青睐。极具地方特色的旅游商品由于受到购买区域的限制，在旅游地错过就很难再次购买，会使旅游者产生强烈的购买欲望。所以，要找出当地与众不同的文化元素融入旅游商品开发。

（三）就地取材原则

不同国家、不同民族、不同地区有不相同的自然景观和人文特色，这些天然存在的差异就是开发旅游商品、突出旅游商品特色的依据。就地取材包括旅游商品的题材（如西安兵马俑模型）、旅游商品的原材料（如杭州丝绸）、旅游商品的制作工艺（如景德镇陶瓷）三个方面。

（四）塑造品牌原则

当前旅游商品市场较为混乱，这对买方和卖方都十分不利，卖方无法形成规模效益且容易受到不良竞争的侵害，买方由于监管的缺失无法保障其购买商品的质量。因此，旅游商品开发要树立品牌观念，打造质量有保证、市场份额高、影响力强大的旅游商品品牌。

五、旅游商品开发对策

（一）我国旅游商品开发存在的问题

旅游商品的发展是衡量一个地区旅游业发展状况的重要参考因素，然而我国旅游商品的开发还存在诸多问题。

1. 缺乏地方特色，产销错位明显

我国幅员辽阔，物产丰富，历史文化悠久，旅游商品开发素材十分丰富。但目前大多数旅游商品缺乏特色和纪念意义，导致长期存在产销错位的问题。也就是说，尽管目前市场上的旅游产品非常丰富，但旅游者常常很难找到满意的旅游商品，大量不符合旅游者期望的旅游商品在市场中滞销。旅游商品找不到市场，旅游者找不到旅游商品，成为普遍现象。

2. 整体质量不高，品牌效应偏弱

目前，旅游市场上的旅游商品虽然数量多，但大多数是工厂规模化生产或小作坊简单加工，产品做工不够精细，包装不够精美，价格低廉，但质量不高。随着旅游业的快速发展，一些旅游地的品牌效应已经开始彰显，但旅游商品却很少形成有影响力的品牌。由于质量参差不齐，加之部分商家的不当经营行为，导致我国旅游商品的品牌效应偏弱。

3. 缺乏创新创意，技术融入不够

许多旅游商品是地方土特产、传统工艺品的简单加工、简单包装后推向旅游市场。由于生产水平不高、样式老套、缺乏创新倡议，很难得到旅游者的认可和喜爱。同时，由于不少旅游地专业旅游商品开发人才匮乏，新技术、高科技在旅游商品开发中的应用十分有限，旅游商品的功能和品质难以得到有效提升。

（二）旅游商品开发对策

1. 完善竞争机制

旅游商品开发是市场行为，应主要依靠市场力量来完成。旅游地要采取有力措施，鼓励市场竞争。一要加强知识产权保护，用法律的手段维护旅游商品商标、知识产权持有人的合法权益，打击“制假”“售假”和其他侵权行为；二要建立统一、开放的区域性乃至全国性的旅游商品大市场，促进旅游商品的市场流通。

2. 建立激励机制

建立完善的激励机制，鼓励旅游商品经营者或旅游商品生产企业开发具有地方性、创新性特点的旅游商品。旅游地可以设立旅游商品开发专项资金对旅游商品开发进行奖补，并在税收、信贷、融资等方面给予优惠政策支持，帮助小型旅游商品企业做精、做特、做大、做强。

3. 强化人才支撑

旅游商品开发水平的高低关键在于专业人才。旅游地可以大力引进专业设计人才，深入挖掘本地资源与文化特色，打造系列特色旅游商品。同时，也可以聘请专业团队为旅游地设计富有创意和技术含量的、符合现代旅游者需求的旅游商品。此外，举办旅游商品创新创意设计大赛也是培养和发现专业人才的好办法。

4. 深挖地方特色

地方历史文化中蕴藏着丰厚的宝藏，但随着岁月的流逝，逐渐鲜为人知。一些曾经畅销的地方传统手工艺品、特色美食也在现代商品经济大潮的冲击下逐渐消失。旅游商品的开发需要与地方文化整理研究和传统手工艺保护传承工作紧密结合起来，从地方文化中发掘闪光点，在保护传承中实现创新发展。

5. 贴近日常生活

现代社会，人们频繁开展旅游活动，旅游已经成为的一种生活方式。那些买回家就被遗忘或废弃的旅游商品已经逐渐没有市场，只有贴近生活、融入生活的旅游商品才能真正受到旅游者欢迎。因此，旅游商品开发要紧密结合现代人旅游生活和日常生活需求特点展开。

6. 深度拓展开发

依托地方特色物产或产业，加大旅游商品开发的深度拓展，可以做到“物用其极”，特色鲜明，可以在市场上形成较高的认可度和影响力。比如，江西赣州盛产脐橙，开发橙子相关的旅游商品，除了橙子罐头、橙子饮料等基本产品外，还向其他不同属性的产品类别延展，包括各种橙子相关的烘焙食品、化妆品、护肤品、洗护用品、糖果、冰激凌等。

7. 树立品牌形象

品牌是经营者向消费者长期提供的一组特定的特点、利益和服务而累积形成的，承载的是消费群体对其产品及服务的认可。旅游商品开发要以高质量的有形产品和无形服务来树立品牌形象，如“北京礼物”“山东 100”“云南好礼”等。同时，对旅游地特产进行组合包装往往可以扩大影响力、提升品牌价值的作用，如云南十八怪、东北三宝等。此外，要加强品牌形象管理，对旅游商品生产和经营行为进行严格管控，防止以次充好，损害品牌形象的情况发生。

【本章小结】

1. 旅游产品是旅游地为了满足旅游者的旅游需求而提供的设施实体及服务的总和。旅游产品可以分为核心部分（Core Product）、有形部分（Actual Product）、附加部分（Augmented Product）三个层次，具有无形性、生产消费同时性、不可储存性、不可转移性、差异性和季节性等特征。按照不同标准，旅游产品可以划分形成不同的产品谱系。按照旅游者参与程度分类，旅游产品可以划分为观光型旅游产品、主题型旅游产品、参与型旅游产品、体验型旅游产品；按照旅游产品功能划分可以分为享受型旅游产品、康养型旅游产品、探险旅游产品、商务旅游产品。

2. 旅游路线是旅游经营者面向旅游市场推销的一种旅游产品，包含了旅游活动需要具备的旅游日程安排和食、住、行、游、购、娱等各项旅游要素及价格。旅游路线具有时间连续性、空间差异性和内容组合性特点。旅游路线的类型包括两点往返式旅游路线、单通道式旅游路线、环通道式旅游路线、单枢纽式旅游路线、多枢纽式旅游路线、网络分布式旅游路线六种。旅游路线规划应遵循市场导向原则、突出特色原则、时间安排合理原则、空间安排有序原则、安全原则、效益原则。旅游路线规划应符合相关基本要求和遵循特定步骤展开。

3. 旅游商品是旅游产品的重要形态之一，旅游者往往出于馈赠、收藏和使用的目的购买旅游商品。旅游商品可以按属性、用途、原材料、标准化等方式进行分类。旅游商品开发的原则包括市场导向原则、突出特色原则、就地取材原则、塑造品牌原则。旅游商品通常具有纪念性、地方性、美观性、便携性的特点。旅游商品开发应遵循市场导向、突出特色、就地取材、塑造品牌的原则。旅游商品开发对策主要有完善竞争机制、建立激励机制、强化人才支撑、深挖地方特色、贴近日常生活、深度拓展开发、树立品牌形象七个方面。

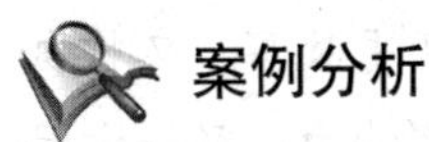

案例分析

从故宫文创看旅游商品

提到博物馆的旅游商品，很多人可能只会想到观赏性、实用性都令人不敢恭维的文物仿制品，但严肃的皇上微笑比“耶”，高冷的大臣戴上装酷的墨镜……这样的旅游商品你见过吗?

故宫的“反差萌”让故宫文创在中国迅速走红。作为一个拥有近600年历史的文化符号，故宫拥有众多皇宫建筑群、文物古迹，成为中国传统文化的典型象征。每年接待约1700万观众，每天面对着数万观众，故宫这座世界著名的综合博物馆和世界文化遗产，如何让收藏在禁宫的文物、陈列的遗产、书写在古籍里的文字活起来，成为旅游商品开发者思考的问题。

所谓文创实际上就是文化创意，文创产品就是以文化、创意理念为核心，将人的知识、智慧和灵感进行物化而成的产品。故宫并不是第一次关注文创产业，故宫淘宝早在2008年就已经上线，但当时只是将文物进行了简单的复制，价格高昂又没有创意，并不能获得消费者的青睐。转变发生在2013年。2013年，台北故宫推出了一系列“朕知道了”的纸胶带，这款胶带风靡一时，当年的销量超过18万个，自此故宫文创走上了一条新的道路。台北故宫的创意胶带走红，让故宫文创看见了故宫这个文化符号背后的无限可能性，故宫博物院紧随其后也推出了各种图案精美的纸胶带，或是类似“朕就是这样的汉子”这种带着卖萌趣味文字的折扇。同一年，故宫文创相继推出“朝珠耳机”“奉旨旅行”腰牌卡等一系列产品。“朝珠耳机”还获得“2014年中国最具人气的十大文创产品”第一名。故宫定位于“根植于传统文化，紧扣人民群众大众生活”原则，做出许多社会大众能够乐于享用、将传统文化与现代生活相结合的产品。到2017年，故宫文创的年销售额已经超过15亿元。

传统文化走进现代生活的创意是故宫文创能够从众多旅游商品中脱颖而出的原因之一，而另一个让故宫文创热度持续的关键就是其营销推广的方式。原故宫博物院院长单霁翔认为：“故宫博物院要改变传统的传播方式，要学会运用多种方式来传播优秀传统文化，我们要让故宫文化遗产资源活起来。作为一个博物馆，最重要的，是要把你的文化资源真正地融入人们的生活。”

2014年8月1日，《雍正：感觉自己萌萌哒》这款文章刷爆朋友圈，内文里配上了动态版的《雍正行乐图》，让大众第一次以娱乐的眼光、幽默的角度看这位以为人狠辣而闻名历史的君主，从此开启了故宫淘宝停不下来的“卖萌”宣传之路。后来，故宫淘宝的微博账号及微信账号又陆续发布多篇名为《朕生平不负人》《够了！朕想静静》《朕有大招赐予你》《你们竟敢黑朕？》《朕是如何把天聊死的》这样以讲历史史实之名，行宣传售卖之实的广告帖，文内多配上颠覆形象的君王的新形象。这样的宣传模式既拉近了与受众的距离，也增加了互动感，既向各年龄层受众科普了小众的历史故事，又将自己的新产品宣传出去，一举两得。故宫一方面在致力于提高社交账号影响力，另一方面也在积极地融入电商时代。2016年故宫牵手时尚博主黎贝卡，推出的“故宫·猫的异想”限量版首饰，在微店上线20分钟全线售罄；随后故宫与黎贝卡再次合作推出了故宫首个手账本——“故宫·异想2017”手账，同样热卖，不足四小时10000册就已售罄。与此同时，2016年7月，故宫推出了一档名为《我在故宫修文物》的纪录片，再一次引爆了消费者对故宫的热情。2018年11月，故宫推出了它的第一档电视节目《上新了，故宫》，邀请明星嘉宾作为新品开发官跟随故宫专家进宫识宝，探寻故宫历史文化，并与顶尖跨界设计师联手高校设计专业的学生，每期打造诞生一个引领热潮的文化创意衍生品。

毋庸置疑，故宫文创是当今中国最成功的博物馆文创品牌，甚至可以说是当今中国最优秀的旅游商品品牌。虽然故宫旅游商品的走红与故宫本身的历史沉淀，以及它在中国乃至世界人民心中无与伦比的地位有关，无论是商品开发方向还是营销模式都无法被复制，但是它将历史与生活融合、让传统文化变得更有趣的创新理念是值得每一个旅游商品开发商思考和借鉴的。

资料来源：根据相关资料整理而成。

思考讨论题：

1. 故宫旅游商品开发遵循的核心理念是什么？
2. 故宫旅游商品开发经验给其他旅游地带来什么样的启示？

实践活动

结合你所在城市的旅游业发展情况，设计一条具有地方性特色的旅游路线。

思考题

1. 旅游产品概念的界定可以分为哪几个类型？
2. 按照旅游产品功能划分，旅游产品可以分为哪几种？
3. 旅游路线的基本特点有哪些？
4. 旅游路线规划的主要内容包括哪几个方面？
5. 旅游商品开发如何突出地方性特色？
6. 旅游行政管理部门如何有效开展旅游商品开发工作？

【参考文献】

［1］俞孔坚 . 观光旅游资源美学评价信息方法探讨［J］. 地理学与国土研究，1989（4）.

［2］楚义芳 . 关于旅游路线设计的初步研究［J］. 旅游学刊，1992（2）.

［3］Sung etc.Definition of Adventure Travel：Conceptual Framework for Empirical Application from the Provider's Thesis［C］// Research & Academic Papers，1996.

［4］吴人韦 . 旅游规划原理［M］. 北京：旅游教育出版社，1999.

［5］谢彦君 . 基础旅游学［M］. 北京：中国旅游出版社，1999.

［6］吴广孝 . 旅游商品开发实务［M］. 上海：复旦大学出版社，2000.

［7］林南枝，陶汉军 . 旅游经济学（修订版）［M］. 天津：南开大学出版社，2000.

［8］国家旅游局人事劳动教育司 . 旅游规划原理［M］. 北京：旅游教育出版社，2001.

［9］陈启跃 . 旅游路线设计刍议［C］// 中国地理学会人文地理专业委员会 .21 世纪的人文地理学——中国地理学会人文地理专业委员会暨全国高校人文地理学研究会 2003 年年会论文集，2003.

［10］苗学玲 . 旅游商品概念性定义与旅游纪念品的地方特色［J］. 旅游学刊，2004

(1).

[11] 张国平.都市旅游：从需求型向享受型转变的研究[D].南昌大学，2008.

[12] 吴必虎，俞曦.旅游规划原理[M].北京：中国旅游出版社，2010.

[13] 谢彦军.基础旅游学[M].北京：中国旅游出版社，2011.

[14] 朱虹.论旅游商品发展的标准、重点及路径[J].企业经济，2015(11).

[15] 田里.旅游经济学[M].北京：科学出版社，2016.

[16] 范长征.英美文化遗产创意旅游与“参与式”体验[J].甘肃社会科学，2017(4).

[17] 卢凯翔，保继刚.旅游商品的概念辨析与研究框架[J].旅游学刊，2017，32(5).

[18] 马勇.旅游规划与开发[M].4版.北京：高等教育出版社，2018.

第九章 旅游项目策划

旅游项目策划是旅游规划与开发过程中的重要环节。面对日益成熟的旅游消费市场、旅游资本市场，旅游区没有一个好的项目策划，没有标志性的特色项目，已很难找到开发资金，很难吸引旅游者，更难在激烈的市场竞争中取胜。本章主要从旅游项目创意、旅游项目体系及旅游项目设计三个方面入手，重点阐述了旅游项目及旅游项目创意的概念、旅游项目创意设计的方法、旅游项目的分类、旅游项目的基本要素、旅游项目设计的主要程序等。

【学习目标】

了解旅游项目的概念和分类，熟悉旅游项目设计的原则，掌握旅游项目创意设计的方法、旅游项目的基本要素和设计的主要程序。

【核心概念】

旅游项目、旅游项目创意、旅游项目设计

第一节　旅游项目创意

旅游项目是基于旅游市场需求和旅游资源基础开发的，是推进旅游地开发建设和运营发展的重要抓手。在旅游市场竞争日益激烈的背景下，旅游地要成功吸引旅游者，开发新的旅游项目必不可少。旅游项目的创意往往决定了项目的吸引力和竞争力，是旅游规划过程中较具挑战性的工作内容之一。

一、相关概念

（一）旅游项目

旅游项目的内涵十分宽泛，对其概念的界定存在一定困难。简而言之，旅游项目是由各种现实和潜在的旅游资源转化而来的，能真正创造价值和财富的旅游吸引物（Tourist Attractions）。可见，旅游项目并不是简单的旅游资源，而是要将已经存在的旅游资源经过人为的改造和设计，以使其独特魅力更加充分地展示出来。

对于旅游项目概念的界定，不同的学者从不同的角度有不同的解释，但是还没有形成统一的说法。国外有许多国家和机构对旅游项目的概念进行了界定，如苏格兰旅游委员会（1991）提出，所谓旅游项目应该是一个长久性的旅游吸引物，旅游项目的主要目的是让公众和旅游者得到消遣的机会，做他们感兴趣的事情，或者是受到一定的教育，而不应该仅仅是一个游乐场、一场歌舞剧或电影、一场体育竞赛等。旅游项目不仅应该吸引严格意义上的旅游者、一日游者，还应对当地居民具有一定的吸引力。华尔士和史狄文斯（Walsh Heron & Stevens，1990）将旅游项目描述成具有如下特征的旅游吸引物：

（1）吸引旅游者和当地居民来访，并为达到此目的而经营。

（2）为到来的顾客提供获得轻松愉快经历的机会和消遣的方式，使他们度过闲暇时间。

（3）将发展的潜力发挥到最大。

（4）按照不同项目的特点来进行针对性的管理，使游客的满意度最大。

（5）按照游客的不同兴趣、爱好和需要提供相应水准的设施和服务。

国内学者对旅游项目概念的界定主要有如下说法：马勇（2002）认为，旅游项目是借助于旅游地的旅游资源开发出的以旅游者和旅游地居民为吸引对象，提供休闲消遣服务，具有持续旅游吸引力，以实现经济、社会、生态环境效益为目标的旅游吸引物。黄郁成（2002）认为，旅游项目是指旅游开发者为了达到特定的旅游发展目标而临时调集到一起的资源组合，即由各种现实和潜在的旅游资源转换而来的，能真正创造价值和财富的旅游资源。郑治伟（2000）认为，旅游项目是指在一定时间范围内、在一定的预算范围内为旅游活动或以促进旅游目标实现而投资建设的项目。崔卫华（2003）认为，旅游项目是旅游投资项目的简称，是指在一定时间和区域内，为完成某项（或一组）旅游开发目标，按照一个独立的总体设计规划进行投资的各单项工程的总和。张述林（2005）认为，旅游项目是指为旅游活动或为实现旅游目标而投资建设的项目，是在科学分析、总结旅游消费者的需要、动机及行为方式的基础上，为刺激消费者的消费欲望，从而取得利润的活动。旅游项目的三大核心是：项目的主题、项目的策划、项目的布局。胡新添（2007）认为，旅游项目就是指旅游地政府部门、旅游开发商、旅游经营者等为实现特定的旅游发展目标，根据旅游市场的需要及自身的资源、交通、区位条件，在可行性分析的前提下所确定的具有既定时间、范围、主题和功能的特殊开发项目。杨振之（2007）认为，旅游项目是因旅游系统而存在的，旅游项目是旅游活动的物质文化载体，是旅游策划规划的对象，是旅游策划中要考察、研究的条目。刘琴（2011）认为，旅游项目是一种设施或是活动，它是具体可见的，可以落实到具体的地块上，有特定的主题和明确的功能。

综合国内外学者的观点，可以发现旅游项目主要具有以下几个特征：①旅游项目应该为旅游者提供消遣以度过闲暇时间；②旅游项目的吸引力应该长久，并且其吸引的对象不仅仅是旅游者，一日游者和当地居民也应该是旅游项目的吸引对象；③旅游项目需要一定的管理，并通过经营创造一定的经济效益。

因此，本书认为，旅游项目是指整合一定的旅游资源形成的，具有一个主题，以旅游者和旅游地居民为吸引对象，提供休闲消遣服务，具有持续旅游吸引力，以实现经济、社会、生态环境效益为目标的旅游吸引物。

（二）旅游项目创意

随着旅游业的不断发展，等级高、特色鲜明的自然与人文旅游资源基本都已经被利用了，剩下的多是特色不太鲜明、开发难度较大的资源。同时，随着人们生活水平的不断提高和旅游需求层次的不断升级，旅游者消费理念日趋理性，求新、求变、求异心理日益强烈。在此情况下，旅游项目创意就显得尤为重要。所谓旅游项目创意，就是要在新的旅游资源条件和旅游市场形势下，如何通过表现形式或旅游项目内容的变化与更新，使旅游项目更适合该旅游地的发展。旅游项目创意是创意的一种，但又不同于一般的产品的个体性创意，而是从整体上勾画一个项目的成功轮廓的思维创造活动。

准确来说，旅游项目创意是指主要基于个体的理念、情感、知识、经验、信息和技能，通过创造性思维产生的，关于旅游项目主题选择、规划设计、施工建设、运营管理的独特意念和新颖构思。旅游项目创意是以创意为重要驱动力的旅游设计理念，是一种适应现代经济社会发展变化的推动旅游增长的新方式。与过去旅游业发展对传统旅游资源的高度依赖性相比，这一理念更加强调以充满创意的眼光和方法去发现、开发、利用传统旅游资源的潜在价值及非传统旅游吸引物来培育未来的旅游项目，更强调去研判市场需求变化，引导旅游需求，拓展旅游市场。一般来说，一个旅游项目从立项开始就已经经过了项目创意。在这以后还要不断地进行创意的活动，即使是在项目融资、项目完工后的宣传等方面都渗透着项目创意的内容。

二、旅游项目创意的特征

（一）创新性

旅游项目创意的创新性主要体现在创新型旅游项目的推出。在日趋激烈的旅游市场竞争中，保持高水平竞争力的重要途径就是不断地对旅游产品进行创新。由于受到先期发展地区的强大竞争压力，旅游项目的开发必须尽可能地避免与其他资源的同质或重叠，按照高起点、差异化的原则进行开发，更多地依靠独特、新颖的创意来突出特色。此外，旅游项目创意的创新性还表现在旅游项目设计应随具体情况变化而加以调整，即需要设计人员具有创造性的思维，不能抱残守缺、墨守成规，要不断地创造新的项目内容或形式。对于开发特别成功的旅游项目，不能生搬硬套，而是善于依据本地的实际情况适当借鉴并加以创新。

（二）时效性

旅游项目创意的另一个重要特征就是具有明显的时效性。由于旅游资源吸引力和旅游市场需求的不断变化，旅游项目创意的吸引力也随之而变化。旅游项目的创意设计必须以旅游资源为基础，以市场需求为导向。但是旅游资源开发受到时间的限制，如婺源在春天油菜花盛开的时候游客剧增，而秋冬季节没有油菜花，游客量就锐减；山地滑雪旅游项目也只有在冬季才能开展，泼水节、火把节等民俗节事活动都有明确的季节性等。因此，在面对这类旅游资源时，应严格按照其适宜的时间段设计相关的旅游项目。旅游资源吸引力也会随着市场需求的不断改变而发生变化，一些旅游项目在推向市场一段时间后，其吸引力会慢慢减弱。此时，旅游项目的设计人员应及时根据不断变化的市场需求去调整项目策划的方向。

（三）关联性

旅游项目创意还有一个较为明显的特点，即关联性。与其他创意一样，旅游项目创意是各种元素重组或异态混搭。也就是说，旅游项目创意与多种元素相互关联。同时，因为旅游产业的无边界、渗透性强等特征，以及旅游市场需求的多元化趋势，与其他类型创意相比，旅游项目创意具有更为突出的综合性与象征意义。经由创意设计出的旅游项目不同于一般的旅游项目，应更具有吸引游客“眼球”的象征意义和符号价值。

（四）超前性

旅游项目创意必须具有一定的超前性，要在对未来市场需求发展预测的基础上进行创意设计。旅游项目从设计到建设运营之间存在时间差，项目建成后一旦要改变其状态或形式将产生较高的成本。因此，旅游项目在创意设计时，要在设计的理念和技术方面保持适度的超前性。所谓超前性是指规划设计人员要对未来需求的发展方向有所了解并按照未来的旅游市场需求来设计旅游产品。这要求规划设计人员不断加强自身的专业理论素养，还应该深入调查旅游市场需求，获取大量国内外的相关信息，以深入了解旅游市场的未来发展趋势。

三、旅游项目创意的理念

（一）人无我有

“人无我有”是旅游项目创意设计的最基本含义之一。所谓“人无我有”，即创造一个别的旅游地或旅游景区从来没有过的旅游项目，属于完全彻底意义上的创新，也是创新的第一个层次。这种创新需要深厚的经验积累，要达到旅游项目的创新水平必须对其他旅游地的资源赋存状况、发展现状及旅游项目的现有情况做一个最基本的调查和了解，其后才能根据本地所特有的优势创造设计出全新的旅游项目。虽然在目前条件下进行旅游项目的创造性设计存在一定的困难，但“人无我有”应作为指导旅游规划与开发的项目创意设计的首要理念。

（二）人有我新

“人有我新”是从创新性上对旅游项目的创意设计进行了具体的阐释。即如果一个旅游项目在其他的旅游地或旅游景区已经存在了，那么在新的旅游地的开发过程中，应该将其做一定的改进后再引入。该设计理念要求旅游规划人员在进行旅游项目设计时，要注意旅游项目的差异性。一方面创造性设计一些新颖的旅游项目，也就是在第一个理念指导下进行旅游项目创意设计；另一方面将其他旅游地所拥有的旅游项目进行本土化改造，使其充满浓郁的本土风情，从而与其他同类型的旅游项目形成差异，成为一个新的具有强大吸引力的旅游项目。在改造型创新中，既可以是从旅游项目的硬件基础上加以创新，如提高旅游项目的科技含量、采用新兴的科学技术等，也可以是从文化氛围或其他的软条件上对旅游项目进行改造创新。

（三）人新我转

“人新我转”是对创新性的再次强调，是指当一个旅游项目在别的旅游地已经存在，但在目前的条件之下本地区无法通过创新措施使本地的旅游项目超过其他旅游地时，旅游地应主动地放弃该旅游项目，寻找新的市场空间，开发出新的旅游项目。“人新我转”的理念真正落到实处需要旅游规划人员具备较高的市场分析和预测能力，更需要一定的勇气和魄力。旅游市场的竞争十分激烈，要退出一个市场和进入另一个市场的难度同样巨大。因此，旅游规划人员在对旅游项目进行设计时要努力挖掘旅游资源的内在潜力，力求所设计的旅游项目能相比其他项目有一定的创新。当这种创新性的项目设计无法完成时，就应该及时地转向另一个旅游项目的设计，以求在新的旅游市场上形成自己独有的旅游项目，获得旅游者的认可，以此提升本旅游地的旅游竞争力。

“人无我有”“人有我新”“人新我转”是旅游项目创意设计中必须坚持的理念，这三句话是一个统一的整体，强调进行旅游项目设计时应以创新性为设计标准，体现旅游市场竞争力的核心就是创新力的竞争。因此，在进行旅游项目创意设计时要在充分考虑本地旅游资源的实际情况，力求设计的旅游项目突出本地的特色，并与其他地区的旅游项目之间产生一定的差异性，以产生较强的旅游吸引力。当旅游项目创新性通过创造或改造都无法达到提升旅游地的旅游吸引力的时候，旅游规划设计者就要通过寻找新的旅游市场作为突破口，设计出既能满足旅游者的需求，又具有本地旅游特色，并与其他旅游地相区别的旅游项目。

四、旅游项目创意的方法

旅游项目创意方法是一个体系，包括组织方法、思维方法、技术方法、程序方法和激发方法。从组织形式来看，旅游项目创意有个人创意和集体创意之分。在旅游项目创意实践中，常用的组织方法主要包括头脑风暴法、菲利浦斯 66 法、默写式头脑风暴法（635 法）、MBS 法、NBS 法、CBS 法等。从思维模式来看，旅游项目创意的方法包括发散思维和收敛思维、横向思维和纵向思维、正向思维和逆向思维等思维方向，以及联想、想象、类比、直觉、顿悟、灵感等具体方法。从技术来看，旅游项目创意方法可以分为联想创意法、类比创意法、组合创意法、臻美创意法四大系列，其他方法如和田十二法对于激发旅游创意也具有积极促进作用。从操作程序来看，旅游项目创意可以分为准备、酝酿、顿悟和完善四个阶段。从激发方法来看，旅游项目创意方法主要包括暗示右脑法、寻求诱因法、追捕热线法、搁置问题法、西托梦境法、养气虚静法、跟踪记录法，具体参见表 9–1。

表 9–1　旅游项目创意的方法

方法名称	主要内涵
头脑风暴法	采用会议的形式，向专家集中征询他们对某问题的看法。策划者将与专家对该问题的分析和意见有条理地组织起来，得到统一的结论，并在此基础上进行项目策划
菲利浦斯 66 法	将一个大型集体，分成若干个六人小组，围绕可能解决的问题，运用智力激励方法，同时进行 6 分钟讨论，最后得出一个解决问题的答案
默写式头脑风暴法（635 法）	由 6 个参与者坐成一起围成一圈，每个人 5 分钟内在一张纸上写出 3 个设想（故又叫 635 法），然后按顺时针或逆时针方向传递给相邻的人完成第一轮设想。然后下一轮开始，依然是 5 分钟，参与者根据自己拿到的纸上面的 3 个设想，再写下 3 个设想，依此类推，在半小时内共可产生 6 人 ×3 个设想 ×6 轮 =108 个设想。会议结束后整理、归纳这 108 个设想，找出可靠设想方案，并组织下一次会议进行下一步讨论
MBS 法	日本三菱树脂公司开发的方法。具体做法是五步：第一，提出主题；第二，每人各自在纸上写设想，时间为 10 分钟；第三，轮流发表自己设想，每人限 1~5 个，主持人记下各设想，其他人可填写受到启发的新设想；第四，将设想写成正式提案；第五，由主持人将各人的提案用图解方式写在黑板上，然后深化讨论，以获得最佳方案
NBS 法	是日本广播公司开发的方法。具体做法：会前明确会议主题，每次会议 5~8 人，将卡片预先发给每个参加者，每人提出 5 条以上设想（每卡 1 条）。会议开始后，各人出示自己的卡片，并依次做出说明。在别人宣读设想时，如果产生新设想，应立即填在备用卡片上。会议发言完毕，将卡片集中分类，在每类卡片上加一个标题，按序排在桌面上，然后评价和讨论，从中挑选出可供实施的设想。每次会议 2~3 小时

续表

方法名称	主要内涵
CBS 法	是日本高桥诚根改良的方法。具体做法：会前明确会议主题，每次会议 3~8 人，每人持 50 张卡片，桌上另放 200 张备用卡片。会议一般 1 小时。前 10 分钟为“独奏”阶段，由每人在其卡上填写设想，一卡一个设想，接下的半小时，按座位次序轮流发表已见，每次宣读 1 张卡片，宣读时将卡片放在桌子中央，让每个人都能看清楚。在宣读后，其他人可提出质询，也可以将启发出来的新设想填入备用卡片。余下的 20 分钟让大家互相交流和互相探讨各自的设想，从中再引发新设想
发散思维	又称辐射思维、放射思维、扩散思维或求异思维，是指大脑在思维时呈现的一种扩散状态的思维模式，它表现为思维视野广阔，思维呈现出多维发散状，如“一题多解”“一事多写”“一物多用”等方式。不少心理学家认为，发散思维是创造性思维的最主要的特点，是测定创造力的主要标志之一
收敛思维	也叫作“聚合思维”“求同思维”“辐集思维”或“集中思维”，是指在解决问题的过程中，尽可能利用已有的知识和经验，把众多的信息和解题的可能性逐步引导到条理化的逻辑序列中去，最终得出一个合乎逻辑规范的结论
横向思维	是一种打破逻辑局限，将思维往更宽广领域拓展的前进式思考模式，它的特点是不限制任何范畴，以偶然性概念来逃离逻辑思维，从而可以创造出更多匪夷所思的新想法、新观点、新事物的一种创造性思维
纵向思维	是指在一种结构范围内，按照有顺序的、可预测的、程式化的方向进行的思维形式，这是一种符合事物发展方向和人类认识习惯的思维方式，遵循由低到高、由浅到深、由始到终等线索，因而清晰明了，合乎逻辑
正向思维	指人们在创造性思维活动中，沿袭某些常规去分析问题，按事物发展的进程进行思考、推测，是一种从已知进到未知、通过已知来揭示事物本质的思维方法
逆向思维	也叫求异思维，它是对司空见惯的似乎已成定论的事物或观点反过来思考的一种思维方式
和田十二法	又叫“和田创新法则”（和田创新十二法），即指人们在观察、认识一个事物时，可以考虑是否可以“加一加”“减一减”“扩一扩”“缩一缩”“变一变”“改一改”“联一联”“学一学”“代一代”“搬一搬”“反一反”“定一定”。如果按这十二个“一”的顺序进行核对和思考，就能从中得到启发，诱发人们的创造性设想
暗示右脑法	按斯佩里的脑科学新成果，人的右脑主管着许多高级功能。比如，音乐、图画、图形等感觉能力，几何学和空间性能力，以及综合化、整体化功能，都优越于左脑。因此，右脑主管着人的潜思维——孕育着灵感的潜意识，近十多年来，世界上许多心理学家、教育学家相继把研究目光转向重视发挥潜意识的作用，保加利亚心理学家洛扎诺夫通过改革教学法的实验，得到用“暗示法”启示潜意识，调动大脑两个球不同功能的积极性，收到了良好的效果
寻求诱因法	灵感的迸发几乎必须通过某一信息或偶然事件的刺激、诱发。数学及其他科学的发现中的大量事实表明，当思维活动达到高潮，问题仍百思不得其解时，诱发因素就尤为宝贵，它直接关系到研究的成功或失败。这种诱发因素的获得办法有多种，如自由的想象、科学的幻想、发散式的联想、大胆的怀疑、多问的反思等
追捕热线法	“热线”是由于潜意识孕育成熟了的，并可以和潜意识相沟通的主创课题和思路，大脑中一旦“热线”闪现，就一定紧紧追捕，迅速将思维活动和心理活动同时推向高潮，务必求得一定的结果
搁置问题法	如果思考的问题总是悬而难决，那就把它暂时搁置下来，转换思维的方向和环境，或去学习和研究别的问题，过一段时间再回到这个问题上来，或不自觉地使你回到原题上来，有时就会突然悟出解决的办法来，“文武之道，一张一弛”。长期紧张的用脑思索之后，辅之以体育活动、文艺活动或散步、赏花、谈心、下棋、看戏、沐浴、洗衣等，有意识地使思维离开原题，让大脑皮层的兴奋与抑制关系得到调剂，才能有效地发挥潜思维的作用，促使灵感的迸发

续表

方法名称	主要内涵
西托梦境法	美国堪萨斯州曼灵格基金会“西托”状态研究中心的格林博士认为，一个人身心进入似睡似醒状态时，脑电图显示出一系列长长的、频率为4~8周的电波，科学家称这种状态为“西托”，这种电波称为“西托波”。而在西托状态中做梦常常会迸发出创造性灵感，这种“西托”式的梦境，只有在思考的问题焦点明朗，思索紧张，以至达到吃不好、睡不着的程度才易于出现。因此，并非一切做梦都能导发灵感，我们应当创造条件，为有利的做梦提供机会
养气虚静法	以“养气”使身心进入“虚静”（排除内心一切杂念，使精神净化），在“虚静”境界里，求得灵感的到来，这是中国古代提出的诱发灵感发生的成功方法。由于“养气”是要“清和其心，调畅其气”，使其心情舒畅，思路清晰，虚心静气
跟踪记录法	灵感像个精灵，来去匆匆，稍纵即逝，必须跟踪记录，随身携带笔和小本子，只要灵感火花一现，就即刻把它捕获记下

在综合以上各种方法的基础上，有学者提出了一种综合性方法，即破（突破）—连（连接）—选（优选）旅游项目创意三步曲。这种方法在对旅游资源、旅游需求进行分析的基础上，在元素拓展与变换、价值转化与创新思想的指导下，将旅游项目创意活动核心过程分为如下三个环节。

（一）破：突破

“破”是旅游项目创意的第一步，正所谓“不破不立”，只有突破现状、跳出原有框框才可能产生新的构想。在旅游项目创意中，“破”主要表现在突破思维定式、传统认知和项目资源现状三个方面。思维定式是存在于人脑所习惯使用的工具和程序，其形式化的结构和强大的惯性容易导致遇到问题时头脑的“自我应答”。这是旅游项目创意的最大障碍。传统认知既有的知识与经验往往束缚着新构想的产生，是创意的重要制约因素。项目资源现状与开发条件容易限制创意人员对未来发展的想象，影响着创意者的激情与意志。一般而言，“破”有两种基本思路：一是改变事物的原有定义、活动的原有规则、关系的原有属性，二是对象的客观结构、活动的基本环节、关系的构成要素。

（二）连：连接

“连”是旅游项目创意的第二步，只有与其他领域的事物连接、搭配、组合，才有可能产生新功能或新事物。旅游项目创意就是旅游项目元素与其他领域不同元素之间的混合搭配、重新组合。例如，云南民族村是云南各地不同民族村寨景观与文化活动的组合，桂林夜游旅游项目是环境整治、景观亮化、乘船游览的连接，龙虎山景区就是人文景点、竹筏漂流、登山、夜游、演艺的搭配。一般而言，“连”包括一个点与另一个点的连接（即单线连接）、一个点与其他多点的连接（即辐射连接）、一个点通过另外一点影响其他点的连接（多维连接）。

（三）选：优选

在经历了“破”和“连”之后，会同时产生数量不等的旅游项目创意备选方案，这时就进入“选”这一环节，规划设计人员可以从中选出最佳创意。因为旅游项目类型多样，创意遴选的标准也有所不同。不过，一般而言，遴选项目创意的主要标准包括新颖独特程度、游客体验指数、技术难度、实施成本 4 个方面。在创意优选阶段，关键工作就是确定理想方案的标准，尽量采用科学的方法评估各方案，在此基础上选出最佳方案。除了评估方案之外，还应树立一种理念，即对方案的积极评价比简单的排除更重要。每一种创意方案都有可取之处，吸收各创意方案的长处，对遴选出的方案进行改进，最后可以得到更优秀的创意方案。

第二节　旅游项目分类

不同的旅游资源及其开发条件可以造就不同的旅游项目，同样多元化的市场需求也可以催生不同类型的旅游项目，需求的多样性决定了旅游项目的多样性。对旅游项目进行分类，有利于加深对旅游项目的科学认识，可以进一步提升旅游规划的科学性、系统性和落地性。

一、旅游项目分类的意义

项目分类是策划创意的思维单元。旅游项目分类对旅游业的发展起到很重要的作用。首先，对庞大的旅游项目库进行分类是旅游业有序发展、协调发展的迫切需要。现阶段，学术界还没有形成对旅游项目的一个系统的认识及深入的理论研究。其次，对旅游项目进行分类，能更好地认识其共性及个性，有利于把握每类项目的特征。最后，有利于对项目进行分类评价，减少旅游投资失败情况的发生。

二、旅游项目分类的原则

（一）科学性

旅游项目分类不仅要有严谨的理论依据，更要适合社会实践活动，并能充分体现项目的本质及其内在规律性，保证其准确性。

（二）完备性

旅游项目类型尽可能囊括了已经出现的所有项目，并且要保证各类项目之间相互独立，不会产生重复、包含、交叉的关系。

（三）可操作性

项目分类要有实践操作性，对旅游项目分类是以项目评价为主要目标的。为了项目评价，各个项目的特征属性不宜过多，并且要尽可能量化，便于操作。

三、旅游项目分类

基于不同的研究目的和观察角度，旅游项目可以分为多种类型。通过对旅游项目分类方式的研究整理发现，目前有 10 余种分类方式，30 多种不同类别的旅游项目。在旅游规划与开发中较为常见的是从旅游项目功能角度、旅游者的角度、从建设内容或者行业的角度、从重要性的角度、从投资规模的角度等进行分类。此外，还有许多其他分类方法。

（一）从旅游项目功能角度分类

从功能的角度来看，旅游项目是提供观光、休闲度假、医疗保健、商务会展、教育修学、体育运动等功能的项目。这种分类方式充分体现了旅游作为服务业的主要功能。但上述项目功能单一，而旅游业已经成为一个综合性的服务行业，其功能已经不单纯是观光、休闲、体育运动等，往往一个项目集合了观光、休闲度假、医疗保健、体育运动等多种功能（见图 9–1）。

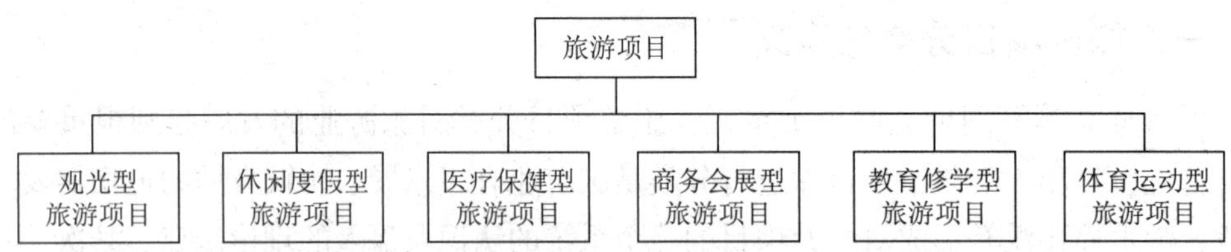

图 9–1　按照功能属性分类的旅游项目分类

（二）从旅游者特征角度分类

从旅游者的角度进行分类，是以旅游者的个人特征作为分类标准对旅游项目进行类型划分的方法。一般而言，旅游者的旅游目的、职业、年龄、组织形式、消费方式、旅游时间、旅游的距离等旅游者特征可以作为分类标准。例如，按照旅游者的旅游目的，可以将旅游项目分为观光型旅游项目、度假型旅游项目及生态旅游项目等；按照旅游者的旅游组织形式，可以分为单身旅游项目、情侣旅游项目、亲子旅游项目和居家旅游项目等；按照旅游者的消费方式，可分为高消费旅游项目和低消费旅游项目等，具体参见表 9–2。

表 9-2 基于旅游者角度的旅游项目分类

分类性质	旅游项目类型
旅游目的	观光旅游、度假旅游、生态旅游、专项旅游
旅游者职业	学生、无职业者、体力劳动者、脑力劳动者、退休人员
旅游者年龄	儿童、青少年、成人、老人
组织形式	单身旅游、情侣旅游、亲子旅游、居家旅游、群体旅游、自驾游、组团旅游
消费方式	高消费、低消费、包价旅游、奖励旅游
时间	一日游、周末旅游、短期旅游、工作旅游
旅游距离	近郊旅游、远郊旅游、中程旅游、远程旅游、国际旅游

（三）从旅游要素角度分类

这种项目分类方式是按照旅游者的食、住、行、游、购、娱等需求进行的，符合旅游者的消费特征。旅游六要素精辟涵盖了旅游活动的各要素和旅游活动的全过程（见表9-3）。但是随着旅游业的发展，激发人们旅游的动机和体验要素越来越多，需要拓展新的旅游要素。近年来，在旅游六要素基础上，发展出新的旅游六要素，即“商、养、学、闲、情、奇”六要素。前者为旅游基本要素，后者为旅游发展要素或拓展要素。

表 9-3 旅游六要素涵盖项目

类	型	基本类型
餐饮	野炊	烧烤、凉拌、火锅、汤涮、油炸、爆炒、蒸煮
	野餐	林间野餐、草地野餐、水边野餐
	自助餐	主食、菜肴、水果、饮料
	酒吧	鸡尾酒、烈性酒、葡萄酒、啤酒、黄酒
	茶肆	茶馆、咖啡馆、音乐茶座
	宴席	地方特色宴席、异地风情宴席、特色菜肴宴席
	快餐	即时外卖、现做外卖、现做现吃、现做零吃
住宿	野营	睡袋、帐篷、树上巢居、地下穴居、地面露营
	风情屋	水上客房、监狱旅馆、寺庙客舍、空中气球卧室、地下坟墓棺材客店、毡包旅舍、木（竹）屋（楼）、农家院、渔家乐
	旅途铺位	汽车卧铺、轮船铺位、畜力运输铺位、汽车旅馆
	度假村	滨水度假村、山地度假村、空中度假屋、疗养院
	常规旅馆	宾馆、旅舍、公寓、别墅

续表

类　型		基本类型
交通	机动工具	宇宙飞船、飞艇、热气球、飞机、水上飞船、气垫船、大客轮、游艇（轮）、水下观光船、潜水艇、水陆两栖船、汽车、电车、太阳能车、火车、轻轨、小火车、地铁、缆车（椅）、索道、升降梯、其他交通工具
	畜力工具	爬犁、马（牛）车、大象、骆驼、驴、其他畜力交通工具
	人力工具	栈道、徒步、自行车、竹（木）排（筏）、划船、皮筏
	自然力	帆船、冰帆、荡索、漂流艇、溜索、滑翔伞、蹦极
游览	地文景观	地质过程形迹、造型山体与石体、蚀余景观、自然灾变遗迹、砂石地、岛礁、洞穴
	水域风光	河段、湖泊与池沼、瀑布、泉、海面、冰雪地
	生物景观	树木、花卉、草原与草地、动物栖息地
	历史遗迹	天气与气候、天象与气象、水文现象、自然现象与自然事件
	建筑设施	宗教与礼制活动场所、艺术与附属景观建筑、归葬地、交通设施、水利工程设施、传统乡土建筑、科学教育文化艺术场所、工农业生产观光区与生产线、社会福利场所、游憩场所、体育健身活动场所、购物场所、绿地广场
	人文活动	人事记录、文艺团体、民间习俗、节庆活动
娱乐	健身娱乐	风筝、滑翔、跳伞、游泳、人造波游泳、冲浪、潜水、帆板、帆船、滑水、滑草、滑雪、滑车、滑板、划船、波浪车道、脚踏轨道车、水上自行车、多人自行车、跳跳自行车、雪橇、武术、体操、减肥、针灸、药膳、理疗浴海水浴、沙浴、温泉浴、矿泉浴、森林浴、负氧离子浴、桑拿浴、蒸汽浴、冰水浴、泥浴
	竞技娱乐	赛马、赛艇、赛龙舟、射箭、击剑、摔跤、相扑、高尔夫球、保龄球、草地保龄球、网球、足球、篮球、排球、沙滩排球、乒乓球、羽毛球、桌球、门球、手球、垒球、棒球、曲棍球、冰球、水球、彩弹、射击
	器械娱乐	飞艇、滑翔机、游览飞机、热气球、蹦极、汽车（快艇）拖曳跳伞、过山车、翻滚车、空中旋转（摇曳）器械、月球车、碰碰车、摩托车、越野车、摩托艇、碰碰船、科幻设施
	观赏	赛事观赏、海底世界、海底观光船、艺术馆、博物馆、展览馆、音乐厅、影剧院、球幕电影、水幕电影、环幕电影、动感电影、茶馆、书场、舞会、文艺表演、沙龙、宗教习俗、礼仪庆典、影视城（基地）、生肖园、退役设施、游乐园、微缩景观、产业观光园、仿古街（城）、民俗文化村（园）、名著景观、动植物园、古币坛、碑林、蜡像馆、雕塑园
	智力游戏	模拟仿真、迷宫、电子游戏、对歌、棋牌、野外生存训练
	生产娱乐	狩猎、垂钓、捕捞、种植、收获、采集、食品加工、纺织、刺绣、锻造

“商”是指商务旅游，包括商务旅游、会议会展、奖励旅游等旅游新需求、新要素；“养”是指养生旅游，包括养生、养老、养心、体育健身等健康旅游新需求、新要素；“学”是指研学旅游，包括修学旅游、科考、培训、拓展训练、摄影、采风、各种夏令营冬令营等活动；“闲”是指休闲度假，包括乡村休闲、都市休闲、度假等各类休闲旅游新产品和新要素，是未来旅游发展的方向和主体；“情”是指情感旅游，包括婚庆、婚恋、纪念日旅游、宗教朝觐等各类精神和情感的旅游新业态、新要素；“奇”是指探

奇，包括探索、探险、探秘、游乐、新奇体验等探索性的旅游新产品、新要素，具体参见表 9–4。“商、养、学、闲、情、奇”旅游发展六要素是基于现阶段实践的总结，随着旅游不断升级，今后还会拓展出更新、更多的旅游发展要素，这是旅游业蓬勃发展的大趋势。

表 9–4 基于旅游发展要素的旅游项目分类

旅游发展要素	旅游项目类型
商	商务旅游、会议会展、奖励旅游
养	养生、养老、养心、体育健身
学	修学旅游、科考、培训、拓展训练、摄影、采风、各种夏令营冬令营等
闲	乡村休闲、都市休闲、度假等
情	婚庆、婚恋、纪念日旅游、宗教朝觐等
奇	探索、探险、探秘、游乐、新奇体验等

（四）从重要性角度分类

根据旅游项目的重要程度，可分为国家级旅游项目和地方级旅游项目。按照重要性分类的方式显示了对旅游项目的重视程度，但是缺乏针对性和可操作性。

（五）从投资规模角度分类

根据投资规模，旅游项目可划分为大中型项目和小型项目。一般而言，投资总额在 3 亿元及以上就属于大中型项目，其余的属于小型项目。

（六）其他分类法

按照旅游活动的主题和内容，可以分为自然生态旅游项目、历史旅游项目、文化旅游项目、科技旅游项目。按照旅游活动的状态可以分为主动旅游项目和被动旅游项目；按旅游活动发生的空间，可将旅游项目分为室内旅游项目、城区旅游项目、乡郊旅游项目、区域旅游项目、国际旅游项目、洲际旅游项目和星际旅游项目；按照建设性质，可分为新建旅游项目、改扩建旅游项目、恢复建设旅游项目；按项目的目的属性，可分为公共基础类旅游项目和经营类旅游项目；按照旅游活动与场地的对应关系，可分为硬质项目和软性项目；根据项目的形态，可分为实体旅游项目与非实体旅游项目；按照影响力、吸引力标准，可分为国际性旅游项目、全国性旅游项目、区域性旅游项目和地方性旅游项目；按照层次性的角度，可分为集合项目、元素项目和单元项目，具体参见表 9–5。

表 9-5　基于其他分类标准的旅游项目分类

旅游项目分类标准	旅游项目分类
按照旅游活动的主题和内容	自然生态旅游项目、历史旅游项目、文化旅游项目、科技旅游项目
按照旅游活动的状态	主动旅游项目和被动旅游项目
按旅游活动发生的空间	室内旅游项目、城区旅游项目、乡郊旅游项目、区域旅游项目、国际旅游项目、洲际旅游项目和星际旅游项目
按照建设性质	新建旅游项目、改扩建旅游项目、恢复建设旅游项目
按项目的目的属性	公共基础类旅游项目和经营类旅游项目
按照旅游活动与场地的对应关系	硬质项目和软性项目
根据项目的形态	实体旅游项目与非实体旅游项目
按照影响力、吸引力标准	国际性旅游项目、全国性旅游项目、区域性旅游项目和地方性旅游项目
按照层次性的角度	集合项目、元素项目和单元项目

第三节　旅游项目设计

旅游项目设计是旅游规划对旅游地发展指导性的重要体现，也是规划设计者创造力的重要体现。因为，旅游地的旅游开发，着力点最终要落到旅游项目设计上。旅游地必须依靠具有较强吸引力和竞争力的旅游项目才能占领市场，取得理想的经济、社会和环境效益。

一、旅游项目设计的原则

（一）因地制宜原则

旅游项目需要以本地的旅游资源和社会经济文化环境为基础，项目的设计需要与本地的资源和环境特色相吻合，避免与当地资源环境相背离。

（二）现实性原则

旅游项目设计必须付诸实施才能产生相应的效益和影响力，要建立在切实可行的基础上，应具备较强的可操作性和经济上的可行性。

（三）需求导向原则

成功的旅游项目开发与建设是寻求资源与市场间平衡的过程。旅游开发是一个经济过程，旅游项目策划的最终目的是有效对接市场需求。旅游项目策划的一个重要环节是进行市场研究，没有进行市场研究的旅游项目策划是无的放矢。

（四）系统协调性原则

旅游项目策划是旅游市场营销系统与旅游区开发系统的子系统。同时，旅游项目策划本身构成一个系统，由策划目标、策划对象、成果、策划后评价等部分组成。项目策划是对旅游活动整体的运筹设计，系统协调原则是旅游项目策划成功的关键。

（五）可持续发展原则

自然和人文生态都具有明显的脆弱性，在开发过程中极易受到毁灭性的破坏。因此，旅游开发必须坚持可持续发展的原则，旅游项目设计不能以破坏生态环境和旅游资源为代价去换取旅游项目短期的经济效益。

二、旅游项目的基本要素

（一）明确的目标和主题

明确的目标和主题是旅游项目的灵魂，项目开发建设必须围绕目标和主题进行。旅游项目的目标应该有一个具体的要求，包括开发建设规模、具体功能、预期经济效益等。旅游项目通常由若干相对独立的子项目或工作包组成，构成了完整的项目系统。

（二）适用年限

环境在不断变化，旅游者需求在变化，旅游项目也要不断地调整、完善，直至完成项目周期。因此，旅游项目要求在科学进行投资规模与预期经济效益测算的基础上设定适用年限。

（三）明确项目依托的环境与范围

旅游项目要落实在特定的区域，因此，旅游项目策划应充分考虑旅游区、社区的特殊环境，即明确旅游项目依托的环境与范围。

（四）明确项目功能、内容和实现途径

旅游项目应具备具体的功能、实施内容和实现目标的途径。功能是指具备与项目主题相适应的娱乐、休闲、度假、探险等活动的效能。项目要具有实现目标的必要手段。有时候项目在实施过程中会出现很多新的问题，即对达成目标的途径并不是很清楚。因此，项目目标的实现途径应包含有创新的要求。

（五）合理的人员和充足的资金

旅游项目要有合理的人员搭配和充足的资金保障。人员构成通常包括环境、经济、

市场、旅游及地理、园林等专门人才组成的人员组合。同时，为保障项目开发建设顺利推进，还要有充足的资金作保障。

（六）恰当的评价标准和监控体系

旅游项目实施是一个长期的、后效的、不稳定的过程，要建立一个连续的、便于监控的经济、社会、环境目标评价系统。此外，应根据旅游项目的特殊性，建立有效的政府或社会监控体系。

三、旅游项目设计的步骤

（一）旅游项目设计的问题界定阶段

1. 旅游项目设计的问题界定

旅游项目设计首先要明确需要解决什么问题。项目策划前必须深入项目地深入展开调研，召开政府、企业、行业组织和社区居民参加的座谈会，通过对发展环境、旅游产业发展现状、面临的机遇与挑战、项目开发基础条件等情况进行定量和定性分析，捕捉需求要点，找准关键性问题，为开展卓有成效的项目设计做好充分准备。

2. 选择合适的设计人员

旅游项目设计是一项需要丰富经验和创新能力的工作，项目组通常由经验丰富的各方面专家组成，具体包括产业经济、区域经济、规划设计、市场营销、经济和财务分析、环境和基础设施规划、社会学、心理学、文学艺术等领域的专家，并且要注重人员年龄结构的合理性，将经验性开发和创新性开发完美地结合起来。

同时，这一阶段还包括对项目设计的界定给予初步商讨，如果符合这一性质的项目设计要求，并且该设计队伍能够完成项目设计任务，便可进入下一阶段设计工作。否则，设计组应提议重新界定项目设计，或是重组项目设计队伍。

（二）旅游项目设计计划拟订与组织分工阶段

1. 旅游项目设计计划拟定

成功的旅游项目设计必须制订科学有效的计划。在制订计划过程中，第一步是了解旅游项目设计目标。目标可以是一个体系，各子目标之间都有内在联系，设计人员必须明确哪个目标是战略性的，哪个目标是战术性的。

2. 设计工作的组织分工

设计工作是一项复杂的系统工程，有了计划则应该去实施，进而需要对设计工作进行组织分工。根据旅游项目设计的内容不同，可分为资源普查、市场调研、项目论证、可行性研究等工作小组。

（三）旅游项目设计的调查研究阶段

1. 确定调查研究内容

旅游项目设计首先应该做到对信息的全面有效搜集，具体应包括旅游资源、旅游市场环境、旅游消费者、旅游设施和服务、国内外相似或相近项目等的调查研究。

2. 旅游资源调查

旅游资源是进行旅游项目设计的基础条件。项目组可根据《旅游资源分类、调查与评价》（GB/T 18972—2017）对旅游区的旅游资源做出全面系统的分类、调查与评价，为旅游项目设计提供充分依据。

3. 旅游市场环境调查

调查内容一般包括：市场需求调查、客源结构调查、行为调查、跟踪调查。调查结果的可靠性主要取决于问卷设计的科学性、样本选取的代表性。调查问卷的统计分析目前使用比较普遍的是 SPSS 软件。对市场的正确把握不是一次调查就能确定的，需要通过长期的市场调查资料的积累来分析市场特征，所以建立市场数据库显得尤为必要。

4. 旅游者调查

旅游者的调查属于行为调查，这种调查主要是通过设计问卷，以获得旅游者的性别、年龄、职业的结构、旅游目的、旅游消费支出总额及构成等旅游者信息，有助于开展旅游项目的市场分析与定位。

5. 旅游设施和服务调查

旅游设施和服务是旅游区的发展现状，作为旅游项目设计的实施基础，应对其进行翔实的调查，包括旅游接待设施、旅游交通、旅游信息系统等基础资料的调查，具体到旅游区及辐射范围有多少接待床位、有多少标识标牌等。这些数据对旅游项目的经济分析具有重要影响。

6. 国内外相似或相近项目调查

旅游项目设计是一项寻找差异的智力活动，在借鉴现有的一切智力成果，又要有效规避竞争风险。因此，旅游项目设计前要对国内外相似或相近项目展开调查，并进行对比分析，从而为项目设计进一步明确方向。

7. 信息资料的来源与搜集信息的办法

信息资料的获取有两种途径：一是旅游管理部门、旅游接待企业及相关部门的统计资料，对这些资料进行分析可以了解旅游市场背景和地方旅游业发展现状；二是市场调查。问卷抽样调查是市场调查最常用的方法。

8. 资料的汇集与整理

旅游项目设计所需要的信息不是一次获得的，同时，一次搜集的信息应发挥无数次作用。为此，应对信息资料进行有效的汇集与整理，建立旅游信息系统。将地理信息系统应用于旅游项目设计中，一方面可以获得经济社会信息系统的支持，另一方面可以建立旅游信息系统，包括旅游需求信息系统、旅游供给信息系统和旅游经济信息系统，为旅游项目设计提供资源评价、市场预测、项目选择等方面的决策信息，如图 9–2 所示。

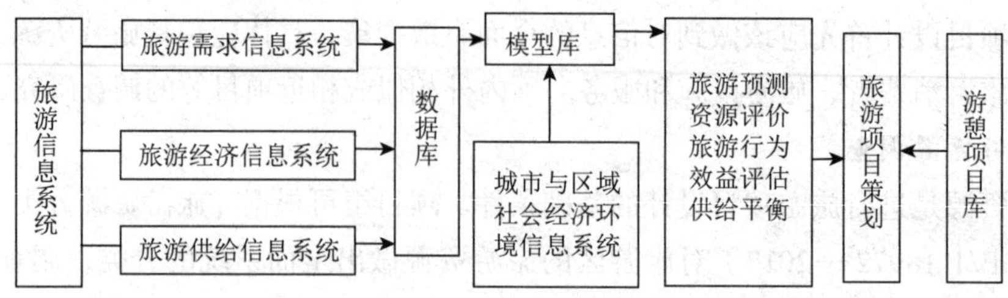

图 9–2　旅游项目设计决策支持系统

9. 旅游项目设计的初步构思

在进行旅游项目设计时，设计人员首先要提出关于旅游项目设计的初步构思，即将某种潜在的需要和欲望用功能性的语句来加以刻画和描述。这种初步构思可以自创，也可以借用其他旅游地的旅游项目作为原型。但是，此时的构思只是旅游项目设计的方向和概念，并未定型，也不一定具有可行性。

（四）旅游项目构思的评价

在经过了一番分析和思考之后，设计人员应拥有数个可供选择的项目构思。此时，就需要借助目标市场需求调查、开发成本和投资收益的估算对项目构思进行甄别，将那些成功概率较小的旅游项目构思淘汰，而保留那些成功的机会比较大的项目构思。

（五）旅游项目设计

1. 讨论项目概念

依据旅游区旅游资源、区位环境、政策环境、投资环境、客源市场环境等对设计方案进行充分、全面的讨论，并对旅游项目进行主题定位和总体定位。旅游项目一般都需要主题，即使是奇山异水等独特景观区，如果有了清晰独特、引人入胜的主题，并且按照主题进行整合打造，旅游吸引力都会得到极大的提升。总体定位一般包括产品定位、形象定位、目标定位等。

2. 确定项目功能方案

旅游项目设计可以围绕旅游要素进行细分开展，结合游憩方式，构建系统的综合功能结构。例如，食、住、行、游、购、娱等要素大功能；观光、探险、休闲、度假、休学、疗养等游憩功能；以住宿为主，餐饮娱乐为辅助的结构（大多数度假村的模式）；以餐饮为主，辅以民俗游乐的结构（大多数农家乐的模式）。在对项目功能分析和整理的基础上，筛选出合理的、有价值的方案，并对其进行评价，选定重点项目。

3. 设计旅游产品

旅游项目方案还停留在概念层面。概念还不是产品，旅游项目设计要对概念进行内涵挖掘、包装，使其具象化，转化成为旅游产品，为经营者带来经济效益。

4. 设计商业模式

商业模式，是项目开发的灵魂，其内容非常丰富，包括了收入模式、经营模式、营销模式、管理模式、投资分期、资本架构、融资模式等。

5. 投资效益分析

投资效益分析具体包括经济效益、社会效益和生态效益分析，并在此基础上，对投资项目的技术可行性、投资回报收益率及进行此项投资的必要性形成相应的结论，作为投资决策的依据。

6. 制订开发运营计划

这一计划的重点，在于把战略落实到开发的每一环节之中，提示操作的顺序、重点等细节。开发运营计划一般涉及以下八个方面：①经营权及相关合同谈判与签订；②土地征用、拆迁、居民安置；③策划、规划、设计等相关事项；④立项、项目可行性研究报告与相关证书报批；⑤工程招标与投资建设；⑥招商引资与融资运作；⑦开业验收与开业营销运作；⑧管理运营与人力资源培训。

（六）项目设计书的写作与评估阶段

1. 项目设计书的写作

旅游项目设计报告书包括文本和图件。设计文本应包括旅游资源普查、旅游市场调查、旅游项目设计、技术经济分析等内容。同时，设计离不开图纸，不同层次的旅游项目设计应有相应的图纸，把项目设计内容尽可能落实到图纸上。

2. 项目设计方案的修改

旅游项目设计是一个绝对动态的过程，要适时对设计方案进行改进、完善，必要时给予重新论证。但在一个特定的时段内，旅游项目设计方案应获得相对的静态，即以静态的方案指导旅游区的开发建设工作。优秀的旅游项目设计应理顺编制单位、政府、投资商以及社区的关系来确保项目的有效实施。

3. 设计方案的评估

旅游项目设计方案的评估是在方案初步完成后，在广泛征求意见的基础上，从技术、经济、财务和社会等各个方面对旅游项目的可行性与合理性进行全面的审核和评估，是对项目设计方案的完善和补充，是对设计进行优化的阶段。经过评估和优化后的方案是最终的设计方案，具有设计的科学性、全面性、前瞻性和可操作性，是旅游开发建设的蓝图（见图 9–3）。

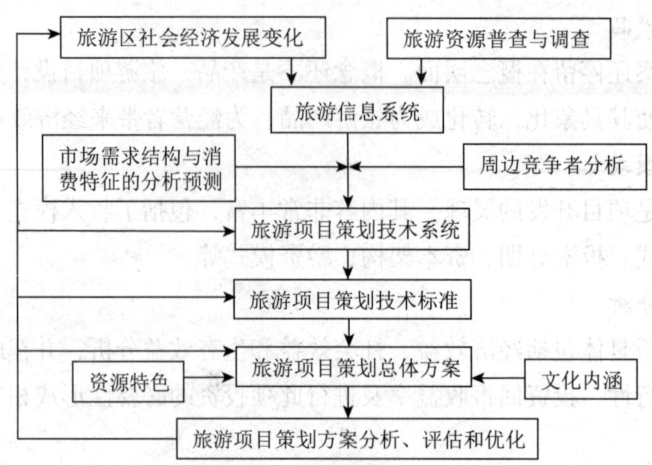

图 9-3 旅游项目设计流程

【本章小结】

1. 旅游项目是指整合一定的旅游资源形成的，具有一个主题，以旅游者和旅游地居民为吸引对象，提供休闲消遣服务，具有持续旅游吸引力，以实现经济、社会、生态环境效益为目标的旅游吸引物。在旅游项目创意设计时，应遵守“人无我有”“人有我新”“人新我转”的理念，其中所包含的意义为创新性。无论是从无到有，从有到新，还是从传统领域到新兴领域，都是旅游项目创意设计中的创新精神的体现。

2. 项目分类是策划创意的思维单元。旅游项目分类是旅游业有序发展、协调发展的迫切需要，也是对旅游项目进行系统认识及深入研究的过程，能更好地认识旅游项目的共性、个性、特征，减少旅游投资失败情况的发生。旅游项目分类要坚持科学性、完备性和可操作性的原则。旅游项目分类可以从项目功能、旅游者特征、旅游要素、重要性和投资规模等角度进行。

3. 旅游项目设计应遵循以下基本原则：因地制宜原则、现实性原则、需求导向原则、系统协调性原则、可持续性发展原则。旅游项目设计的基本要素包括：明确的目标和主题、适用年限、明确项目依托的环境与范围、明确项目功能、内容和实现途径、合理的人员和充足的资金、恰当的评价标准和监控体系。旅游项目设计包括问题界定、计划拟定与组织分工、调查研究、旅游项目构思的评价、旅游项目设计、项目设计书的写作与评估等阶段。

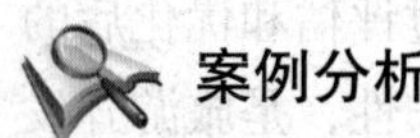
案例分析

案例 1 宜春市时光主题公园项目策划方案

利用宜春市马鞍山森林公园良好的地理区位和自然资源优势，以袁州谯楼——世界上现存最早的专门从事时间工作的地方天文台为线索，策划设计“时光”古今主题穿越游乐、“时光”延伸纪念品、“时光”主题休闲、“时光”科技研学、“时光”养老度假、“时光”小镇等产品业态项目，引进国内外大型财团和专业运营团队，全力打造一个以“时光”为主题的产业新城。

一、时光穿越主题乐园

策划在时光主题公园建设时光穿越主题乐园，主要分为三期建设，一期主要建设时光穿梭屋、VR/MR 乐园，二期建设亲子部落、动漫乐园，三期建设过山车、时光漂流、时光列车、时光摩天轮、高空轨道漫步等项目。

二、时光乐谷

策划建设时光乐谷，打造二十四节气主题迷宫、太空星座迷宫。

三、时光小镇（养老小镇）

重点面向儿童、青年和老年三个时间段的市场，分别策划亲子小镇、青年小镇和养老小镇三大板块项目。

（1）亲子小镇：以亲子游乐项目为主要建设内容，通过设计特定的亲子活动加深参与者之间的感情，主打“享受每时每刻在一起的时光”主题。

（2）青年小镇：以 20 世纪 80 时代、90 年代的怀旧记忆为主题，打造一系列与青年回忆相关的文创产品、记忆体验馆等，打造以青年群体为主要对象的追忆空间。

（3）养老小镇：以“穿越时光的弄堂故事”为主题，汇聚时光元素，打造集游览体验与互动交流为一体的时光小镇。时光小镇除时光展览外，可设置“那年今日”“穿越空间”等项目，为老年人提供休憩娱乐空间。

资料来源：胡海胜，胡林波，徐育强，薛笑艳，等．宜春中心城区春江花月夜提升规划方案．

讨论问题：

1. 案例中旅游项目创意策划体现了什么主题特色？
2. 结合案例中的情况，谈谈城市旅游项目策划应如何构建旅游项目体系。

案例 2　龙虎山智慧旅游项目

龙虎山目前已经初步形成了涵盖智慧管理、智慧服务、智慧营销、智慧体验等全方位的智能化、网格化旅游体系。在具体做法上，龙虎山将“一块屏”“一张网”“一部手机”三个概念，贯穿于智慧旅游建设的全过程。

一块屏，让管理更智慧。在智慧龙虎山指挥调度中心，一块硕大的弧面显示屏上，不仅实时显示着景区各路口、各酒店后厨、各竹筏、各购物商场的监控视频，还整合了各类旅游数据，并依托这些数据进行旅游发展指数分析、游客满意度分析、客源地分析等。目前，景区的指挥调度中心以打造“全国领先，省内第一”的地市级旅游大数据平台为目标，正努力成为全国旅游数据研究及应用的领跑者。

一张网，让营销更智慧。龙虎山的智慧旅游不仅体现在智慧旅游建设上，智慧营销也是其中最大的亮点之一。近年来，龙虎山充分利用互联网技术手段，通过微信、微博、抖音等载体，加大对景区的营销宣传力度。龙虎山景区微信公众平台目前已拥有粉丝近 50 万，总阅读量达 8689 万人次，在全国各大景区微信排行榜中位列前茅，全省各大景区微信排行榜稳居前三。龙虎山景区微博目前已拥有粉丝量 152 万，阅读量达 3 亿次。2017 年，龙虎山跻身全国 5A 景区官博影响力 Top10。龙虎山抖音注册于 2018 年 4 月，目前粉丝量近 5 万并急剧上升。与此同时，景区还抓住鹰潭移动物联网产业发展契机，着力打造了一批基于 NB–IoT 技术的智慧应用场景。

一部手机，让游客更方便。2017 年 9 月，鹰潭市全域旅游平台正式上线。作为江西省内首个全域旅游平台，该平台整合了鹰潭所有旅游相关产业、产品，实现了一部手机就能购买到在鹰潭食、住、行、游、购、娱等方面的相关旅游产品，给游客带来了一站式旅游服务的全新体验。截至目前，平台共入驻商家 268 家，上架产品 632 款，入驻司机 279 名，一年成交订单 67889 单，总交易金额 1845 万元。

资料来源："智慧"龙虎山，风光无限好［N］. 江西日报，2018–09–26（A04）.

讨论问题：

1. 智慧龙虎山智慧旅游项目创意亮点有哪些?
2. 相较传统旅游项目而言，龙虎山智慧旅游项目具有哪些创新性旅游功能?

实践活动

根据所学的旅游项目设计原则、方法，就学校所在地城市或景区提出富有创新性的旅游项目体系。

思考题

1. 简述旅游项目创意设计的概念和内涵。
2. 旅游项目创意设计应遵循哪些原则?
3. 旅游项目的基本要素有哪些?
4. 旅游项目设计应遵循哪些步骤展开?

【参考文献】

［1］马勇，李玺 . 旅游规划与开发［M］. 北京：高等教育出版社，2002.

［2］李庆雷，旅游项目创意的理论与方法研究［J］. 旅游研究，2011，3（3）.

［3］沈祖祥，旅游策划学［M］. 福州：福建人民出版社，2000.

［4］李庆雷，旅游创意：缘起、内涵与特征［J］. 北京第二外国语学报，2011（1）.

［5］吴必虎，俞曦 . 旅游规划原理［M］. 北京：中国旅游出版社，2010.

［6］张述林．旅游项目策划理论与实践［M］．重庆：重庆出版社，2005.

［7］刘琴．旅游项目规划的理论与方法研究进展［J］．安徽农业科学，2011，39（8）.

［8］崔卫华．旅游投资项目评价［D］．东北财经大学，2003.

［9］杨振之．旅游项目策划［M］．北京：清华大学出版社，2007.

［10］胡新添．区域旅游项目策划的理论与实证研究——以融水苗族自治县为例［D］．桂林理工大学，2007.

［11］黄郁成．新概念旅游开发［M］．北京：对外经济贸易大学出版社，2002.

［12］吴宝昌．旅游项目策划研究［D］．广西大学，2004.

［13］郭庆．旅游项目分类及经济效益评价理论与实践研究［D］．北京交通大学，2013.

［14］李锋，李萌．旅游策划理论与实务［M］．北京：北京大学出版社，2013.

［15］郑治伟．旅游项目可行性研究初探［J］．重庆师范学院学报（自然科学版），2000（S1）.

［16］辛欣，陈楠．基于IPA方法的文化主题公园旅游项目优化研究——以开封清明上河园为例［J］．资源科学，2013，35（2）.

［17］吴新华.PPP模式在少数民族旅游项目开发中的应用研究［J］.贵州民族研究，2016，37（9）.

［18］林亦府，孙敏，陈水生．统合治理：地方政府文化旅游项目的运作逻辑［J］．中国行政管理，2018（7）.

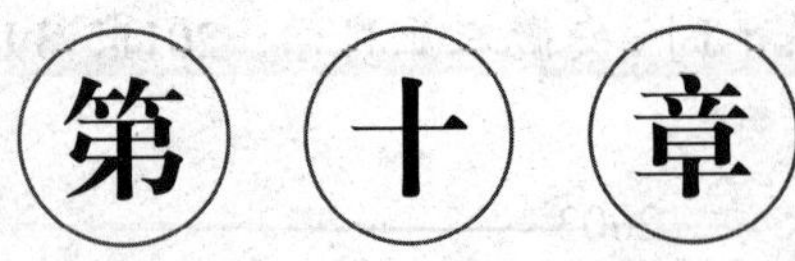

第十章 旅游配套设施规划

本章首先介绍旅游服务设施规划的相关内容，具体包括游客中心、旅游住宿设施、旅游餐饮设施、旅游购物设施、旅游康体娱乐设施的分类、相关特征、基础分析思路和规划要点。同时，对旅游基础设施规划的相关内容进行介绍，具体包括旅游交通设施、给排水设施、电力电信设施和旅游环卫设施，在对其基本特点进行分析的基础上，总结概括了相关规划要点。

【学习目标】

了解旅游服务设施和旅游基础设施的内容体系，熟悉对其进行规划前的基础分析思路，掌握游客中心、旅游住宿设施、旅游餐饮设施、旅游购物设施、旅游康体娱乐设施、旅游交通设施、给排水设施、电力电信设施和旅游环卫设施的规划要点。

【核心概念】

旅游服务设施、旅游基础设施

第一节 旅游服务设施规划

旅游服务设施是指旅游地旅游从业人员向旅游者提供服务时依托的各项物质设施和设备。为了保障旅游接待服务质量，旅游规划应对旅游地的服务设施进行科学系统规划，主要涉及游客中心、旅游住宿设施、旅游餐饮设施、旅游购物设施和旅游康体娱乐设施等。

一、游客中心规划

游客中心（Tourist Center），又称游客集散中心、游客接待中心，最早出现在美国国家公园。旅游地依托游客中心为旅游者提供及时、高效、周到的旅游服务，是提升旅游满意度的重要途径。游客中心是旅游地形象展示和对外服务的主要窗口，具有引导、服务、解说、集散及游憩五大传统功能，对提升旅游地形象具有重要作用。由于旅游者处在空间移动过程中，因此旅游地需要通过建立完善的游客中心体系，才能为旅游活动的开展提供全面系统的服务支持。根据旅游地空间范围的大小，旅游地可以对游客中心进行分层设置，即分为主游客中心、次游客中心和游客服务点三个层次，共同组合形成旅游地游客中心系统，紧密衔接，为旅游活动的顺利开展提供服务和管理支持。

（一）游客中心选址

游客中心通常是旅游者最先到达旅游地的集散点，因此，其首要功能就是旅游交通组织功能，让旅游者“进得来、散得开”。因此，游客中心选址要充分考虑交通组织的便利性，通常依托旅游地的中心城镇、核心景区或交通枢纽设立，以实现游客中心的控制和引导功能。同时，游客中心选址还应充分考虑水、电、气、环保、抗灾等基础工程条件，以有效落地实施和控制建设成本。此外，周边的自然环境、社会环境条件也是游客中心选址需考虑的因素。例如，地形地貌和植被情况会影响游客中心的景观效果，人口社区分布情况会影响到其交通安全和秩序维护等。

（二）游客中心规模设定

游客中心作为旅游接待服务的窗口，其规模大小将影响功能配置、旅游者体验和投资效率。科学合理设定游客中心建设规模，避免造成旅游旺季过度拥挤，而旅游淡季又过度闲置浪费等问题。游客中心规模设定应重点考虑的因素主要如下。

1. 游客流量

这是设定游客中心建设规模的前提条件。游客中心的建设规模的设定，一方面要科学测算旅游地日均客流量；另一方面应对未来客流量增长趋势进行预判，留出一定发展空间。

2. 环境影响

游客中心建设有可能受自然资源保护、文物资源保护、景区景观风貌协调等因素的影响，需要适度控制建设规模，将其对环境的影响降到最低。例如，游客中心的面积、层高等指标需要根据其场地条件进行设定。

3. 投资效益

游客中心建设规模越大，其投资额度显然越高。游客中心属于旅游基础设施建设，以提供旅游公共服务为主，尽管也会适当配置购物、住宿、餐饮等功能，但直接经济产出相对有限，其建设规模过大必然导致投资效益偏低。

（三）游客中心功能配置

游客中心主要包括接待服务功能、交通换乘功能、展示营销功能和管理功能。其中，服务功能内容最为丰富，具体包括接待、信息咨询、导游讲解、餐饮、住宿、购物、娱乐、医疗卫生、投诉和特殊人群服务等。根据不同层级游客中心的实际情况，其部分服务功能可以有所取舍，如餐饮、住宿、娱乐等功能应根据需要设置。

（四）游客中心外观设计

游客中心建筑外观除须具备醒目标识和使用功能外，还应注重建筑外观设计，体现旅游地的地方特色和旅游发展理念，在旅游者眼前成为一道风景，而且有内涵、有“说头”。例如，江西省靖安县游客中心主体建筑屋顶由三个屋脊并列组成，体现当地“三山两水”的自然地理环境特征，同时整体造型又像一只展翅高飞的大鹏鸟，寓意旅游业腾飞。此外，游客中心建筑及其附属场地设计应与周围环境相协调，其建筑色彩、体量、风格等应巧妙地融入自然环境中，保持与自然景观的协调一致性。

二、旅游住宿设施规划

旅游住宿设施是指旅游地为旅游者提供住宿服务的宾馆、度假村、客栈和民宿等设施。随着我国进入休闲度假时代，旅游者对旅游地尤其是旅游度假区的住宿设施提出了更高要求，对其硬件设施质量、服务水平、区位条件和品牌知名度等要素倍加关注。可以说，完善的旅游住宿设施是旅游地发展成熟的重要标志之一。

（一）旅游住宿设施分类

旅游住宿设施按照不同标准可以分为不同的类型。

1. 按照档次等级分类

由低到高可分为一星级、二星级、三星级、四星级、五星级酒店，或者经济型酒店、舒适型酒店、豪华型酒店，或者低档酒店、中档酒店、高档酒店。

2. 按照主体功能分类

分为度假型酒店、商务型酒店、会议型酒店、综合型酒店等。

3. 按照经营形式分类

分为常规酒店、汽车旅馆、公寓旅馆、青年旅社、民宿等。

4. 按照建筑形式分类

分为普通酒店、园林式酒店、帐篷酒店、胶囊酒店、窑洞酒店、围屋酒店等。

5. 按照床位规模分类

国际上对旅游住宿设施大小规模的评定标准是：床位数≥ 500 张，为大型住宿设施标准；床位数 200~499 张，为中型住宿设施标准；床位数 200 张，以下为小型住宿设施标准。

（二）现状调查与规模预测

编制旅游住宿设施规划应对规划区内现有的住宿设施进行调查，具体包括其类型、空间分布、床位数量、功能档次、服务特色等情况。在此基础上，规划人员结合地方旅游业发展现状及未来趋势，对旅游住宿设施存在的问题进行研判。

旅游地的住宿设施规模需根据总体游客规模和过夜旅游者所占的比例，用数学模型进行预测，而住宿设施规模的重要量化标准是总床位数。在旅游地开发初期，过夜旅游者人数较少，但随着旅游产品的逐渐丰富，功能逐步完善，旅游者停留时间将大大延长，过夜旅游者的比例将不断增长，平均留宿人数将持续增加。由于旅游住宿设施总床位数与房间数成正比，进而与住宿设施规模呈正相关关系，因此可以将旅游区住宿设施总床位数作为住宿设施规模的代理变量。旅游地住宿设施规模计算公式如下：

$$C = R \times L \times N / T \times K \quad (1)$$

式中：C——床位数；R——年接待人数；L——住宿旅游者比例；N——旅游者平均住宿天数；T——全年可游天数（取 360 天）；K——床位平均利用率。将数值代入式（1），可得出旅游地旅游住宿设施应具备的规模。

（三）规划要点

1. 制定分期发展规划

根据旅游地在不同发展阶段的旅游住宿设施规模预测，可以编制旅游住宿设施分期建设规划。在旅游地发展初期，通常以政府为主导，制定优惠政策，重点扶持急需的旅游酒店项目落地。旅游地发展中期，客流量不断加大，市场投资热情快速增长，旅游住宿设施将进入大规模发展阶段，规划编制应预留发展空间，以快速提升旅游地住宿设施的接待能力和服务水平。旅游地发展成熟期，旅游住宿设施规划重点加强对行业发展质量提升的引导，并对规范化管理提出要求，鼓励支持创新发展新型旅游住宿业态。

2. 调整优化档次结构

旅游规划应对旅游地住宿设施提出提升发展思路和方案。例如，对旅游住宿设施进行合理的空间布局，并对不同规模、档次、特色和品牌的住宿设施进行优化组合等。调整优化档次结构的目的是使旅游地住宿接待服务能够更加贴合旅游者需求，有效避免内部出现同质化竞争等问题。随着旅游地的不断发展，一方面单位团体对大规模上档次的大型酒店需求上升，另一方面越来越多的自助游散客更加青睐小规模、主题化、特色化的客栈、民宿。因此，要规划引导旅游地形成大型商务会议酒店、旅游度假酒店、乡村特色酒店、文化主题客栈和民宿等多种类型住宿设施繁荣发展的格局。同时，旅游地应着重提高住宿接待服务质量和经营管理水平，实行统一管理，分层次、分等级定期培训，并对服务质量进行有效监督。

3. 建筑景观风貌控制

旅游住宿设施需要建设具备一定规模的建筑空间极其配套设施。全域旅游快速发展时代，旅游者对住宿设施的需求往往已经不再局限于住宿本身，其建筑风格特色也成为旅游者欣赏的内容。例如，阿联酋迪拜海湾的阿拉伯塔酒店有 56 层、321 米高，是全球最高的饭店，外形酷似一艘帆船，以金碧辉煌、奢华无比著称。这座酒店的建筑风格还与其所处的海湾环境完美融合，具备十分突出的景观价值，吸引了无数旅游者到访。因此，住宿设施建设应与当地的地域风貌和生态环境相适应，充分考虑气候、坡向、坡度、采光等因素。在建筑材料和内外装饰方面也应尽量突出地方文化特色。

三、旅游餐饮设施规划

民以食为天，旅游餐饮一方面满足旅游者在旅游地的基本饮食需要，另一方面也丰富了旅游体验内容，对提高旅游质量、强化旅游经历有着积极的作用。因此，旅游业的发展离不开餐饮业的支撑，旅游餐饮设施是旅游业的重要接待服务设施。

（一）旅游餐饮设施分类

1. 旅游餐饮店

旅游餐饮店属于独立的旅游餐饮设施，选址大多位于景区周边、城市旅游街区、旅游交通干线沿线，主要服务对象是旅游者。这类旅游餐饮设施的特点一般是中小规模，经营方式灵活，地方特色鲜明。

2. 旅游酒店餐厅

大型旅游酒店一般都有餐厅作为配套设施，其设施相对比较完善，档次比较高，规模比较大，可以举行大型宴会活动。餐厅是旅游酒店的重要收入来源，具有设施设备豪华、功能多样、服务规范等特点。一方面满足住店客人的餐饮需求，另一方面还可以承接非住店旅游者、商务客人和当地居民的餐饮需求。

3. 旅游美食街区

旅游美食街区一般选址在大型旅游景区周边或城市旅游功能区，由众多各具特色的旅游餐饮店组合而成。单个餐饮店的规模通常不大，但是整个旅游美食街区可以让旅游者体验到不同特色的美食和大量人群聚集消费的欢乐氛围。旅游美食街区为了吸引旅游者，不仅布局餐饮美食项目，而且非常注重街区景观风貌的打造，有改造提升的老街，也有新建的仿古街区等类型。例如，西安的回民街、武汉的户部巷、成都的锦里等都是著名的旅游美食街区。

（二）规模预测

旅游餐饮设施的规模一般由两个方面的因素决定：一是旅游市场需求规模，影响因素包括游客流量的季节性变化、游览时间、停留天数等；二是旅游餐饮设施的建设条件，包括用地面积、自然环境、道路交通和配套设施容量等。

由于旅游餐饮设施的总餐位数与旅游餐饮设施规模呈正比，因而可以将总餐位数作为规划区餐饮设施总规模的代理变量。假如餐位按旅游者中午用餐量计算，包括住宿游客中餐均在旅游区内用餐，非住宿游客中餐按 50% 的就餐率计算，餐座周转率为 2 次，年可游天数为 360 天计算，则餐位需求量可按以下模型测算：

$$C=\frac{(X_1\times N+X_2\times S)\times K}{Y\times T} \tag{2}$$

式中：C——餐位数；X_2——年非住宿游客量；X_1——年住宿游客量；S——用餐率按 50% 计算；Y——年可游天数，取 360 天；T——餐座周转率按 2 次计；N——平均住宿天数；K——游客集中度，K 随旅游区开发愈渐成熟而逐渐提高，但最终趋于平缓。

（三）规划要点

1. 优化布局

旅游餐饮设施布局要根据旅游者的需要而定，在景区内一般重点考虑旅游路线起点、终点和中间的重要节点进行布局。在整个旅游地空间范围内考虑旅游餐饮设施的布局，则应兼顾城镇、旅游景区、游客中心和交通主干线沿线，根据旅游者空间活动规律因地制宜进行合理布局。

2. 突出特色

旅游餐饮是旅游体验的重要组成部分。旅游餐饮应尽可能地突出地方特色，旅游者通过品味地方美食，可以获得美的享受并深入了解地方风土人情。旅游地在大力开发地方特色菜品、饮品的同时，还应大力扶持体现地方特色的餐饮企业，形成独特的餐饮品牌。例如，一些百年餐饮老店、地方特色餐饮名店是旅游者高度关注的对象，应重点加以扶持，帮助其进一步提高品质，扩大影响力。

3. 丰富种类

为了满足不同旅游者的餐饮需求，旅游地餐饮设施建设应包括旅游餐饮店、大型酒店、餐厅、旅游美食街、快餐店、农家饭庄等多种类型和规模的餐饮设施。一方面大力扶持本土特色餐饮企业，另一方面积极引进各类型餐饮品牌名店进驻，通过优化市场竞争环境，进一步提高旅游餐饮供应保障能力。

四、旅游购物设施规划

购物是旅游活动中必不可少的环节，在旅游发达国家，旅游购物在旅游收入中的占比普遍达到 40%~60%。受旅游商品质量、购物服务水平和购物设施布局等因素局限，旅游购物是我国旅游业的一个明显短板。科学规划旅游购物设施，有助于提升旅游地经济效益，提供体验性购物场所以满足游客购物体验的需求。应综合考虑旅游购物建筑、周边环境、购物场所内部环境及景区的人文环境而构建购物整体系统。

（一）旅游购物设施类型

旅游购物设施可以分为自动售卖机、旅游购物商店、大型旅游商场、旅游购物街等类型。自动售卖机通常布点在游客中心、游客休息点和街头，满足旅游者购买饮料、零食、餐巾纸等需求。旅游购物商店、大型旅游商场则以销售地方土特产、旅游纪念品等旅游商品为主。旅游购物街通常是各种旅游购物商店、大型旅游购物商场和相关配套设施组合形成的街区。

（二）规划原则

1. 便利性原则

旅游者外出旅游，通常是先参观游览或参加旅游体验活动，在快要离开景区或旅游地时购物。因此，旅游购物设施规划要充分考虑旅游路线走向。

2. 特色化原则

旅游购物设施规划应体现一定的地方独特性，其建筑风格、商品类型、内部装饰和周边环境风貌的营造都是吸引旅游者的因素。

3. 舒适性原则

旅游购物设施营造的购物环境应达到空间宽敞、管理有序、功能完善、氛围宜人等要求，保证商品种类丰富且价格合理，导购人员服务规范热情。

（三）规划要点

1. 科学把握旅游购物规律

为了使购物活动不影响旅游者参观游览，一般在游客中心、景区游客出口和休憩节点等位置，根据场地条件、游客流量大小和购物需求特点合理配置不同规模的购物设施，以及时满足旅游者的购物需求。

2. 分区差异化空间布局

旅游地通常分为不同旅游片区，旅游者在各片区参观游览，在不同的环境场景下有不同的购物需求。例如，在海滨希望购买海产品，而在山上则希望购买山珍。因此，在旅游规划中对旅游购物设施应进行分区差异化布局，体现不同片区的购物特色。

3. 散点与片区统筹兼顾

旅游者在参观游览过程中的购物是零星的、即兴的，因此，应考虑在一些旅游节点上设置散点式的旅游购物设施。但旅游者在旅游地参观游览结束，准备离开旅游地返程，往往有较为集中的购物需求，需要有较具规模的片区化的旅游购物场所，旅游者可以进行比较选择。所以，旅游地需要开发旅游购物街区、购物城、购物小镇等片区化分布的旅游购物设施。

五、旅游康体娱乐设施规划

旅游康体娱乐设施是指为提高旅游者游玩兴致、增进身心健康而设置的开展休闲、消遣活动的附属设施。旅游康体娱乐活动是旅游生活的重要组成部分，相关设施的规划配置通常受到旅游地经济社会条件和市场需求特征的影响。

（一）旅游康体娱乐设施类型

1. 室内康体娱乐设施

室内康体娱乐设施不受天气条件限制，同时可以满足旅游者夜生活需求，因此在旅游地往往必不可少。这些室内设施包括歌舞厅、电影院、剧场、桑拿浴室、健身馆、保龄球馆、游泳馆等。尽管这些设施不一定是旅游专用设施，但在满足当地居民生活需求的同时，也可以有效满足旅游者的康体娱乐需求。

2. 户外陆地康体娱乐设施

户外康体娱乐设施通常是指在陆地上的露天设施，具体包括高尔夫球场、网球场、射箭场、骑术中心、卡丁车赛场、沙滩车游乐场、蹦床、秋千等。这些户外康体娱乐设施除了配置在旅游酒店内外，还经常分布在旅游景区内作为游乐参与项目出现。由于参与程度较高，户外康体娱乐活动广受欢迎。

3. 户外水上游憩活动设施

户外水上游憩活动设施可以依托海洋、湖泊、河流和泉点进行配置，具体包括户外游泳池、游船、摩托艇、帆船、潜水、垂钓、温泉浴等。与水相关的康体娱乐项目往往具有参与体验感较强，或康体功能突出的特点。例如，宜春温汤镇依托丰富的温泉资源，开发温泉泡脚项目，因其价格实惠，操作简便，受到旅游者普遍欢迎。

（二）规划要点

1. 游客集中区域布点

旅游康体娱乐设施的开发建设往往成本比较高，需要布点在游客比较集中的区域。这些设施与景区参观游览活动或旅游住宿设施紧密结合起来，游客可以便利地参与康体娱乐活动，有利于提高项目经济效益。

2. 严格防控安全风险

一些康体娱乐设施为了追求刺激性和娱乐性往往存在一定的安全风险。规划设计此类项目时，应充分考虑游客群体的适应性。例如，在中老年游客较为集中的区域，不宜开发过于刺激的项目。即便是面向适应能力较强的青少年，康体娱乐设施也应确保设施设备质量，并加强安全检查和安全提示工作。

第二节　旅游基础设施规划

旅游基础设施是指为适应旅游者在旅行游览中的需要而建设的各项物质设施的总称，主要包括所有地上和地下开发建设的设施，如交通设施、给排水设施、电力电信设施和环卫设施等。这些基础设施是旅游地开发与发展过程中不可缺少的物质基础，各类旅游规划都会涉及对这些要素的统筹安排，有时还要将其列入专项规划编制任务。

一、交通设施规划

（一）外部交通规划

1. 基础分析

外部交通主要是指连接客源地与旅游地、旅游地与旅游地之间的主要通道。旅游者外出旅游主要是利用已有的基础交通路线，根据自身的时间、费用和偏好对旅游交通路线进行组合，并选择交通方式。因此，编制旅游地外部交通规划应对连接客源地和周边旅游地的交通路线进行系统分析，要注意交通路线和旅游路线的适当统一，提出现实可行的外部交通优化提升方案，以便通过完善的交通路线把旅游地与客源地和周边旅游地顺畅连通起来，进一步促进旅游市场开发。

2. 规划要点

外部旅游交通的选线和交通站点建设主要考虑中远程的对外交通联系，空间范围较大，主要交通方式是航空、铁路、公路和水运。由于外部旅游交通路线基本属于现有的社会交通网络，旅游部门或旅游地通常很难加以改变，因此，外部旅游交通提升规划的重点通常是以优化机场、火车站、汽车站和航运码头等交通枢纽设施建设和开通旅游交通专线为主。

外部旅游交通路线建设项目由于资金投入巨大，通常需争取列入国家或地方重点工程项目才能顺利实施。规划方案的编制应深入调研，根据当地经济社会发展情况和旅游业发展需要，对项目可行性、必要性、投资额度和预期收益进行充分论证，交通选线和站点建设应本着因地制宜、快速高效和安全经济的原则进行，并征求交通、发改、环保等相关部门的意见和建议。

（二）内部交通规划

1. 基础分析

旅游地内部交通规划主要涉及规划区范围内的航空、公路、水运等路线和站点建设，同时还有游步道、骑行绿道、停车场、交通站点和索道、滑道等特种交通项目的规划建设。外部交通是解决旅游者“进得来”的问题，而内部交通就是着眼解决旅游者“散得开、出得去”的问题。内部交通路线优化主要聚焦解决旅游地的交通瓶颈问题，致力于形成顺畅的旅游交通环线。在全域旅游发展的新时代背景下，旅游地内部交通规划还往往需要考虑道路的景观功能和体验功能。交通站点、游步道、骑行道的规划建设应符合生态化、景观化、便捷化等要求。

2. 规划要点

（1）旅游公路交通规划。主要是解决旅游公路交通通道问题，同时需要加载部分游览观赏功能。具体要求：一是与地形地貌相适应，做到道路等级与车流量相匹配，人车分流，满足汽车行驶顺畅、安全等基本要求；二是有机融入周边环境，一般选用沥青路面并结合当地旅游资源分布情况进行布线，以体现较好的景观欣赏功能；三是遵循生态环保理念，同时选择景观效果突出的行道树，打造优美的公路沿线风景，同时预留生物通道，避开人口密集居住区域，降低噪声和尾气污染对居民的影响。

（2）游步道规划。游步道主要是在景区内景点较为集中区域或只能步行参观的地段修建，路线一般比较长，是旅游者在旅游地参观游览的主要交通方式。游步道设计应注意以下要求：一是单人游步道的宽度为 0.8~1.0 米，双人游步道宽度为 1.2~1.8 米，三人游步道宽度为 1.8~2.2 米，具体宽度取决于景区的人流密度、沿途景观性质和道路绿化等要求；二是游步道路线设计宜曲不宜直，构建环线，坡度和台阶设计应符合人体工程学要求，坡度超过 12% 应做防滑处理，坡度超过 18% 时需设计台阶，台阶较长或需要改变攀登方向时，应设置休息平台；三是游步道应采用石块、石板、鹅卵石、木材、方砖等生态环保材料修建，与周边环境和景观风貌相统一。

（三）停车场规划

1. 基础分析

停车场是旅游地内部交通设施的重要组成部分，有序规范停车是保障旅游活动顺利开展的基本条件，应在旅游交通规划中对其予以充分重视。停车场是游客中心或景区（点）的配套基础设施，一般位于出入口位置，有集中布局和分散布局的形式。目前，我国 A 级旅游景区、度假区、全域旅游示范区的创建标准要求主停车场为生态停车场。通常在游客接待中心旁边配套建设一个大型生态停车场，基本满足日常绝大部分车辆的停放，同时热点景区还可在周围设置分散式停车场，供旅游旺季或举办重大活动期间使用。

2. 规划要点

（1）停车场面积。根据旅游景区规模、性质、游客流量和对外交通方式、景区内部交通方式等因素综合确定。创建相关旅游景区品牌时，应根据创建标准对停车场面积进行设定，并根据实际需要预留一定弹性空间。

（2）停车场结构设计。主要由出入口、行车道、停车位、标识标牌、门禁系统和绿化带等部分组成。为了确保旅游者安全，停车场出入口应分设，车流、人流的动线组织不能交叉，出入口视野宽阔，设有明显交通标志。行车道按环线设计，避免形成尽端路。停车位应划分大车停车区和小车停车区，可以是与行车道平行式、垂直式、斜列式（与行车道成 30° 角、45° 角、60° 角停放）。

（3）停车场风格设计。旅游景区一般要求修建生态停车场，是指在露天停车场应用透气、透水性铺装材料铺设地面，并间隔栽植一定量的乔木等绿化植物，形成绿荫覆盖，将停车空间与园林绿化空间有机结合。生态停车场上有大树为车遮阴，可以减少能源消耗，增加人的舒适感；下能透水，可以让雨水回归地下，调节地面温度，提升地下水位，兼作绿化灌溉；旁有绿树环抱，不仅吸尘减噪，还可提升景观品质和环境质量。显然，生态停车场建设成本比较高，旅游景区可以采取主停车场生态化建设，使用频率不高、位置较偏的备用停车场可以采用沙石地面风格，以控制建设成本。

二、给排水设施规划

（一）给水管网规划

1. 基础分析

旅游地开发建设应铺设完善的给水网管，保障旅游者和当地居民的用水需求，同时还要满足消防、绿化、景观设施。旅游区给水工程具有用水区相对分散、淡旺季用水量波动较大、管网铺设难度较大等特点。给水管网建设首先要对规划区用水量进行科学测算，用水量测算标准参考表 10–1。

表 10–1　旅游区用水参考标准

序号	类型	用水标准
1	住宿游客	0.5 立方米 / 人次
2	一日游客	0.02 立方米 / 人次
3	常住游客	0.35 立方米 / 人次
4	服务人员	0.35 立方米 / 人次
5	绿地喷洒	20 立方米 / 公顷
6	道路喷洒	10 立方米 / 公顷
7	消防用水	36 立方米 / 公顷

根据表 10–1 所列标准，可以测算旅游区的用水量，即旅游区的用水量 =0.5 立方米 / 人次 × 住宿游客 +0.02 立方米 / 人次 × 一日游客 +0.35 立方米 / 人次 × 常住游客 +0.35 立方米 / 人次 × 服务人员 +20 立方米 / 公顷 × 绿地面积 +10 立方米 / 公顷 × 道路面积 +36 立方米 / 公顷 × 消防用水面积。

2. 规划要点

（1）根据旅游区用水相对分散的特点，采取分区、分层、就近取水的原则布置给水管网，保障水质优良、水源充足、供水不间断，做到用水点全覆盖，尤其是消防设施用水要得到充分保障。

（2）沿道路布设给水管网，管网、水塔、蓄水池、拦水坝等设施要隐蔽设置，与旅游区景观和环境风貌相协调。可依山就势在地势高处修筑水厂，保障水压充分，供水流畅。

（3）科学选择水源地，加强水源保护。可以因地制宜选择河流、湖泊或地下水源，为了保障水质，取水点应设置在流速快、河道平直处，避开死水区和回水区，周围禁止开展捕捞、泊船、游泳、采伐林木、放牧和垦殖活动。

（二）排水管网规划

1. 基础分析

排水管网规划包括雨水、污水两个方面，是保障旅游地环境卫生、生态平衡、资源保护和旅游者、居民身体健康的重要基础设施。排水管网规划的主要内容包括科学测算各规划期雨水、污水排放量；制订雨水排放方案，规划污水处理设施位置，合理设计排污方案等。旅游地雨水径流量受到当地气候条件、地形地貌和植被土壤等条件的影响。污水排放量则需要结合旅游地的污废水来源和类型及旅游地给水系统设计的规模来估算。对于给排水系统完善的旅游地，可按用水量的 90% 计算污水排放量，一般地区可按 80% 计算。

2. 规划要点

（1）坚持雨污分开排放。雨水可利用明渠直排进入江河湖泊等自然水系。污水则应就近收集进入污水处理站净化处理后排放。排水管网均要求根据当地地形地貌设置，充分利用地形构建自然排水系统，减少能源消耗。

（2）污水处理。旅游地用水点比较分散，应采取相对独立、集中处理的方式，即每个功能区设置污水处理点，通过管网收集污水集中进行净化处理。污水处理设施通常应设置在地势较低的位置，以便污水收集和排放。部分偏远地带的生活污水可用化粪池进行初步处理，经过处理后的二次清洁水可用于园林灌溉和道路喷洒除尘等。

三、电力电信设施规划

（一）电力设施规划

1. 基础分析

旅游地各类基础设施和接待服务设施丰富，尤其是度假村、酒店、缆车、灯光秀等项目用电量大，对电力系统要求很高。旅游旺季空调等设备长时间运转，更是明显加大旅游区用电量。因此，旅游地电力系统必须具备平稳性、充足性、可持续性的特点。为了防止停电，旅游区应有应急发电机备用。

2. 规划要点

（1）科学测算旅游区电力负荷。主要采用综合用电水平法预测电力负荷，预测指标参考单位建筑面积用电负荷指标，具体参见表10-2。科学测算电力负荷一是要统计全面，二是要留足发展空间，以免将来电力扩容增容导致成本太高。

表10-2　旅游区单位建筑面积用电指标参考

建筑类型	用电指标（瓦/平方米）	建筑类型	用电指标（瓦/平方米）
高级宾馆饭店	100	剧院、博物馆等大型公建	60~120
中级宾馆饭店	80	商业建筑	40~120
普通宾馆饭店	60	行政办公建筑	40~60
度假别墅	60~80	停车场	15~40
公寓	50~70	餐厅、饭店	30~100

（2）因地制宜提出电网敷设要求。电网敷设分为架空路线和地埋路线两种。架空路线通过电线杆悬挂架设，建设成本相对较低，但老化、磨损和受自然灾害影响导致的安全事故发生频率更高，同时对旅游区景观风貌影响较大。地埋路线建设成本比较高，但具有基本不影响景观风貌，安全系数相对较高的特点。因此，旅游区可以根据具体情况，旅游活动集中区域选择地埋路线，为了节约成本，外围偏远地区可以选择使用架空路线。

（3）在接入旅游地社会供电网、满足旅游区基本用电需求的情况下，鼓励支持旅游区内相关单位和个人采用太阳能、沼气池等清洁能源作为照明能源之一。

（二）电信设施规划

1. 基础分析

电信设施主要是保障旅游地的信件、电话、电报、传真、网络、移动电话、可视电话的通信设施。旅游者对旅游地的电信设施要求较高，要求做到方便、及时、安全、畅通。因此，旅游地电信条件应达到顺畅先进、服务及时、体系完整、业务齐全。

2. 规划要点

（1）电话通信设施。包括固定电话、移动电话两种形式。目前，固定电话主要用于旅游地内部管理联系沟通，预测需求数量相对比较准确。由于手机普及率非常高，在旅游区内设置固定公共服务电话的必要性较小，为了应对紧急情况，通常可以把少数服务窗口固定电话同时作为公共服务电话。在旅游区内，保持移动电话通信顺畅，需要规划设置中国移动、中国联通、中国电信三大网络运营商信号塔。

（2）互联网设施。旅游地不论是局域网、城域网还是广域网，在物理上通常都需要由网卡、集线器、交换机、路由器、网线、RJ45接头等网络连接设备和传输介质组成。网络设备又包括中继器、网桥、路由器、网关、防火墙、交换机等设备。为了保证互联网高效运转，要求这些设施设备性能要稳定，同时应考虑服务器扩展性，以便及时调整配置来适应旅游地发展的需要。

（3）邮政设施。一般在旅游地游客中心需要设立邮政所或者邮政服务点，为旅游者提供邮寄信件、汇款和收发快递等服务。同时，在邮政设施内，旅游者通常还可以购买明信片、纪念信封等作为旅游纪念。

四、环卫设施规划

（一）垃圾处理设施规划

1. 基础分析

旅游地垃圾处理设施主要包括垃圾箱、垃圾处理站。旅游地人流量众多，每天都产生许多垃圾，对景观风貌和环境卫生产生重要影响。对垃圾的及时收集和妥善处理，直接反映了旅游地的管理水平和文明程度。加强对垃圾处理设施的科学设置，是保障旅游地环境卫生的重要措施。例如，景区内垃圾箱的合理配置，可以有效减少旅游者乱扔垃圾现象。

2. 规划要点

（1）垃圾箱的空间布点。规划区范围内，垃圾箱主要应在游步道沿线和旅游节点上布设。根据游客流量大小，通常在游步道沿线每间隔 100~200 米设置一个垃圾箱。在游客中心、停车场、游客休息点和游乐场所等旅游节点，均应在可视范围内配置垃圾箱，方便旅游者随时使用。但垃圾箱的摆放应尽量利用靠边角地带，不能阻碍旅游者在游步道上行进，或影响旅游景观风貌。

（2）垃圾箱风格与材质。旅游景区垃圾箱风格和材质在一定程度上体现地方文化特色，与规划区主题保持一致。例如，乡村旅游景区采用蔬菜造型或动物造型垃圾箱，陶瓷文化旅游景区使用陶瓷垃圾箱等。在室内场所，通常采用敞口垃圾箱，方便频繁进行维护。在室外则应采用有盖垃圾箱，防止雨水进入垃圾箱，造成腐烂发臭和污水渗入地下的问题发生。

（3）垃圾分类收集处理。进行垃圾分类收集可以减少垃圾处理量和处理设备，降低处理成本，减少土地资源的消耗，具有社会、经济、生态等几方面的效益。一般旅游者参观游览过程中丢弃的垃圾基本可以区分为可回收垃圾、不可回收垃圾两种，垃圾箱应采用双筒式，并印制相应标识。当地居民和旅游者居住地的垃圾往往数量较多，可进一步区分为可回收物、厨余垃圾、有害垃圾和其他垃圾四类，应分别配置专门垃圾箱收集不同类型的垃圾。

（4）垃圾处理站的设置。在旅游区内相对偏僻、远离水源地和生活区的位置设立垃圾处理站，将旅游区内收集的垃圾统一转运至外面的垃圾处理厂或垃圾填埋场处置。

（二）旅游厕所规划

1. 基础分析

厕所是保障旅游地环境卫生的重要环卫设施。由于观念和意识问题，我国厕所技术水平落后、卫生水平不高、水电耗费严重和如厕不文明等问题长期存在。自 2015 年始，原国家旅游局在全国范围内掀起厕所革命。在旅游景区、旅游度假区、全域旅游示范区等创建过程中，厕所革命不达标，可一票否决。持续推进的厕所革命，为规范我国旅游厕所建设和管理，提高旅游厕所建设和管理水平，更好地为国内外旅游者提供服务，保护自然生态，优化旅游环境，提升旅游形象，提倡文明用厕做出了重要贡献。

2. 规划要点

（1）旅游厕所选址。旅游厕所选址既要考虑到便利性，又要避免对旅游区景观和环境产生负面影响。影响旅游厕所选址的因素有需求量、地形地貌、便利度、交通条件等，其中需求量是首要因素。在旅游景区出入口、游客中心、停车场、游乐场等旅游者聚集度较高的区域，以及游步道沿线步行 30 分钟范围内应设置旅游厕所，而且游客流量越大，旅游厕所布设密度和规模也应增加。

（2）旅游厕所造型与材质。旅游厕所是旅游区环境与景观的组成部分，在与周边环境和景观风貌保持协调的同时，外观设计要具有一定的识别度。全景化思维引导下的厕所造型设计和建筑材料新奇多样，已然成为一道风景。例如，立体观景厕所、花房厕所、溶洞厕所、透明厕所等。旅游厕所的标识信息应简单、准确，应使用最新公布的公共信息图形符号和中英文对照文字说明。

（3）对标建设与灵活配置。2016 年出台的旅游厕所国家标准《旅游厕所质量等级的划分与评定》（GB/T 18973—2016）取代了 2003 年的标准（GB/T 18973—2003），其中对旅游厕所的等级划分由原来的五个等级（星级）改为三个级别，由低到高分别是 A 级、AA 级、AAA 级。在旅游者高度集中的游客中心、核心景区等地，应建设规模体量大、等级高的 AAA 级旅游厕所，在其他区域应可以根据客流量大小规划建设相应级别的厕所或普通旅游厕所。

【本章小结】

1. 旅游配套设施规划包括旅游服务设施规划和旅游基础设施规划。旅游服务设施规划主要包括游客中心、旅游住宿设施、旅游餐饮设施、旅游购物设施和旅游康体娱乐设施规划等方面。根据旅游地空间范围的大小，旅游地可以对游客中心进行分层设置，即分为主游客中心、次游客中心和游客服务点三个层次，共同组合形成旅游地游客中心系统。旅游地应在科学预测市场需求的基础上，合理规划为旅游者提供住宿服务的宾馆、度假村、客栈和民宿等设施。旅游餐饮设施分为旅游餐饮店、旅游酒店餐厅和旅游美食街区。旅游购物设施可以分为自动售卖机、旅游购物商店、大型旅游商场、旅游购物街等类型。旅游康体娱乐设施分为室内、户外陆地和户外水上三种类型。旅游规划应对上述旅游服务设施做出科学系统的安排。

2. 旅游基础设施是指为适应旅游者在旅行游览中的需要而建设的各项物质设施的总称，主要包括所有地上和地下开发建设的设施。旅游基础设施规划主要包括交通设施规划、给排水设施规划、电力电信设施规划和环卫设施规划等方面。其中，交通设施规划包括外部交通、内部交通和停车场规划。旅游地外部交通主要依托现有社会交通网络，外部交通提升规划的重点通常是以优化机场、火车站、汽车站和航运码头等交通枢纽设施建设和开通旅游交通专线为主。内部交通主要涉及旅游公路和游步道规划。停车场规划应注意面积、结构和风格设计。给排水规划包括给水管网规划和排水管网规划，涉及用水量预测、水源地选择、污水处理、雨水处理等问题。电力电信设施规划分为电力规划和电信规划。环卫设施规划包括垃圾处理设施规划和旅游厕所规划。其中，垃圾处理设施规划主要涉及垃圾箱空间布点、垃圾箱风格与材质、垃圾分类收集处理和垃圾处理站的设置。旅游厕所规划要点主要包括选址、风格与材质、对标建设与灵活配置等。

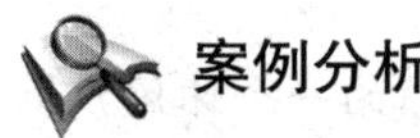

案例分析

案例 1　曲阜市游客中心

曲阜游客服务中心是国内单体建筑最大、功能设施最先进的游客集散中心，是为了加快文化旅游产业快速发展，优化旅游市场秩序，打造优秀旅游城市优势品牌，彰显“孔子故里、东方圣城”旅游形象建设的标志性建筑，是山东省重点文化旅游建设项目。游客中心位于明故城南、曲阜市中心 104 国道和 327 国道的交叉处，毗邻世界遗产、国家 5A 级景区——明故城（三孔）景区，是游客进入曲阜参观游览的必经之地。曲阜游客中心项目一期占地面积 200 亩，总建筑面积 2.318 万平方米，主体大楼建筑面积 1.77 万平方米，停车场占地 3.26 万平方米，是一个集景点售票、宣传推介、导游服务、集散换乘、咨询投诉、餐饮住宿、演艺购物、监控监管等于一体的综合型服务机构，是为游客提供“食、住、行、游、购、娱”全方位、一站式服务的游客之家。

资料来源：曲阜游客服务中心［DB/OL］.https://baike.so.com/doc/6829523-7046718.html，2020-02-23.

讨论问题：

1. 曲阜市游客中心选址体现了什么特点？

2. 请结合曲阜市旅游业发展状况，讨论其游客中心建设规模与功能设计是否适宜。

案例 2　立体观景厕所

吉林省延边朝鲜族自治州安图县二道白河镇南出口处有一座“立体观景厕所”，总面积100多平方米，这里是去往长白山的必经之路，向北可看到小镇子，向南远观则是风景秀美的长白山脉，立体景观厕所的名字也是由此而来。

“立体景观厕所”所处位置周边皆为丛林，而且每一座厕所的高度也不相同，有一层的、三层的、五层的，在最顶层还设置有观景平台，高度不同当然视野风景也不相同，站在平台上即可一览四周美丽的丛林景色，大大增加了如厕的趣味性。

这样的厕所造价在100万元左右，导游介绍说是使用的泡沫封堵式循环水环保技术，这个技术的好处就是可以实现“零污染、零渗透、零排放”，加之环境优美，因此还获得了“厕所革命十大典型景区”的称号。

这处旅游公厕的玻璃皆采用的蓝色透明玻璃，每天伴随着光线及树影的变化，玻璃上所掩映的景象也在随之发生变化，而且整体看起来也是非常的干净、大气，也难怪很多游客来到这里上厕所，反而先拍起照片来。

建筑整体为钢结构框架，清一色的白色涂刷，地板采用的木质地板，周边是茂密翠绿的树林，看起来不仅简约而且更亲近大自然，厕所能够成为一处网红打卡地，看来没有颜值担当那也是不行的。

这里的公厕几乎可以用“一厕一景”来形容，这不，在二道白河镇的一个休闲广场附近又遇到了另外一种风格的厕所，从外观看完全感觉不到这是一个厕所，倒有些像童话世界中的城堡一样。

走进厕所内部几乎惊呆了所有人！厕所入口正对着的竟然是可以喝咖啡休息的桌椅，一旁还有一个收钱的吧台，简直颠覆了人们对厕所的一切幻想，不愧是“厕所革命”。不过，在此喝咖啡休息的人确实很少，毕竟对于厕所大家的思想都是比较传统的嘛。

实木的桌椅、精致的装饰、宽敞明亮的空间，内部看起来也完全不像是厕所该有的设施，可以说厕所该有的这里都有了，“不该有的也都有了”，怪不得有游客说：“上个厕所，还咖啡飘香！”

这处公厕外面是一个造型别致的公园，与厕所相连的是一个民俗文化展示的长廊，以及广场上摆放了几个小孩子娱乐的工具。对于当地人而言这里是一处休闲娱乐的场所，对于游客而言，不仅是解决方便的地方，累了还可以坐下来休息休息，不得不说这种厕所真的太实用了。

这些厕所大多是分布于旅游景点的节点位置，且与周边环境、当地人文相融合，通过一种艺术表现手法以最美的方式呈现给大家，对于游客而言无疑是具有极大的吸引力的，对于厕所本身而言也是一种革命。

资料来源：长白山旅游厕所革命，不仅节能环保，自身也成了一道靓丽的风景线［DB/OL］. https://go.huanqiu.com/article/9CaKrnKm5da，2019-08-09.

讨论问题：

1. 相比普通旅游厕所，立体观景厕所具有哪些创新功能？

2. 长白山的立体观景厕所有哪些优点，又有哪些缺点？

实践活动

根据本章所学知识，调研附近旅游地的旅游服务设施和旅游基础设施，最终形成调查报告，给出进一步提升完善的对策建议。

思考题

1. 谈谈怎样才能做好游客中心的规划设计。
2. 旅游购物设施规划应注意哪些问题？
3. 以某景区为例，对旅游住宿设施与旅游餐饮设施规模进行测算。
4. 旅游地旅游交通规划主要包括哪些方面？
5. 在旅游规划中，怎样确定旅游厕所的选址？

【参考文献】

［1］严国泰，等．城市旅游发展规划案例分析——承德市旅游发展总体规划［M］．上海：同济大学出版社，2002.

［2］马耀峰．旅游规划［M］．北京：中国人民大学出版社，2011.

［3］李长秋，等．旅游学概论［M］．北京：旅游教育出版社，2011.

［4］王渝，廖成林．乡村旅游者住宿业产业组织管理研究——基于供应链协调的角度［J］．农村经济，2017（3）．

［5］杰奎因·阿尔瓦多·巴依等著．旅游基础设施［M］．桂林：广西师范大学出版社，2018.

［6］王恒，席建超，冯永忠．山岳度假旅游地旅游业态集聚演进特征及驱动机制研究——以重庆市黄水镇为例［J］．西北师范大学学报（自然科学版），2018，54（5）．

［7］吴江，贾元华，于帅．交通基础设施建设对产业集聚的影响分析——以旅游产业为例［J］．北京交通大学学报（社会科学版），2019，18（2）．

［8］向素容，赵西君．城郊乡村旅游发展与空间重构——以潍坊市寒亭区为例［J］．开发研究，2019（2）．

［9］刘敏．环境经济社会学视野下的海岛旅游开发及其反思——青岛市L岛的实地研究［J］．中国海洋大学学报（社会科学版），2019（4）．

［10］胡抚生．优质旅游内涵及发展路径的思考［J］．旅游论坛，2019，12（3）．

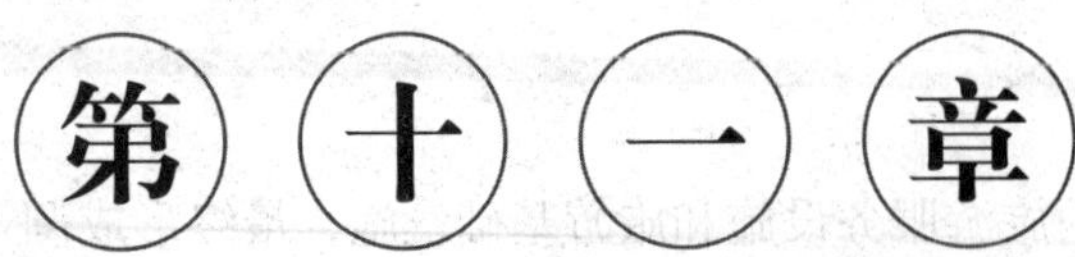

第十一章 旅游保障体系规划

通过规划手段，调整改善其他规划与旅游地发展的关系，为旅游地发展提供必要的政策、人力、物力、财力、技术等支撑，是旅游地开发建设和管理运营的必要条件。本章主要从旅游管理体制和政策、旅游土地利用规划、旅游人力资源规划、旅游环境系统来阐述旅游保障体系的构成。

【学习目标】

熟悉了解我国旅游管理体制和政策的基本情况、旅游土地利用的相关规定、旅游人力资源和旅游环境保护存在的问题，理解各个旅游保障系统的意义、原则，掌握旅游土地旅游规划、旅游人力资源规划、旅游环境影响控制的措施。

【核心概念】

旅游管理体制、旅游政策法规、旅游用地、旅游环境、旅游容量

第一节 旅游管理体制与政策

旅游管理体制和旅游政策渗透到旅游管理的各环节、各领域和各个方面，是旅游经济增长和旅游业发展的重要保障。一个国家的旅游管理体制和旅游政策体系建设与该国政府对旅游业的重视程度和定位有关，也体现了旅游业在国民经济中的地位。旅游规划的制定和实施必须遵循地区现有旅游管理体制和旅游政策，了解国家的管理体制模式及现行旅游产业政策，这对于旅游规划工作的顺利开展和管理创新具有重要意义。

一、旅游管理体制

（一）旅游管理体制的定义与模式

旅游管理体制是指国家对整个旅游经济活动和运行进行协调与管理的组织形式、机构设置、职权划分和管理制度的总和。它包括旅游业的组织机构、组织形式、调节机制、监督方式、各种机构或组织的责任、权限和利益等问题。世界各国由于经济体制与管理模式的不同，旅游管理体制的组织形式多种多样，既包括单设国家旅游行政主管单位，将旅游经济活动和运行管理职能集中于游行政管理部门的形式，也包括旅游行政管理部门、相关行政管理部门和旅游行业组织共同承担旅游管理职能的形式。

（二）各国旅游管理组织机构设置

各国在相应的旅游组织形式基础上，依法设立明确的旅游管理组织机构，配备相应的旅游管理人员，具体负责旅游管理职能的实施（见表 11–1）。不同的组织形式产生的旅游宏观管理行为及其效果也不同。一个国家旅游主管机构在中央政府中的设置方式与该国政府对旅游业的认识与重视程度、旅游产业发展的目的和国家旅游资源的总体特点、旅游客源特点等因素有关。

表 11–1 部分国家和地区的旅游管理组织机构设置形式

组织形式	国家
单独设立国家旅游局	朝鲜、菲律宾、柬埔寨、泰国、墨西哥、巴西、埃及、叙利亚、刚果、希腊等
旅游部门与工业、商务或经济部门结合	新加坡、新西兰、英国、法国、德国、俄罗斯、爱尔兰、荷兰、瑞士、丹麦、美国、加拿大、智利、西班牙、中国香港等
旅游部门与文化结合	中国、韩国、马来西亚、印度、印度尼西、埃塞俄比亚、土耳其等
旅游部门与交通部结合	日本、尼泊尔、马尔代夫、蒙古国、孟加拉、毛里求斯等
旅游部门与环境资源部结合	南非、肯尼亚、津巴布韦、斯威士兰王国等

资料来源：根据王兴斌的《各国旅游管理体制》和宋瑞的《各国旅游政策与发展战略系列连载》等资料整理。

1. 单设国家旅游行政主管部门

单设国家旅游行政主管部门的国家主要是亚非拉发展中国家，如墨西哥、埃及、泰国。这些国家大多数国民经济总量不大、工业不发达，旅游业往往在国家经济中占较大份额，特别是在国家创汇和就业中具有重大作用。但这些国家的旅游基础设施和服务设施不大完善，旅游企业不大成熟；在世界旅游业分工中，大多以国际旅游目的地为主，并非重要的国际旅游客源地。

2. 旅游局设置在工业、商业部之内

西欧、北美国家及亚太地区的部分国家将旅游行政管理机构设在中央政府的工业、

商业或经济等部门之内。这些国家大多经济发达、法治完善，中央政府实行精悍的“大部制”。这些国家既是世界主要的旅游目的地，也是重要的客源产出地，在管理体制上，大多由中央政府的工业、商务等经济部门主管旅游业，行政机构比较精简，国际旅游宣传推广由公私合作的专业化营销组织承担，旅游行业组织完备。例如，西班牙旅游局隶属于工业、能源与旅游部，英、法、德等国家也属于这一类型。

3. 旅游部门与文化部门结合

丰富的文化遗产的国家倾向于把旅游与文化部门合并进行管理。这些国家主要分布于亚洲、非洲和欧洲，国家间经济体制与发展水平差异较大，旅游管理部门与文化管理部门结合有利于文化遗产保护和文化旅游产业发展。比如，意大利的旅游总局就归属于文化遗产、活动与旅游部，英国的旅游发展相关事务由数字、文化、媒体与体育部（DCMS）总体负责。我国于 2018 年 3 月，国务院将文化部和国家旅游局合并，成立了文化和旅游部。

4. 旅游部门与交通部门结合

对于国内人口比较少、旅游客源主要依靠国外输入的国家，交通运输业是旅游业发展的关键。交通部门与旅游部门合二为一，或把旅游管理机构设在交通运输部门之内，可为接待大量入境旅游者提供运输保证。这类国家以日本、马尔代夫、孟加拉和蒙古国为代表。

5. 旅游部门与环境资源部门结合

对于以自然生态旅游资源为主的国家，旅游管理部门与环境管理部门相结合的能够较好的协调旅游发展与生态资源保护。因此，这类组织形式常见于非洲国家。

（三）我国的旅游管理体制演变

1964 年 7 月 22 日，我国设立中国旅行游览事业管理局，作为国务院直属机构，与中国国际旅行社总社合署办公。1970 年 7 月，国务院决定将中国旅行游览事业管理局归属外交部领导。1978 年 3 月，为适应旅游事业发展的需要，中共中央批准将中国旅行游览事业管理局改为中国旅行游览事业管理总局，由外交部代管，国务院成立旅游工作领导小组，同时要求各省（区、市）成立旅游局。1981 年 10 月，中国旅行游览事业管理总局不再由外交部代管，改由国务院直接领导。

1982 年 8 月，国务院直属机构改革，中国旅行游览事业管理总局更名为中华人民共和国国家旅游局。但此时，国家旅游局仍然是与中国国际旅行社总社合署办公的体制。1985 年，国务院明确要求国家旅游局作为国务院的职能部门，要面向全行业，统管全国旅游事业，同时要求实行政企职责分开，中国国际旅行社成为国家旅游局的直属企业。至 1998 年，伴随全国的政府机构改革和政企脱钩，国家旅游局直属的企业也纷纷脱钩，从此国家旅游局的工作重心全面转移到行业管理上来。

2018 年 3 月 13 日，国务院机构改革方案出台，将国家旅游局与文化部合并，组建文化和旅游部，作为国务院组成部门。文化和旅游部的主要职责是贯彻落实党的宣传文化工作方针政策，研究拟订文化和旅游工作政策措施，统筹规划文化事业、文化产业、旅游业发展，深入实施文化惠民工程，组织实施文化资源普查、挖掘和保护工作，维护各类文化市场包括旅游市场秩序，加强对外文化交流，推动中华文化走出去等。

二、旅游政策保障体系

（一）旅游政策

旅游政策是各级政府组织为了实现旅游业发展目标，保障旅游产业发展，提升其竞争力，在一定时期内制定并实施的综合性措施和办法。旅游政策是一个由多种政策构成的综合性政策体系，其目的均在于减少或解决旅游业发展中存在的问题及各种矛盾，保障和促进旅游业的健康、有序发展。我国的旅游政策包括中央政策、国务院政策、部委政策和地方政策，不仅包含常见的国家战略方针、法规制度、办法措施等，还常常以决议、建议、通知等形式出台。按照旅游政策的目的和作用差异，可将其大致分为旅游发展战略、旅游产业调控政策、旅游市场政策、旅游产业技术政策、旅游产业配套政策。

1. 旅游发展战略

旅游发展战略是指一个国家或地区对其旅游发展所做的长期谋划和指导原则。旅游发展战略是对旅游业长远发展的一个总体安排，它的制定既为旅游业的发展指明方向和阶段性目标，又有利于旅游业实现可持续发展。

旅游发展战略的制定者是政府部门，它不仅以国家、地区的“旅游业发展规划纲要”形式发布，其主要思路也常在相应时期的国家或地区社会经济发展规划、各级党代会报告、政府工作报告等文件中有所展现。按照制定主体不同，旅游发展战略可分为两个层次，即全国旅游发展战略和地方旅游发展战略。上级旅游发展战略统领和指导下级旅游发展战略，下级旅游发展战略是上级旅游发展战略的组成部分或者细化。

旅游发展战略的制定必须明确一定时间内特定区域的旅游发展的战略目标，主要包括旅游发展所要达到的数量指标、增长速度、产业结构变化、技术进步，以及提高旅游发展效益等。还要阐明发展战略重点、战略步骤，并提出实现旅游发展战略目标的对策、途径和手段等；涉及的内容通常主要包括旅游资源开发、旅游设施建设、旅游市场开拓、旅游空间结构调整、旅游人才培养及资金筹措等。

2. 旅游产业调控政策

旅游产业调控政策是指国家产业政策体系中促进旅游产业发展的基本政策，是政府根据国民经济发展的内在要求，对产业进行宏观调控的重要机制，主要包括旅游产业结构政策、旅游产业组织政策及旅游产业布局政策。

旅游产业结构政策是对旅游产业进行定位，调节旅游产业与国民经济其他行业发展关系、旅游产业内部结构关系、国内与国外旅游产业关系的政策。产业结构政策的核心是促进产业结构的合理化，协调旅游业与国民经济其他行业的发展关系。

旅游产业组织政策是调整旅游产业组织形式和结构的政策。通过调整旅游产业内企业间及企业内部组织结构的关系，形成合理的组织结构体系，实现生产要素的最佳组合和有效利用，促进旅游产业的集团化和专业化发展。

旅游产业布局政策主要是根据旅游资源分布的独特性、旅游发展程度的区域性差异、根据资源互补、产品相关和交通便利等条件，调整旅游产业的空间布局，实现各区域的旅游业的差异竞争和协调发展。

3. 旅游市场政策

旅游市场发展政策是指为了促进旅游市场健康发展制定的一系列涉及旅游业具体运作和市场运行的指导与调控政策，包括旅游产品开发与经营管理、旅游市场开拓等方面。旅游产品开发与经营管理政策是为各类旅游产品开发、旅游企业规范发展提供指导与保障的政策，如《旅游度假区等级管理办法》《旅行社老年旅游服务规范》等。旅游市场开拓政策是一系列引导和刺激旅游市场发展、扩大旅游需求的政策措施，如《境外旅游宣传推广工作办法》《国家旅游局关于放宽旅行社设立服务网点政策有关事项的通知》等。

4. 旅游产业技术政策

旅游技术政策则是为促进高新技术在旅游业中的应用，增加旅游业科技含量，提高旅游业竞争力等而推出的引导与支持政策，如《旅游企业信息化服务指南》《旅游景区公共信息导向系统设置规范》等。近年来，旅游产业的技术政策集中体现在产业的信息化、网络化及电子商务在业内的普及化等方面。

5. 旅游产业配套政策

由于旅游业包含食、住、行、游、购、娱六大要素，因此旅游活动的开展离不开各部门在各环节的配合与支持。旅游产业配套政策指的是基础设施建设、社会安全卫生环境、教育政策、人才政策、投融资政策等各方面为旅游业发展提供了支持与保障的相关政策。这些政策有的以单独成文的形式发布，有的包含在区域经济社会发展政策文件之中。

（二）旅游法律法规

旅游法律法规是指国家制定和认可的、由国家强制力保证实施的、关于旅游业建设与发展、开发与保护的规范性法律文件的总称，是关于旅游业法律规范的总和。它包括国家权力机关、国家行政机关、地方权力机关及地方行政机关制定和颁布的旅游法律、旅游行政法规、地方性旅游法规及旅游部门规章，还包括关于旅游领域以外的其他法律中有关旅游的法律规范等。与旅游业发达国家相比，我国在旅游立法方面的工作相对比较滞后，至今由国务院颁布的仅有《中华人民共和国旅游法》一项，其余则均为部门规章。

旅游法规涉及的内容广泛，包括旅游合同法规、旅游资源保护法规、旅行社管理法规、导游人员管理法规、旅馆业管理法规、旅游安全管理法规、旅游价格管理法规、出入境及旅行拘留管理法规、旅游交通法规、旅游者合法权益保护法规、旅游资源法规等。

第二节　旅游土地利用规划

旅游区土地利用规划是对规划范围内的土地资源所制定的科学利用方案，也是重要旅游专项规划之一。通过对旅游区内旅游基础设施、服务设施、项目开发、交通等诸多用地项目进行合理的规划和布局，协调旅游区内用地需求，以保障旅游业发展的土地空间。

一、旅游用地及其分类

（一）旅游用地的概念

目前，我国法律法规还没有对旅游用地做出明确解释规定。2019 年全国第三次土地调查过程中，把土地分为共 12 类，旅游用地没有作为一个大类出现。只是在“商服用地”中把住宿餐饮用地单列出来，在“公共管理与公共服务用地”中把文体娱乐用地和风景名胜设施用地、公园与绿地等作为二级用地单列出来。

梁栋栋、陆林（2005）认为，旅游用地是指在旅游地内凡能提供满足旅游者特殊旅游需求的资源和活动项目所占用的土地，是旅游吸引能力和接待能力的统一。毕保德（2016）认为，凡能为旅游者提供游览、观赏、知识、乐趣、度假、疗养、娱乐、休息、保险、猎奇和考察研究等活动的土地，均可成为旅游业用地，其实质仍然是旅游景区内部的土地利用和功能布局。

旅游业是一个综合性的行业，食、住、行、游、购、娱都需要相应的接待服务设施用地、交通用地、商业服务用地、基础设施用地及旅游管理用地等作为支撑。因此，旅游用地可以定义为，为了满足旅游区发展和旅游者旅游的需要，而提供的各种用于旅游景区（点）开发建设、旅游基础设施、接待服务设施建设和旅游管理的土地。

（二）旅游用地的特点

1. 旅游用地功能的综合性

首先，旅游用地具有景观功能。旅游地各类旅游景观的营造，挖掘其舒适性和美学价值，就是发挥土地景观功能。其次，旅游用地具有承载功能。旅游用地中旅游接待服务设施用地、基础设施用地及游憩用地等土地为旅游者提供娱乐休闲场所，有居民点的旅游地还为当地居民提供生存空间。最后，旅游用地还具有生产功能。许多旅游地不仅能够用于旅游，还能够用于经济生产。一方面，森林、湖泊可以开展种植养殖事业；另一方面，通过生产和销售旅游工艺品、纪念品、地方土特产品可以产生经济收益，促进当地经济的发展。

2. 旅游用地的多效益性和难估量性

旅游用地的开发利用可以产生经济效益、社会效益和生态效益在内的多种效益。但是，旅游地利用的效益除经济效益外大部分是难以直接计量的。人们在旅游地通过游览、休憩、科学考察等活动获得的精神享受、知识信息等，对人们增进友谊、提升素质的作用是难以用货币表现的。同时，旅游对环境、生态保护的促进作用也不能完全用经济价值来衡量。

3. 旅游用地的持续性

旅游用地利用不存在递减性，一经开发建成，只要保护得当，可供人们长期使用，一般不会对土地造成破坏。为了实现旅游用地的持续利用，旅游用地的开发利用要符合市场需求和资源特色，从而延长旅游地生命周期。同时，旅游土地规划应符合生态规律，维持土地生态系统的平衡与稳定，防止土地退化、生态失调及环境恶化。

（三）旅游用地分类

目前，我国旅游用地分类以国家标准的形式予以确定的是《风景名胜区总体规划标准》（GB/T 50298—2018）。根据土地使用的主导性质进行划分，风景名胜区的用地分类共分为采用 2 个层次，首先分为甲、乙、丙、丁、戊、己、庚、辛、壬、癸 10 大类，如表 11–2 所示。

表 11–2　风景区用地分类

类别代号			用地名称	范围	规划规定
大类	中类	小类			
甲			风景游赏用地	游览欣赏对象集中区的用地，向游人开放	
	甲 1		风景点用地	景物、景点、景群、景区等的用地，包括风景点建设用地及其景观环境用地	▲
	甲 2		风景保护用地	独立于景点以外的自然景观、史迹、生态等保护区用地	▲
	甲 3		风景恢复用地	独立于景点以外的需要重点恢复、培育、涵养和保持的对象用地	▲
	甲 4		野外游憩用地	独立于景点之外，人工设施较少的大型自然露天游憩场所	▲
	甲 5		其他观光用地	独立于上述四类用地之外的风景游赏用地，如宗教、田园等	△

续表

类别代号			用地名称	范围	规划规定
大类	中类	小类			
乙	旅游服务设施用地			直接为游人服务而又独立于景点之外的旅游接待、游览服务设施用地	▲
	乙 1		旅游点建设用地	独立设置的各级旅游服务基地（如部、点、村、镇、城等）的用地，如零售商业、餐饮、旅馆等用地	▲
	乙 2		游娱文体用地	独立于旅游点外的游戏娱乐、文化体育、艺术表演用地	▲
	乙 3		休养保健用地	独立设置的避暑避寒、度假、休养、疗养、保健、康复等用地	△
	乙 4		解说设施用地	独立设置的宣传、展览、科普、文化、教育设施用地，含旅游者中心	△
	乙 5		其他游览服务设施用地	上述四类用地之外，独立设置的旅游服务设施用地，如公共浴场等用地	▲
丙	居民社会用地			间接为游人服务而又独立设置的居民社会、管理等用地	△
	丙 1		城市建设用地	城市和县人民政府所在地镇内的建设用地	△
	丙 2		镇建设用地	非县人民政府所在地镇的建设用地	○
	丙 3		村庄建设用地	农村居民点的建设用地	○
	丙 4		管理设施用地	独立设置的风景区管理机构、行政机构用地	▲
	丙 5		科研设施用地	独立设置的用于观察、监测、研究风景区的设施用地	▲
	丙 6		特殊用地	特殊性质的用地，包括军事、安保、外事等用地	△
	丙 7		其他居民社会用地	上述六类用地之外，其他城乡建设与居民社会用地	○
丁	交通与工程用地			风景区自身需求的对外、内部交通通信与独立的基础工程用地	▲
	丁 1		对外道路与交通设施用地	风景区入口同外部沟通的交通用地，位于风景区外缘	▲
	丁 2		游览道路与交通设施用地	独立于风景点、旅游点、居民点之外的风景区内部联系交通，如游览道路、游览交通设施、停车场等用地	▲
	丁 3		供应工程设施用地	独立设置的水、电、气、热等工程及其附属设施用地	△
	丁 4		环境工程设施用地	独立设置的环保、环卫、水保、垃圾、污水污物处理设施用地	△
	丁 5		其他工程用地	如防洪水利、消防防灾、工程施工、养护管理设施等工程用地	△
戊	林地			生长乔木、竹类、灌木的土地及沿海生长红树林的土地。包括迹地，不包括居民点内部的绿化林木用地，铁路、公路征地范围内的林木，以及河流、沟渠的护堤林。不包括风景林	△
	戊 1		有林地	树木郁闭度≥ 0.2 的乔木林地，包括红树林地和竹林地	△
	戊 2		灌木林地	灌木覆盖度≥ 40% 的林地	△
	戊 3		其他林地	包括疏林地（指树木郁闭度≥ 0.1、＜ 0.2 的林地）、未成林地、迹地、苗圃等林地	○

续表

类别代号			用地名称	范围	规划规定
大类	中类	小类			
己	园地			种植以采集果、叶、根、茎、汁为主的集约经营的多年生木本和草本作物，覆盖度大于 50% 或每亩株树大于合理株树 70% 的土地，包括用于育苗的土地	△
	己 1	果园		种植果树的园地	△
	己 2	茶园		种植茶园的园地	○
	己 3	其他园地		种植桑树，橡胶、可可、吗啡、油棕、胡椒、药材等其他多年生作物的园地	○
庚	耕地			种植农作物的土地，包括熟地，新开发、复垦、整理地，休闲地（含轮歇地、轮作地）；以种植农作物（含蔬菜）为主，间有零星果树、桑树或其他树木的土地；平均每年能保证收获一季的已垦滩地和海涂。耕地中包括南方宽度＜ 1.0m、方宽度＜ 2.0m 固定的沟、渠、路和地坎（埂）；临时种植药材、草皮、花卉、苗木等的耕地，以及其他临时改变用途的耕地	○
	庚 1	水田		用于种植水稻、莲藕等水生作物的耕地，包括实行水牛、旱生农作物轮种的耕地	○
	庚 2	水浇地		有水源保证和灌溉设施，在一般年景能正常灌溉，种植旱生农作物的耕地，包括种植蔬菜等的非工厂化的大棚用地	○
	庚 3	旱地		无灌溉设施，主要靠天然降水种植旱生农作物的耕地，包括没有灌溉设施，仅靠引洪淤灌的耕地	○
辛	草地			生长各种草本植物为主的土地	△
	辛 1		天然牧草地	以天然草本植物为主，用于放牧或割草的草地	○
	辛 2		人工牧草地	人工种植牧草的草地	○
	辛 3		其他草地	树木郁闭度＜ 0.1，表层为土质，生长草本植物为主，不用于畜牧业的草地	△
壬	水域			未列入各景点或单位的水域	△
	壬 1		江、河	—	△
	壬 2		湖泊、水库	包括坑塘	△
	壬 3		海域	海湾	△
	壬 4		滩涂、湿地	包括沼泽、水中苇地	△
	壬 5		其他水域用地	冰川及永久积雪地、沟渠等	△
癸	滞留用地			非风景区需求，但滞留在风景区内的用地	×
	癸 1		滞留工厂仓储用地	—	×
	癸 2		滞留事业单位用地	—	×
	癸 3		滞留交通工程用地	—	×
	癸 4		未利用地	因各种原因尚未使用的土地	○
	癸 5		其他滞留用地	—	×

注：▲表示应该设置；△表示可以设置；○表示可保留不宜新置；× 表示禁止设置。

《风景名胜区总体规划标准》（GB/T 50298—2018）中风景区用地的分类，几乎包含了旅游业发展所需的所有土地类型。然而旅游地类型多样，不同类型的旅游地的自然条件和土地利用方式差异较大，对某一具体旅游地分类时，可以参照这一标准从旅游地自身类型特征出发进行归纳总结。

二、旅游土地利用规划

（一）旅游土地利用规划的定义

旅游地用地规划是融自然性、社会性、技术性、法律性为一体的综合性经济管理手段，其任务是根据旅游发展的战略要求，以土地资源的合理配置为手段，对规划用地进行控制、协调、组织和监督，以综合平衡、调整旅游发展与其他社会经济对土地的需求关系，为旅游事业的发展提供有力的支持。在旅游用地的开发利用前，为了协调土地利用需求，必须先编制旅游土地利用规划，依据旅游资源特性和旅游地发展规律，对旅游区的土地保护和利用进行总体布局，制定技术方案及具体实施规范。

（二）旅游土地利用规划的基本原则

1. 协调性原则

一方面，旅游土地利用规划应与旅游区所在地的区域土地利用规划、城乡规划等上位规划相协调，否则可能导致旅游规划因为用地限制不能实施到位，旅游规划的行政审批难度增加、时间滞后；另一方面，旅游土地利用规划中还需要注意旅游土地功能间的协调、各类用地的建筑和景观风格的整体协调。

2. 系统性原则

旅游用地位于区域生态系统的大背景中，需要从区域系统的角度去分析旅游用地总体和结构的变化可能带来的影响，考虑旅游地的生态环境系统内部规律和不同地块在生态条件方面的差异性，在此基础上开展土地利用规划，尽量减少开发建设对区域生态环境的破坏。

3. 平衡性原则

旅游地开发必须保持各类用地之间合适的比例与合理结构。这主要是指旅游项目开发建设与旅游服务设施、交通设施及基础结构等方面的土地分配需达到综合平衡，即要达到吸引能力与接待能力的统一。在旅游地开发中，如果土地分配不平衡，将使各类土地比例失衡、各项工程比例不协调，就会影响投资效果，限制旅游地功能的发挥。例如，服务设施用地过少就会导致景区旅游者接待能力不足，过多又会造成资源浪费；生态用地不足，就可能打破旅游区的生态平衡，从而造成旅游资源与环境破坏。

4. 集约利用原则

《国务院关于促进旅游业改革发展的若干意见》（国发〔2014〕31号）明确指出，

坚持节约集约用地，按照土地利用总体规划、城乡规划安排旅游用地的规模和布局，严格控制旅游设施建设占用耕地，改革完善旅游用地管理制度，推动土地差别化管理与引导旅游供给结构调整相结合。旅游地开发要求坚持节约用地与集约经营相结合，“珍惜每寸土地、合理利用每寸土地”，改善经营管理，改变旅游用地利用方式，提高其旅游用地利用效率和效益，促进旅游用地利用结构优化和功能提升。

5. 弹性原则

考虑到旅游经济发展的趋势和旅游地旅游活动的季节性规律，在旅游土地利用规划中应预留生态环境用地和建设用地等弹性用地，保证旅游地承载能力能够适应未来旅游经济发展变化的要求。

（三）旅游土地利用规划的主要内容

一般来说，旅游发展规划不用做土地利用规划，但旅游区规划中应有土地利用规划内容。在旅游区总体规划、控制性详细规划、修建性详细规划中对土地利用规划的内容和具体指标要求各有不同。《旅游规划通则》（GB/T 18971—2003）中关于旅游土地利用规划内容的要求具体参见表 11-3。

表 11-3 关于旅游土地利用规划内容的要求

规划类型	对土地利用规划内容的要求
旅游发展规划	无具体要求
旅游区总体规划	2.4.4 确定规划旅游区的功能分区和土地利用，提出规划期内的旅游容量
旅游区控制性详细规划	3.3.1 详细划定所规划范围内各类不同性质用地的界线。规定各类用地内适建、不适建或者有条件地允许建设的建筑类型 3.3.2 规划分地块，规定建筑高度、建筑密度、容积率、绿地率等控制指标，并根据各类用地的性质增加其他必要的控制指标 3.3.4 提出各地块的建筑体量、尺度、色彩、风格等要求 3.3.5 确定各级道路的红线位置、控制点坐标和标高
修建性详细规划	4.2 在总体规划或控制性详细规划的基础上，进一步深化和细化，用以指导各项建筑和工程设施的设计和施工

旅游区总体规划需要结合旅游区功能分区，确定土地利用的类型，做出土地利用平衡表和土地利用规划图，为后续土地利用规划提供基础数据和限制框架。旅游区控制性详细规划则应更详细地划定各类性质用地的界限和适建建筑类型，确定具体地块的控制指标，并设置地块控制指标表格、绘制地块控制指标图、各地块的控制性详细规划图、各项工程管线规划图。旅游区修建性详细规划需要深化、细化土地利用规划，达到能指导各项建筑和工程设施设计施工的效果。

编制旅游景区规划时不仅需要做出土地利用总体规划，还要根据景区土地分类，对不同用途和功能的地块做出相应规划，如旅游专项设施用地规划、公共设施用地规划、管理与居民用地规划、旅游加工业与农副业用地规划等。制定旅游土地利用规划时，一般需要完成土地资源分析评估、土地利用现状分析及其平衡表、土地利用规划及其平衡表等内容。

1. 土地资源分析评估

土地资源分析评估应包括对土地资源的特点、数量、质量与潜力进行综合评估或专项评估。一般按其可利用程度分为有利、不利和比较有利等三种地区、地段或地块，并在地形图上表示。通过土地资源的分析评估掌握用地的特点、数量、质量及利用中的问题，为估计土地利用潜力、确定规划目标、平衡用地矛盾及土地开发提供依据。

2. 土地利用现状分析

土地利用现状分析应表明土地利用现状特征、风景用地与生产生活用地之间关系，土地资源演变、保护、利用和管理存在的问题。在景区的自然、社会经济条件下，对规划区各类土地的不同利用方式及其结构进行分析，包括景观、社会、经济三方面的效益分析。通过分析总结其土地利用的变化规律及有待解决的问题。

3. 土地利用规划

土地利用规划应在土地利用需求预测与协调平衡的基础上，表明土地利用规划分区及其用地范围，细致程度依规划类型有所差异。土地利用规划包括：确定土地利用的总体结构进行土地利用分区，确定各类用地的结构、用地配置和调整，进行城镇和农村居民点的用地布局，确定交通用地的配置、其他大型骨干工程的用地配置，提出实施规划政策与措施、土地利用专项规划等。如森林公园规划、观光农业规划、水域利用规划等土地利用的控制性详细规划。另外，还需要编制符合相应比例要求的土地利用规划图。

4. 旅游用地分析

旅游景区土地利用平衡应按照土地类型分类统计，并表明规划前后的土地利用方式和结构变化（见表 11–4）。

表 11–4 旅游用地分析

序号	用地代号	用地名称	面积（km^2）	占总用地（%）		人均（m^2/人）		备注
				现状	规划	现状	规划	
00	合计	风景区规划用地						
01	甲	风景游赏用地						
02	乙	旅游服务设施用地						
03	丙	居民社会用地						
04	丁	交通与工程用地						
05	戊	林地						
06	己	园地						
07	庚	耕地						
08	辛	草地						

续表

<table>
<tr><th rowspan="2">序号</th><th rowspan="2">用地代号</th><th rowspan="2">用地名称</th><th rowspan="2">面积（km^2）</th><th colspan="2">占总用地 %</th><th colspan="2">人均（m^2/ 人）</th><th rowspan="2">备注</th></tr>
<tr><th>现状</th><th>规划</th><th>现状</th><th>规划</th></tr>
<tr><td>09</td><td>壬</td><td>水域</td><td></td><td></td><td></td><td></td><td></td><td></td></tr>
<tr><td>10</td><td>癸</td><td>滞留用地</td><td></td><td></td><td></td><td></td><td></td><td></td></tr>
<tr><td rowspan="3">备注</td><td colspan="8">____年，现状总人口____万人。其中：（1）游人____（2）职工____（3）居民____</td></tr>
<tr><td colspan="8">____年，规划总人口____万人。其中：（1）游人____（2）职工____（3）居民____</td></tr>
<tr><td colspan="8">____年，现状林地面积____km^2；____年，规划林地面积____km^2，其中风景游览用地中的林地____km^2</td></tr>
</table>

第三节　旅游人力资源规划

2009 年 12 月 1 日，国务院发布的《关于加快发展旅游业的意见》明确提出，把旅游业培育成为国民经济的战略性支柱产业和人民群众更加满意的现代服务业。2017—2019 年，全域旅游连续三次被写入政府工作报告，成为国家发展战略。在新的历史背景下，旅游业立足于更高的起点，在发展目标上提出的全新定位，大大提升了旅游业在国民经济中的地位。旅游业的发展关键在人才，旅游人才培养在很大程度上影响到旅游强国建设的成败。因此，要加快旅游人力资源开发和实现旅游人力资源的快速积累。在旅游规划中编制旅游人力资源规划内容就是要通过各种方法和渠道为旅游业提供人才保障，为旅游业走可持续发展道路创造有利条件。

一、旅游人力资源概述

（一）基本概念

1. 旅游人力资源

旅游人力资源是人力资源的组成部分。广义的旅游人力资源，是指旅游行业内的从业人口总体所具有的劳动能力的总和，是存在于人的自然生命机体中的一种国民经济资源；狭义的旅游人力资源，是指旅游行业从业人员，包括旅游行政管理机构、旅游饭店、旅游景区（点）、旅行社、旅游商店和旅游车船公司的管理层及服务人员等。

按照工作内容的侧重不同，旅游人力资源可以分为旅游经营管理人才和旅游服务人才。旅游经营管理人才是旅游经营活动的组织者和管理者，必须对旅游经营业务有较全面、深入的了解，具有创新的意识和优秀的管理能力。旅游服务人才主要指直接面向客户的一线服务人员，需要具有强烈的服务意识、良好的个人修养和熟练的服务技能。

2. 旅游人力资源规划

随着旅游业的迅速发展，旅游地对旅游专业人力资源的要求越来越高。通过各种渠道和方法为旅游业提供优秀人力资源是旅游规划与开发中的重要内容之一，即为人力资源保障体系。旅游人力资源规划处于整个旅游人力资源开发与管理活动的统筹阶段，是旅游人力资源开发与管理的重要组成部分。

广义的旅游人力资源规划，是指旅游组织根据其发展战略、目标及内外环境的变化，预测未来组织的任务和环境对组织的要求，以及为完成任务和满足要求而制定和实施相应人力资源政策、措施的过程。广义的旅游资源人力资源规划涉及人力资源管理的全内容，可包括人力资源的获取、整合、保持与激励、控制与调整、人力资源的开发等。狭义的旅游人力资源规划，是指旅游组织对未来人力资源供求情况进行预测，为保证满足未来需要而提供人力资源的过程，主要指人力资源的获取和开发。

（二）旅游人力资源规划的重要性

旅游服务的消费过程就是旅游业服务人员与旅游者直接接触的过程，服务质量的高低直接影响旅游消费满意度。因此，旅游从业者的素质不仅决定着旅游经济效益，也直接关系到当地的旅游形象和旅游业长期发展。尽管我国旅游业对人才培养取得了一定成绩，但是旅游业人才培养的总体水平与旅游业发展需要相比还有较大差距。主要问题表现在：旅游人才有效供给不足；层级、专业和年龄结构不尽合理，在各区域、行业和业态分布明显失衡；旅游人才整体素质偏低，专业化程度不高；旅游人才职业发展通道不畅；旅游人才队伍稳定性差，吸引力弱，旅游行业的人才集聚能力亟待提高；旅游人才教育培训支撑不足；旅游人才市场配置资源的能力较弱等。

编制旅游人力资源规划既是旅游业发展对人才的必然需求，也是提高旅游企业竞争能力的重要途径。我国旅游业的快速可持续发展需要在旅游人力资源规划中指明旅游人才的专业培养方向，并建立有效的旅游人才保障机制，同时对各级旅游行政管理部门和旅游企业人才队伍进行专业培训，以此满足旅游业发展对专业人才的迫切需求。旅游企业要在竞争中取得胜利，也必须通过制定旅游人力资源规划，合理引进和配置旅游人力资源，同时坚持继续教育培养出有经验、有能力、高素质的员工队伍。

（三）旅游人力资源规划的特点

1. 系统性

旅游业是具有服务性质的特殊经济产业，集食、住、行、游、购、娱等功能于一体。在旅游规划与开发中，旅游人力资源规划的任务在于提高旅游从业人员的素质，最充分地开发人力资源，促进行业内部的整体协调与管理。所以，旅游人力资源规划表现出很强的系统性。

2. 综合性

旅游业是一个综合产业，由多种经济部门组成，也受多种经济部门的影响。对旅游人力资源进行规划，要综合考虑多方面的因素，如政治因素、经济因素、文化因素、心理因素、生理因素等，同时又涉及社会学、经济学、管理学、心理学、组织行为学等学科知识，在实际操作中，要统筹规划，力求综合全面。例如，员工素质的提高，不能只强调业务水平，还要重视从政治思想、品德修养、为人处世技巧、公关交际能力、服务意识等各方面进行提升。

3. 科学性

旅游人力资源规划不仅要综合考虑社会的、经济的、政治的、文化的等多种因素，还要考虑人与人之间的各种关系。特别是当前，随着现代科学技术和社会化大生产的迅速发展，知识和人力的作用越来越突出。这就要求旅游人力资源的规划必须讲求科学性，运用科学的现代化管理理论和方法来发掘人才、培养人才和使用人才，使人的积极性和创造性得到最大限度的发挥，提高工作效率与效能，推动旅游业的发展。

二、旅游人力资源规划的内容

旅游发展规划和旅游地规划中都包含旅游人力资源规划内容，但其详尽程度对应规划类型和需求不同有所差异。在旅游发展规划中，旅游人力资源规划部分偏向战略性规划，主要为地区旅游业或旅游地的未来人力资源发展提供原则性、方向性的指导意见。在旅游地规划中，往往就单个旅游地做比较详尽的人力资源专项规划，明确其人才招聘、培训、管理等方面的具体计划。通常，旅游人力资源规划中应包含旅游从业人员的数量与结构设计、旅游人才教育与培训体系设计两个方面的内容。

（一）旅游从业人员数量与结构设计

1. 旅游从业人员的数量

旅游人力资源规划是在评价现有的人力资源的基础上，预估将来需要的人力资源、制定满足未来人力资源需要的行动方案。从一个区域旅游业的发展，预测从业人员的需求数量是旅游人力资源规划的重要内容之一。在编制旅游人力资源规划时，需调查旅游业发展的速度和规模及人力资源的总量和结构现状，结合区域经济发展预测，对未来区域旅游从业人员需求数量进行预测。人力资源需求预测方法有很多种，可分为定性预测法和定量预测法两大类。常见的定性预测法有德尔菲法、经验预测法等，定量预测法有趋势分析法、回归分析方法、转换比率法等。

2. 旅游从业人员的结构

在旅游从业人员的结构方面，主要对从业人员的行业分布结构、年龄分布结构、学历结构及职称结构等进行综合考察。通常可借鉴国内外旅游从业人员结构配比的经验，结合未来旅游业发展趋势，对从业人员结构进行优化。因此，旅游人力资源规划不仅要考虑旅游地需要多少旅游人才，还要重点把握各类不同人才结构。

（二）旅游人才教育与培训体系设计

1. 旅游专业教育规划

目前，我国的旅游业正由劳动密集型产业逐步向劳动密集型及知识密集型并存产业发展。新时期旅游业的高速发展和创新发展，造成了对新型的旅游学术研究人才、管理人才、服务人才和技能人才的大量需求。在未来一段时期内，旅游策划、会展、传媒、商品设计、营销管理、投融资及信息化人才等新型旅游人才会存在严重不足。此外，由于旅游业的文化、社会及生态价值日益受到重视，因而旅游业人员需求不再局限于工商管理领域，还应包括公共管理、公共服务、环境工程等领域。要实现旅游行业人力资源的可持续发展，最重要的是提升旅游专业教育水平，优化学历教育和职业教育体系。

2. 人才引进规划

当旅游人才的教育和培养难以满足当地旅游业发展或旅游企业的需求，这时就需要进行适当的人才引进。人才引进规划就是为了根据实际需要，有目的、有计划地为旅游业的发展或旅游企业的发展提供紧缺人才或者进行人才储备。

制定人才引进规划需要明确人才需求、完善人才引进政策和计划，不仅要确定何时引进、引进人才的类型和数量，还需要考虑人才引进的渠道。比如，对外招聘高层管理人才、专业技术人才或者毕业生；或者与院校合作，长期开展联合培养或订单式培养。此外，为了促进旅游人力资源的合理配置，政府要完善人才管理体制，创新人才培养开发、评价发现、选拔任用、流动配置、激励保障机制，营造充满活力、富有效率、更加开放的人才制度环境；健全专业化、信息化、产业化、国际化的旅游人才市场服务体系；旅游企业应该建立公平、合理的激励机制、晋升制度、劳动保障制度，降低人才的流失比例。

3. 员工继续教育规划

为了不断提高旅游从业者的综合素质，应鼓励用人单位为旅游从业人员接受继续教育提供条件，支持旅游从业人员采取多种形式接受继续教育。旅游院校、科研院所、旅游企业合作开展网络化、开放式、自主性的旅游继续教育已经成为未来的发展趋势，尤其是网络公开课、慕课的兴起使得继续教育更加快捷方便。就旅游企业而言，培训内容一般应涉及职业道德教育、经营管理技能、服务技能培训等主题。经营管理技能培训的目的是培养从业人员抽象思维能力、决策能力、组织能力和创新能力，培训重点在于对新思维培养和管理能力进行训练。服务技能培训主要包括岗位的基础知识和技能、与业务相关的其他知识和技能、交际技能与应变技能、跨文化交流技能四个方面。

第四节 旅游环境保护规划

20世纪末以来，因为旅游的过度开发而导致乡村城市化、自然环境退化等问题陆续暴露出来，人们逐渐认识到旅游并不是“无污染工业”，旅游活动也可能会对环境产生负面影响。旅游业的发展依托于良好的生态环境和资源条件，保护旅游区的环境，不仅是旅游开发者的责任，也是保障旅游业可持续发展的重要措施。随着绿色旅游、生态旅游理念的兴起，从规划阶段针对区域旅游环境的特质设计一个规范旅游开发和旅游者活动的行为框架，尽量避免旅游活动对环境的负面影响和破坏，已经是旅游规划与开发必不可少的工作内容。

一、旅游环境保护概述

（一）旅游环境的概念

旅游环境是指在旅游活动区域内各种因素的存在状况和综合作用的结果。就范围而言，旅游环境主要包括旅游目的地和相关的旅游依托地；就内容而言，则主要包括旅游资源状况及与旅游活动有关的自然和社会文化两方面的因素。因此，旅游环境不仅仅指旅游区的自然环境，而是以开展旅游活动作为其主要功能的自然—经济—社会的复合体，是旅游目的地的社区居民、外来旅游者及其周围环境相互作用形成的一种特殊的系统。因此，旅游环境保护不仅涉及旅游地的自然生态系统、旅游资源的保护，还包含目的地人文社会环境的保护。

（二）旅游环境保护的原则

1. 旅游地发展与环境保护协调发展的原则

旅游地环境是旅游业发展的基础，旅游业的发展必须和环境相协调。在旅游地开发建设中，旅游建设和环境建设应同步规划、同步实施、同步发展，保护好旅游地环境，才能实现经济效益、社会效益和环境效益的统一。

2. 预防为主、防治结合、综合治理的原则

旅游地环境保护应以预防为主，采取各种预防性手段和措施，防止环境问题的产生和恶化。对环境污染问题要及时治理，使旅游地内的环境污染和破坏控制在能够维持生态平衡、保护旅游者人体健康、保持旅游经济持续稳定增长的限度之内。

3. 坚持“保护中开发，开发中保护”的原则

树立“保护中开发，开发中保护”的意识，结合国内外先进的户外资源管理工具，将单一的资源保护和开发目标整合为资源管理目标，充分利用并保持资源环境特征，为

不同类型的旅游体验提供多样的环境，将旅游对资源环境的干扰和损耗降低到最小，实现资源和旅游业的可持续发展。

4. 整体保护与重点保护、分级保护与分区保护相结合的原则

遵循经济、有效的原则，尽可能以较低的投入达到最佳的保护效果，针对保护对象的重要性和保护工作的急迫性，分清轻重缓急，分步实施，将环境保护工作逐步推向深入。同时，控制不同资源、不同区域的环境特征和保护级别，针对不同资源和地块确定相应的管理目标和检测指标，以增强保护的可实施性。

5. 多部门协作与利益相关者参与保护的原则

旅游环境保护是一项复杂和长期的工作，在设立专门的保护和监管部门的同时，需要旅游、工商、环境、水利、林业、公安等多个部门协作；跨地区的旅游地还需要不同地区、不同级别的政府之间合作。同时，旅游环境保护是一项复杂的工作，需要政府部门、旅游开发商、相关研究机构及社区居民等利益相关者的共同参与，才能达到旅游环境保护的目的。

二、旅游环境影响控制措施

旅游环境影响控制措施的内容大致可以分为三类：一是对旅游目的地生态环境的保护措施；二是对旅游资源的保护措施；三是对旅游者规模和行为的控制，即对旅游者的行为和数量加以约束，使其被控制在环境所能承受的范围内。

（一）旅游目的地生态环境保护措施

1. 实施环境影响评价（EIA）

由于各类开发活动的环境影响越来越受到关注，人们制定了环境影响评价（EIA）程序来对即将进行的开发项目（包括旅游项目）进行影响评价。EIA 程序是根据一个固定格式设计出来的，并要求在立项时提交给政府审议，审议通过方可批准立项。每个地区的 EIA 程序的格式各不相同，但一般会包括一些社会和经济要素及自然环境影响要素。EIA 程序是确定待建项目的环境影响的有用方法，在确定了可能引起的环境影响后，可以采用相应的预防性措施或对计划做适当的调整。环境影响评价基本模型的基本要素包括：

（1）污染与废弃物排放：空气污染；地表水污染，包括河、溪、湖、池塘、近海水域；地下水污染；内部供水污染；噪声污染，包括平均水平和高峰水平；固体垃圾堆放问题；排水和供水问题。

（2）动植物破坏情况。

（3）生态影响和破坏，包括土地和水域、湿地及总体动植物生长栖息地。

（4）项目区土地使用和交通问题。

（5）平时和高峰期的行人和车辆拥堵问题。

（6）景观美化问题（建筑设计、绿化、标牌等）。

（7）环境健康问题。

（8）历史、考古及其他文化遗址的破坏。

（9）重要的、有吸引力的自然环境景观（如树木、丘陵和一些特殊的地质构成）的破坏。

（10）土地松动和滑坡等问题。

（11）自然灾害环境（如地震、火山爆发和飓风等）对项目可能造成的破坏。

2. 制定旅游环境保护规划

旅游环境保护规划的方法主要有以下几种：一是按照旅游环境的大气、水体、噪声等基本要素进行规划，提出规划目标和对应措施；二是考虑不同的功能分区之间存在旅游功能差异，制定环境保护规划；三是按照突出重点的原则，对规划区内较为重要的区域专门制定环境保护措施。

总体而言，制定旅游环境保护规划时，应该按照旅游区环境影响评价中对施工期、运营期可能影响生态环境、社会环境和导致地质灾害的主要因素、污染源进行识别，明确制定控制主要环境风险、污染物的目标、对策与措施；内容可能涉及环境影响减缓措施、行业准入条件、环境监管措施、环境保护及生态建设方案、水土流失等地质防治措施、清洁生产要求、环境管理与监测、公众参与等方面。

3. 积极推动环保建设，采用环保技术

在旅游规划实施过程中，应在经济可行的基础上，尽量采取环保设计和技术，减少工程建设和旅游活动产生的污染物、废弃物。例如，在旅游地建筑物建设中运用适当的建筑设计标准和建筑环保材料，使建筑与环境相融合；建设水循环利用系统、采用节水设施，使用适当的固体废弃物处理技术，尽可能地循环利用垃圾，以降低资源消耗；开发完善的道路和其他交通系统，尽可能地提供环保型交通工具。

（二）旅游资源保护措施

旅游资源是吸引旅游者的核心因素，因此，保护旅游资源不受破坏至关重要。旅游资源保护是指维护资源的固有价值，使之不受破坏和污染，保持自然景观和人文景观的原有特色，并对已被损坏的旅游资源进行治理。

1. 旅游资源管理举措

在旅游开发前应进行系统的旅游资源调查评价，完善旅游地资源数据档案。坚持“谁开发谁保护，先保护后开发”的原则，采取以防为主、以治为辅、防治结合的旅游资源保护对策。在此基础上，进一步明确重点保护对象，对具有重要保护价值的自然与文化遗产，尽快制定切实可行的专项保护规划。同时，还应该建立合理的利益分配机制，规避保护责任不落实的风险。此外，要不断提升旅游地管理与服务人员的专业素质和资源保护意识，并启动旅游者环境教育工程。

2. 旅游资源保护规划

可以按照旅游资源禀赋、游览价值、在保护中的作用等标准划分为不同等级，针对不同的等级进行区别性规划，对高等级的旅游资源重点保护。也可以根据不同类型的旅游资源分别制定保护规划，采取不同的保护手段（见表 11–5）。

表 11–5 旅游资源保护的重点

类型	小类	主要威胁	对策
水体资源	江河资源	工业和生活污水	污水、废弃物集中处理和排放监管
	湖泊资源	水产养殖、水上运动及旅游活动的污染	水质保护、开发项目限制
	海滨资源	机油、燃油的泄漏废弃物、污水	船只安全管理、水质保护、废弃物集中处理和排放监管
	瀑布资源	水量、水土流失	水源的涵养、山体绿化
	泉资源	地下水枯竭	地下水涵养
	湿地	侵占、污染	适度开发、合理保护
	水源地	污染	隔离防护、生态恢复规划、分级保护
大气资源	—	污染气体、汽车尾气	清洁能源交通工具、尾气排放限制
动植物资源	天然林带	砍伐、病虫害、自然灾害	分区开发管理、限制破坏性行为，灾害预测监控防治
	珍稀植物群落	种群衰竭、人为破坏、自然灾害	保护规划、保护性培育
	野生动物及其栖息地	栖息地破坏、人类活动干扰	栖息地保护、开辟生态廊道和动物信道
	古树名木	人为损伤、病虫害	建档管理、养护
人文旅游资源	遗迹遗址	破坏性开发、旅游者不文明行为	就地封存、博物馆保护、保护性开发，建筑修缮、保护古建筑的原生环境
	非物质文化遗产	文化传承断绝	文化传承人保护制度、文化环境保护
	社区风貌	现代文明冲击	整体风貌协调、民俗保护
	公共环境	设计缺陷、旅游者不文明行为	构建人工生态系统、配套环卫工程

（1）自然旅游资源的保护。自然旅游资源的保护重点在于保护区域自然生态系统的完整性和物种的多样性，减轻旅游活动对区域生态环境的负面影响。

保护水体资源需要联通水系、保障水域空间、控制水体污染，旅游项目的开发和建设应不影响河湖行洪和用水安全，尤其应重点保护水源地、湿地。旅游开发涉及水源地的，必须严格按照国家的有关规定和标准进行规划和建设。如果水源地已经发生环境污染的，则需要编制水源地生态恢复规划，将污染破坏的原因和程度调查清楚，制订整治、清理的具体方案。

旅游区大气污染物面临的主要是燃烧烟气、餐饮油烟和汽车尾气，应该事先评估旅游开发对大气环境质量的影响，明确大气环境容量及污染总量控制指标，明确控制施工期和移动源废气排放的控制措施，如是否使用清洁能源交通工具、尾气排放限制的标准等。

对动植物资源进行保护，首先要进行系统调查，了解其分布和生长情况，再进行保护分类分级别保护。旅游开发的过程中要对区域内的珍稀动、植物制定保护规划，保证其生存和繁殖的空间，对于一些特别稀有的珍贵植物可进行保护性培育、采集制作少量标本、设置救助站，为科研和生态环境教育服务。对古树名木建立档案、设立标志，制订养护、管理方案，防止其被旅游者人为损伤，同时采取措施预防病虫害。

（2）人文旅游资源的保护。人文旅游资源的保护包括人文景观、文化传承人和人文资源环境保护，重点在于保护各类人文景观及其依托的社会风貌、文化传统。重要的遗址遗迹类资源可采取就地封闭保存、以博物馆或展馆等形式实施就地保护和保护性开发三种方式，特别应注意对遗址遗迹整体风貌的保护；关注文化传承，建立文化遗产的传承人保护制度，并重视文化传承环境的建设；保护当地民风民俗和社区公共环境。

（三）旅游容量控制

1. 旅游容量的概念

旅游容量，又称旅游承载力，是指在可持续发展前提下，一定时段、一定地域范围内，旅游地自然人文环境、旅游设施设备、社会经济环境、旅游地居民所能承受旅游者及其相关活动在规模和强度上的最大值。旅游容量是一个概念体系，包含旅游心理容量、旅游资源容量、旅游生态容量、设施容量等，要实现旅游地的可持续发展，要在科学测算当地的旅游承载力的基础上，将旅游开发活动和旅游接待规模、强度限制在旅游地的承载能力范围之内。

（1）旅游心理容量。旅游心理容量，是指旅游者在旅游地开展旅游活动时，在不降低旅游活动体验质量的条件下，该地所能容纳的旅游者的最大量，超过这个极限则旅游者的舒适感和满意度就会下降。旅游心理容量与旅游者活动类型、服务质量、旅游地自然和社会条件相关，同时受旅游者年龄、性别、文化背景、价值观、性格特征、文化素质等个人因素影响，因此测定十分困难。

旅游心理（感知）容量又可分时点容量和日容量，计算公式如下：

$$C_p = \frac{A}{\sigma} = K \times A \qquad (1)$$

$$C_r = \frac{T}{T_e} \times C_p = K \times \frac{T}{T_e} \times A \qquad (2)$$

式（1）、式（2）中：C_p 为时点容量，C_r 为日容量，A 为资源的空间规模，σ 为基本空间标准，K 为单位空间合理容量，T 为每日开发时间，T_e 为人均每次利用时间。

（2）旅游资源容量。从旅游供给角度理解，旅游资源容量是指在保持旅游活动质量的前提下，一定时间内旅游资源所能容纳的最大旅游者人数或旅游活动容量，也是旅游资源可持续利用的最大边界。对旅游资源容量的测算，一般是对旅游地已开发的旅游景区的容量测算。旅游资源容量计算公式如下：

$$C=\frac{T}{T_e}\times\frac{A}{A_e} \tag{3}$$

式（3）中：C 为极限容量，T 为每日开发时间，T_e 为人均每次利用时间，A 为资源的空间规模，A_e 为每人最低空间规模。

（3）旅游生态容量。生态环境容量的测算是一个比较复杂的问题。旅游者到达任何一个旅游地后，都会产生各种消费，必然直接或间接地产生一定的废水、废气和固体垃圾，而生态环境容量主要考虑到土壤、植被、水、野生动物、空气等因素的承载能力。所以，旅游生态容量是指在保证生态系统不致退化的前提下，一定时间内旅游地所能容纳的旅游活动量。超过这一极限，则旅游活动将对生态环境产生不利的影响。因此，根据测算旅游者所产生的污染物、环境自净能力和人工治理污染的能力，就可以大体测算出生态环境的容量。旅游生态容量的计算如下：

$$F_e=\frac{\sum_{i=1}^{n}S_iT_i}{\sum_{i=1}^{n}P_i} \tag{4}$$

式（4）中：F_e 为生态容量（日容量），即每日接待旅游者的最大允许值；P_i 为每位旅游者一天内产生的第 i 种污染物量；S_i 为自然生态环境净化吸收第 i 种污染物量；T_i 为各种污染物的自然净化时间，一般取一天，对于非景区内的污染物，可略大于一天，但累积的污染物至迟应在一年内完全净化；n 为旅游污染物种类数。

（4）旅游设施容量。旅游设施是指为满足旅游者旅游活动的正常进行而由旅游目的地提供的、使旅游服务得以顺利开展的各种设备和设施的总称，分为基础设施和旅游接待设施。旅游设施容量则是指旅游地的基础设施，如供水、供电、道路交通设施等及与旅游接待相关的住宿、餐饮、娱乐等设施在一定时间内能承受的旅游活动量。旅游设施容量计算公式如下：

$$C_i=X_i\times Z_i\div Y_i \tag{5}$$

式（5）中：C_i 为某旅游设施容量（人次 / 日），X_i 为某旅游设施面积（m^2），Z_i 为日周转率，Y_i 为人均最低占用面积（m^2）。

在一个旅游区域内，旅游者经常是较多地在某些旅游点活动，因此各旅游点的旅游者密度会有不同，故计算若干个旅游点的旅游设施容量之和则是旅游设施总容量，计算公式如下：

$$C=\sum C_i=\sum X_i\times Z_i\div Y_i \tag{6}$$

式（6）中：C 为旅游日设施总容量，C_i 为某旅游设施容量（人次 / 日），X_i 为某旅游设施面积（m^2），Z_i 为日周转率，Y_i 为人均最低占用面积（m^2）。

2. 容量管理措施

为避免该旅游地的环境退化、旅游者体验满意度降低，应该依据旅游容量测算结果对景区的旅游者数量进行控制。例如，进行旅游者流量监控，当景区内旅游者人数接近容量上限时则停止售票；建立客流引导机制，调节景区内部旅游者分布，避免局部区域客流超载；实行季节性打折、淡季营销等策略，尽可能调节旅游者量的季节性差异，减缓旺季客流压力；自然资源为主的景区可分区采用轮休制度；对于历史文化遗址类景区，在保留原始遗址的同时可以建造人工景区供旅游者参观。另外，可以通过采取合理规划游览系统、扩大旅游设施容量，配置污染处理设备等措施，提升景区旅游容量。

【本章小结】

1. 旅游管理体制是指国家对整个旅游经济活动和运行进行协调与管理的组织形式、机构设置、职权划分和管理制度的总和。它包括旅游业的组织机构、组织形式、调节机制、监督方式、各种机构或组织的责任、权限和利益等问题。世界各国典型的旅游管理体制有单设国家旅游行政主管部门、旅游局设置在工业或商业部之内、旅游部门与文化部门结合、旅游部门与交通部门结合、旅游部门与环境资源部门结合等不同模式。我国现行旅游管理体制是旅游部门与文化部门结合的模式。

2. 旅游土地利用规划是重要的旅游专项规划之一，是对规划范围内的土地资源所制定的科学利用方案。旅游用地具有功能的综合性、多效益性和难估量性、持续性的特点。参照《风景名胜区总体规划标准》旅游用地可以划分为 10 大类。旅游土地利用规划要坚持协调性、系统性、平衡性、集约利用和弹性原则。旅游土地利用规划一般需要完成土地资源分析评估、土地利用现状分析及其平衡表、土地利用规划及其平衡表等内容。

3. 旅游人力资源可以分为旅游经营管理人才和旅游服务人才。旅游人力资源规划是旅游人力资源开发与管理的重要组成部分，具有系统性、综合性和科学性的特点。旅游人力资源规划中应包含旅游从业人员的数量与结构设计、旅游人才教育与培训体系设计两个方面的内容。

4. 旅游环境是指在旅游活动区域内各种因素的存在状况和综合作用的结果。就范围而言，旅游环境主要包括旅游目的地和相关的旅游依托地；就内容而言，则主要包括旅游资源状况及与旅游活动有关的自然和社会文化两方面的因素。旅游环境影响控制措施可分为旅游目的地生态环境的保护措施、旅游资源的保护措施、旅游者规模和行为的控制。

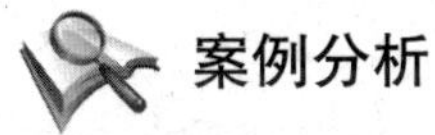

案例分析

案例 1　乐山大佛景区的旅游资源保护

乐山大佛位于我国四川省乐山市，处于岷江、青衣江、大渡河三江交汇处，它高约 71 米，是世界上最大的石刻佛像。1982 年乐山大佛就被确定为全国 44 个风景名胜保护区之一。1996 年，联合国教科文组织世界遗产委员会将峨眉山—乐山大佛列入世界文化和自然双重遗产名录，这是我国第三个也是世界上第二十二个被列入自然和文化双重遗产的景区。

乐山大佛具有独特的旅游资源，景区由凌云峰、麻浩岩墓、乌尤山、巨型睡佛构成，游览面积约为 8 平方千米。凌云寺规模颇大，大佛就凿于离寺不远的崖上，在凌云山周围还有东坡楼、竞秀亭等亭台楼阁。麻浩崖墓位于凌云、乌尤两山之间的溢洪河道东岸，麻浩是其地名。这些墓多为汉崖墓，有的悬崖深达十多米，周围有精细的雕塑，里面还有陶俑之类的陪葬品，是四川特有的古迹。该汉代墓群于 1988 年经国务院公布为全国重点文物保护单位。乌尤山即古离堆，相传为秦时蜀郡守李冰开凿，以“避沫水之害”。乌尤山与凌云山并肩立于岷江之滨，四面环水，孤峰兀立，山上林木茂盛。山上有创建于盛唐的乌尤寺，和凌云寺毗邻，两山之间隔一水，有吊桥相通，和凌云山合成一个完整的风景区。巨型睡佛又被称为隐形睡佛，实际上是由大自然的鬼斧神工塑造而成。隐形睡佛由乌尤山、凌云山、龟城山二座山体构成，睡佛的头位于乌尤山处，凌云峰九峰构成了睡佛的胸膛、健美的腰身和壮实的腿，龟城山充当睡佛的脚，全长约 4000 米。

乐山大佛景区的经营管理者特别注重对景区自身的自然和文化资源的保护。乐山大佛景区借助举办节庆活动，大力宣扬乐山大佛的佛教文化，并在 1994 年举办了首届“国家旅游大佛节”，邀请来自社会上的知名人士、宗教界和企业家人士参加。这对乐山大佛的文化资源的保护和推广取得了有效的积极作用。更为旅游界所称道的是乐山大佛景区高水平的维修保持工作。它坚持修旧如旧的原则，在对世界级的文化遗产进行修复的同时，还保持了乐山大佛的原始性，受到了联合国教科文组织的关注。在自然资源的保护方面，乐山大佛景区实行严格的综合管理和分部管理相结合的管理体制，将其分为核心保护区、缓冲保护区等，重视对于乐山大佛景区自然资源的保护。

资料来源：邹统轩．旅游景区开发与经营经典案例［M］．北京：旅游教育出版社，2003.

讨论问题：

1. 乐山大佛景区采取了哪些措施加强旅游资源保护？

2. 乐山大佛景区旅游资源保护工作的特殊性体现在哪些方面？

案例 2　美国国家公园管理体系

国家公园，被美国人誉为“美国最伟大的理念”。国家公园的概念最早由美国艺术家乔治·卡特林于1832年提出，其设想是“政府通过一些保护政策设立一个大公园……所有一切都处于原生状态，体现自然之美”。1872年，世界上首个国家公园——美国黄石国家公园于建成。至今，美国已经建立起了“世界上最复杂、最精心设计、数量和规模最大的国家公园体系”。在这方面，美国有不少经验值得借鉴和学习。

其一，专门的机构。根据1916年国家公园局法案，美国成立了国家公园管理局（National Park Service），为联邦内政部下设的综合管理部门，管理隶属于国家公园体系的各单位，同时兼管其他附属资源点。目前国家公园管理局负责以下21种不同类型单位的管理：国家公园、国家纪念馆/碑/物、国家保护区、国家保留地、国家历史公园、国家游憩区、国家海岸保护区、国家湖滨保护区、国家野生动物保护区、国家野生和风景流域保护区、国家河流保护区、国家军事公园、国家战场公园等。

其二，完善的管理体系。美国国家公园采取以国家公园管理局为核心，国家公园基金会为辅助，企业、科研机构、非政府组织等多主体参与管理的体系。如前所述，联邦政府内政部下属的国家公园管理局主导管理工作，地方政府则无权介入。国家公园管理局下设7个地区办公室，分管各片区国家公园的事务，各国家公园内均设有基层管理局，从而形成以“国家公园管理局—地方办公室—基层管理局”为主线的垂直管理体系。此外，国家公园基金会（National Park Foundation），作为联系公私两方的桥梁，其主要职责是更好地整合社会零散资源，借助私人力量维持公园运营，并协助国家公园管理局的工作。企业、科研机构、非政府组织等私人机构或个人主要通过国家公园基金会与国家公园管理局进行合作，为国家公园的管理活动提供资金、技术和人力的支持。

其三，完备的法律体系。美国政府给予国家公园管理体系重要的立法保障。联邦层面有24部法律、62种规则、标准和执行命令涉及国家公园管理与运营，如《荒野法》《土地与水资源保育资助法》《国家历史保存法》《荒野与风景河流法》《全国游道系统法》《公园志愿者法》《全国环境政策法》《国家公园局通权法》《濒危物种保护法》和《特许经营权法》及《古物法》等。美国还对每个公园单位实行“一园一法”。其中《特许经营权法》允许私营机构采用竞标的方式，缴纳一定数目的特许经营费，以获得在公园内开发餐饮、住宿、河流运营、纪念品商店等旅游配套服务的权利。

其四，多元化的资金来源。国家公园的运营经费是美国联邦政府的财政经常性预算项目，美国联邦政府财政拨款占70%左右。2014财年美国联邦政府为国家公园体系拨款26.36亿美元。其余通过特许经营权拍卖、社会捐赠、志愿者等方式筹集。值得一提的是，很多非政府组织和私人机构以慈善捐助、有偿合作等方式向国家公园提供资金支持。

资料来源：李金早．当代旅游学［M］．北京：中国旅游出版社，2018.

讨论问题：

1. 美国国家公园管理体系有哪些特点？其优点是什么？

2. 在我国建立国家公园管理体系可能面临哪些困难？

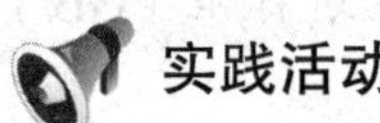

实践活动

选择一处你所熟悉的景区，调查其旅游资源与环境保护存在的问题，并提出解决对策。

思考题

1. 旅游政策对旅游地发展会产生哪些影响？

2. 旅游人力资源保障规划应包括哪些基本内容？

3. 自然旅游资源与人文旅游资源的保护重点有何区别？

4. 为什么要进行旅游者容量控制，有哪些保持环境合理容量的措施？

5. 如何有效保护非物质文化遗产类的旅游资源？

【参考文献】

[1] 李金早. 当代旅游学［M］. 北京：中国旅游出版社，2018.

[2] 中华人民共和国国家标准. 旅游规划通则，2003.

[3] 邹统轩. 旅游景区开发与经营经典案例［M］. 北京：旅游教育出版社，2003.

[4] Edward Inskeep. 旅游规划——一种综合性的可持续的开放方法［M］. 北京：旅游教育出版社，2004.

[5] 耿庆汇. 论旅游生态系统及其平衡与调控［J］. 中南林业调查规划，2005（3）.

[6] 梁栋栋、陆林. 旅游用地的初步研究［J］. 资源开发与市场，2005（5）.

[7] 高峻. 旅游资源规划与开发［M］. 北京：清华大学出版社，2007.

[8] 熊元斌. 旅游业、政府主导与公共营销［M］. 武汉：武汉大学出版社，2008.9.

[9] 王春利，窦群. 旅游规划与开发［M］. 北京：首都经济贸易大学出版社，2008.

[10] 王兴斌. 各国旅游管理体制［EB/OL］. http://wang-xingbin.blog.sohu.com/75875739.html，2008/01/07.

[11] 牟红. 旅游规划理论与方法［M］. 北京：北京大学出版社，2015.

[12] 毕保德. 土地经济学［M］. 北京：中国人民大学出版社，2016.

[13] 冯学钢，吴文智，于秋阳. 旅游规划［M］. 2 版. 上海：华东师范大学出版社，2017.

[14] 戴维·L. 埃杰尔，贾森·R. 斯旺森. 旅游政策与规划：昨天、今天与明天［M］. 北京：商务印书馆，2017.

[15] 北京大学旅游研究与规划中心.旅游规划与设计：景区容量与旅游者管理[M].北京：中国建筑工业出版社，2017.

[16] 林南枝.旅游经济学[M].天津：南开大学出版社，2000.

[17] 中华人民共和国住房和城乡建设部.风景名胜区总体规划标准（GB/T 50298—2018）[S].北京：中国建筑工业出版社，2018.

[18] 谢朝武，黄锐，陈岩英."一带一路"倡议下中国出境旅游者的安全保障——需求、困境与体系建构研究[J].旅游学刊，2019（3）.

[19] 马勇.旅游规划与开发[M].4版.北京：高等教育出版社，2018.

[20] 马勇，向从武.旅游管理教学案例[M].武汉：华中科技大学出版社，2020.

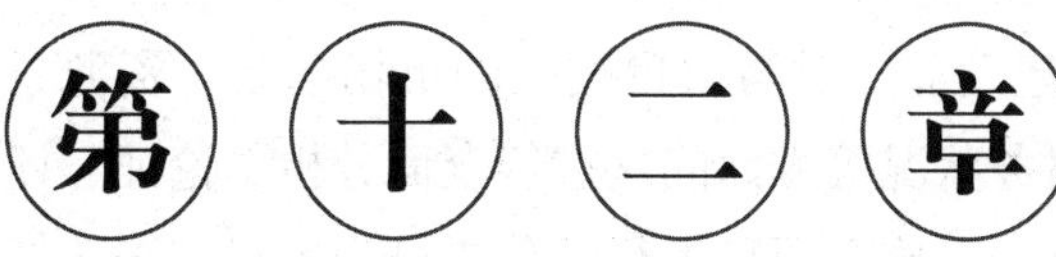

旅游投融资分析

本章内容主要包括旅游项目投资分析、旅游项目融资渠道和旅游项目效益评估三方面。旅游项目的投融资分析、效益分析是争取旅游项目获得投资和政策支持的重要技术保障，也是投资者和管理者优选旅游项目开发方案的依据。

【学习目标】

了解旅游项目投资分析的要求，熟悉投资分析的基本理论，掌握旅游项目投资的主要内容；了解我国旅游融资的发展趋势，熟悉旅游投融资的基本途径；了解旅游开发效益的基本概念和内涵，掌握旅游效益评估的主要方法。

【核心概念】

可行性分析、投资分析、投融资渠道、旅游项目效益

第一节　旅游项目投资分析

随着旅游产业如火如荼的发展，“旅游 +”已经成为深受青睐的话题，社会各界对旅游产业投资充满了兴趣。对地区旅游产业发展而言，旅游资源是基础，项目创新是核心，投融资关键。旅游投融资分析对旅游项目开发的可行性、财务成本和收益进行全面的评估，为旅游规划的制定和项目成功实施奠定基础。

一、旅游项目可行性分析

旅游项目可行性分析是指在项目开发建设前，对与项目相关的市场前景、资源条件、技术支持、经济、社会和环境基础、财务状况等方面问题进行全面分析、论证、评价，以确定该项目是否具有可行性的技术方法。旅游项目可行性分析可为项目方案选择决策提供参考，也是对外吸引投资的重要依据文件。开展旅游项目的可行性分析要在厘清项目依托的资源条件现状及问题的基础上，对项目开发的社会环境分析、市场潜力分析、技术条件分析、项目投资、效益评估等内容开展分析。

（一）社会环境分析

通过对国民经济发展动态、文化特征及政策法规环境、生态环境等综合因素进行分析，评估旅游地所在区域的发展趋势；判断旅游项目开发是否符合区域经济发展趋势、社会文化传统和政策法规规定，分析区域生态环境是否能够支持旅游项目开展，并评估这些因素会对旅游项目规划与开发产生怎样的影响。

（二）市场潜力分析

市场潜力分析是对旅游项目本身的吸引力和延续性的时间长度进行预测。首先，依据现实中已经收集的市场数据，对未来的旅游发展趋势和旅游者需求开展预测分析，判断项目是否顺应市场发展趋势；其次，预测与评价项目在旅游市场中竞争能力和吸引力变化；最后，评估项目总体市场潜力和生命周期，吸引力越大、时间周期越长的旅游项目表明创造的效益越大，其开发价值就越大。

（三）技术条件分析

技术条件分析是对旅游项目开发和建设的技术方面的条件进行可行性评价。比如，是否创意独特、在市场中的反响是否热烈，采用的技术上是否可行等。

（四）项目投资分析

项目投资分析，亦称财务分析，主要借用通用的财务指标和财务管理的方法，对旅游项目规划、建设以及经营管理全过程中货币流动的成本和收益情况的进行评估，判断项目建设的财务资金需求，初步规划投资计划，确定项目在财务上是否具有可行性。

（五）效益评估

效益评估主要是评估旅游项目开发建设可能带来的经济效益、社会效益、文化效益和生态效益。

二、旅游项目投资分析方法

旅游项目投资分析是从微观的角度对旅游项目的财务进行定量估算与评价，通过预测和计算项目直接发生的财务效益和费用，考察该项目的投资额度、盈利能力、清偿能力等财务状况，并得到最终的财务可行性结论。由于财务评估内容较为复杂，本章主要对旅游项目投资分析的主要理论基础及其评价指标进行介绍。

（一）主要理论基础

1. 时间价值理论

货币时间价值是指货币经历一定时间的投资和再投资所增加的价值，也称为资金时间价值。简而言之，货币时间价值表明同样数额的资金在不同的时间点上具有不同的价值。本杰明·弗兰克曾说："钱生钱，并且所生之钱会生出更多的钱。"这就是货币时间价值的本质。因为当前拥有的货币可以进行投资，即使有通货膨胀的影响，只要存在投资机会，当前拥有的货币比未来收到的同样金额的货币具有更大的价值，即货币的现值就一定大于它的未来价值。

资金出让的时间越长，资金数量越大，货币资金的供应量较少、需求量较多、相关部门的利润率越高、资金使用的风险性越大，货币时间价值就越大。可以采用单利计息和复利计息两种方法，计算资金的时间价值：

$$\text{单利计息：} F = P \times (1 + n \times i) \quad (1)$$

$$\text{复利计息：} F = P \times (1 + i)^n \quad (2)$$

式（1）、式（2）中，F 指本息和，P 指本金，n 为计算期数，i 为单利利率。

2. 现金流量理论

现金流量是指企业在一定会计期间按照现金收付实现制，通过一定经济活动（包括经营活动、投资活动、筹资活动和非经常性项目）而产生的现金流入、现金流出及其总量情况的总称，即企业一定时期的现金和现金等价物的流入和流出的数量。这里的现金是包括货币性现金、存款、票据、短期债券等期限短、易于变现的现金等价物。

在现金流量表中，将现金流量分为三大类——经营活动现金流量、投资活动现金流量和筹资活动现金流量，又将每大类活动的现金流量分为现金流入量和现金流出两类。通常在旅游项目投资开发初期，现金流出量较大、流入量较小，经营活动的现金净流量为负数、投资活动的现金净流量为负数、筹资活动的现金净流量为正数。旅游项目开始运营时，旅游项目的现金流入量会逐渐增大，经营活动的现金净流量为正数，现金净流总量逐渐由负转正。同时，为了扩大市场份额，企业仍需要大量追加投资，而仅靠经营活动现金流量净额可能无法满足所需投资，必须筹集必要的外部资金作为补充，但之后还需要偿还外部资金，因此旅游项目的建成期和成长期，经营活动现金净流入量越大越好。

从长期来看，利润是企业偿还债务的来源，但是企业现实的偿债能力却取决于其拥有的现金。现金流量的多少能清楚表明企业经营周转是否顺畅、资金是否紧缺、偿债能力大小，以及是否过度扩大经营规模，对外投资是否恰当，资本经营是否有效等，从而为投资者、债权人、企业管理者提供非常有用的信息。

在项目生命周期内，现金流量会发生连续的流入流出。因此，在财务分析时，往往需要将不同时点上的现金流量按照一定的利率或折现率，折算到同一时点进行比较和分析。方案比较时，可以比较同一时间点的现值（P）或者终值（F）；所谓现值，就是指将所有资金金额换算成当前时点的价值，终值则是指将所有资金换算成末期价值，按照资金的换算时点不同，可以将其分为一次性支付和等额支付两类。其中一次性支付又被称为整付，等额支付被称为年金支付。

（1）一次性支付的计算公式。按照折算的时点，一次性支付的计算公式可以分为一次性支付的现值和一次性支付的终值。

折现率为，投资期为 n 的情况下，现值（P）的计算公式如公式（3），终值（F）的计算公式如公式（4）：

$$P = F \times (1+i)^{-n} \tag{3}$$

$$F = P \times (1+i)^{n} \tag{4}$$

（2）等额支付的计算公式。等额支付可以按照现值和终值以及现金的流向（支付和收入）相互组合形成四种情形，具体参见表 12-1。

表 12-1　等额支付现值和终值以及现金流向

年金流向（A）	现值（P）	终值（F）
支付	若每期都投入等额资金，计算现值（即年金现值公式）	若希望期末得到一定数额的终值，每期需要投入 / 支付的金额（即偿债基金公式）
收入	若目前投入 / 支付一定金额的资金，则每期要回收的资金数额（即资金回收公式）	若每期都投入等额资金，计算终值（即年终值公式）

上述情形下的计算公式分布如下：

折现率为 i，投资期为 n 的情况下，若每期都投入等额资金，这一笔资金的总现值（P）计算采用年金现值公式：

$$F = A \times \frac{(1+i)^n - 1}{i \times (1+i)^n} \tag{5}$$

折现率为 i，投资期为 n 的情况下，若每期都投入等额资金，n 期后终值（F）计算采用年金终值公式：

$$F = A \times \frac{(1+i)^n - 1}{i} \tag{6}$$

折现率为 i，投资期为 n 的情况下，若目前投入一定金额的资金，则每期至少要回收的资金数额（A）计算采用资金回收公式：

$$A = P \times \frac{i \times (1+i)^n}{(1+i)^n - 1} \tag{7}$$

折现率为 i，投资期为 n 的情况下，若希望期末得到一定数额的终值，每期需要投入的金额（A）计算采用偿债基金公式：

$$A = F \times \frac{i}{(1+i)^n - 1} \tag{8}$$

（二）旅游项目投资分析的财务指标

1. 静态财务指标

静态财务评估指标是不考虑资金的时间价值的财务评价指标，由于计算简单，经常作为评价的依据。

（1）投资回收期。投资回收期是指以项目的净收益收回全部投资所需要的时间，是考察项目投资回收能力的主要指标，投资回收期的单位一般为年。如果每年的现金流入量都相等，则投资回收期还可以用公式 $P_t=P/A$ 计算，其中 P 为该项目投资的总额，A 为每年的现金流入量。一般情况下，旅游项目每年的现金流入量并不相同，这时需要计算每年的现金净流量，以判断确切的投资回收期。

（2）总投资利润率。总投资利润率指项目的年利润总额与总投资之比，其计算公式如下：

$$投资利润率 = \frac{年利润总额}{总投资额} \times 100\% \tag{9}$$

当使用投资利润率作为项目可行性评价的财务标准时，需要以行业的平均利润水平作为可行性的标准。一般来说高于行业平均利润水平的项目具有较好的投资前景，如果投资利润率低于筹资成本则项目的投资潜力较低，不建议投资。

（3）资产负债率。资产负债率是指项目负债与项目资产之比，反映在总资产中有多大比例是通过借债来筹资的，简单地表示了项目的财务风险程度以及偿债能力。如果资产负债比率达到 100% 或超过 100% 说明项目已经没有净资产或资不抵债。其计算公式如下：

$$资产负债率 = \frac{负债合计}{资产合计} \times 100\% \tag{10}$$

（4）流动比率。流动比率是流动资产对流动负债的比率，用来衡量流动资产在短期债务到期以前，可以变为现金用于偿还负债的能力。其计算如下：

$$流动比率 = \frac{流动资产总额}{流动负债总额} \times 100\% \tag{11}$$

（5）速动比率。速动比率是指速动资产对流动负债的比率，它是衡量流动资产中可以立即变现用于偿还流动负债的能力。其计算公式如下：

$$速动比率=\frac{流动资产总额-存货}{流动负债总额}\times 100\% \quad (12)$$

（6）现金比率。现金比率指反映流动负债所能得到的现金保障程度。这一指标能最直接、最现实地反映企业短期偿债能力。其计算公式如下：

$$现金比率=\frac{现金+现金等价物}{流动负债总额}\times 100\% \quad (13)$$

（7）流动负债现金率。流动负债现金率也称现金流量比率。这一指标反映企业流动负债所得到的经营活动现金净流入的保障程度。该指标越高，表明企业短期偿债能力越强。其计算公式如下：

$$流动负债现金率=\frac{经营活动现金净流量}{流动负债总额}\times 100\% \quad (14)$$

2. 动态财务指标

动态财务评价指标是已经将资金的时间价值考虑在内的财务指标，能更加真实地反映项目的财务情况。

（1）财务净现值。财务净现值（*FNPV*）是指项目按行业的基准收益率或设定的目标收益率，将项目计算期内各年的净现金流量折算到开发活动起始点的现值之和，是项目财务评价中的一个重要经济指标，主要反映技术方案在计算期内盈利能力的动态评价指标。其计算公式如下：

$$FNPV=\sum_{t=1}^{n}(CI-CO)_t(1+i_e)^{-t} \quad (15)$$

式（15）中，CO、CI 分别为现金的流出与流入量，n 为计算期，i_e 为行业基准收益率或设定的折现率。

通过计算，该指标的数值会有以下三种情形分别为正值、负值及零，只有当该数值大于等于零的时候，该项目才是可行的。

（2）财务内部收益率。财务内部收益率（*FIRR*），是指项目在整个计算期内各年财务净现金流量的现值之和等于零时的折现率，也就是使项目的财务净现值等于零时的折现率。财务内部收益率是反映项目实际收益率的一个动态指标，一般情况下，财务内部收益率大于等于基准收益率时，项目可行。其计算公式如下：

$$\sum_{t=1}^{n}(CI-CO)_t(1+FIRR)^{-t}=0 \quad (16)$$

三、旅游项目投资估算的撰写

根据旅游区规划的细致程度不同，所编制的投资估算的细致程度、技术路线和误差率也有所区别。总体上，越高层次的旅游规划，其宏观性和总括性越高，旅游项目投资估算相对越简略；而控制性详细规划和修建性详细规划的投资估算应最为详细、具体。

（一）旅游项目投资估算的依据

旅游项目投资估算应说明依据和方法。一般而言，可以依据国家建设部《工程建设投资估算办法》、各省《工程建设及其费用定额》等，并参考其他旅游总体发展规划，专业规划和同类工程的结算资料，确定项目建设、安装工程概算定额和配套收费标准。具体的成本费用，应结合当前市场行情和当地的实际情况，并参考市场现行价格和厂家询价进行初步概算。

同时，需要明确规划项目投资建设的方式是一次性投资还是分期进行。由于国民经济发展迅速、建设期内会有物价变动等情况，前期项目建设估算成果一般会较准确，后期项目估算成果的准确性会降低；在后期项目投资估算时，应该适当考虑通货膨胀的影响。

（二）投资估算的主要内容

一个旅游区建设计划投资总额包括从筹备到竣工验收、投入运行的全部建设费用。投资估算不但要估算总资金，还要测算建设期内各年资金的需求量。投资估算主要包括项目前期论证投入、旅游项目建设与基础设施投资、旅游管理机构投入、人力资源建设投资、旅游营销投资、环境治理与资源保护费用等的估算。根据土地和资金来源情况，可能还要估算征地费、移民安置补偿费用、投资贷款利息等。

1. 项目前期论证投入估算

为了在保障旅游项目开发的科学性，降低开发风险，需在项目开发建设前进行旅游项目规划、市场调查和研究、环境影响研究、可行性分析等工作，相关的调研、报告编写、评审等费用均需要纳入投资估算。

2. 旅游项目建设与基础设施投资估算

这是旅游项目投资的主体部分，应对每个旅游项目进行单独投资估算，说明项目的名称、位置、功能、体量和预算。同时，对主要的旅游接待设施、餐饮设施、娱乐设施、环卫设施、给排水设施、通电设施、通信设施、道路及交通设施、安全防护措施、绿化景观等投资费用进行分项估算。

3. 旅游管理机构投入估算

旅游管理机构投入包括机构建设、技术支持和其他方面的资金投入，其中技术支持是指环境检测系统和旅游信息库等软硬件的建设，其他投入包括搜集资料费用、管理项目设计费用等。

4. 人力资源建设投资估算

人力资源的投资包括师资培训、导游培训、管理人员培训、接待服务人员培训、培训机构建设和公众旅游教育投入等。

5. 旅游营销投资估算

旅游营销投资估算是指旅游项目的各种招商和营销活动费用估算。例如，举办或参加各类招商会、促销会，制作广告、网页、宣传手册和开展促销活动的费用估算等。

6. 环境治理与资源保护费用估算

在对施工建设和日常运营产生造成的环境影响、地质灾害、生态灾害、旅游资源损耗等进行评估的基础上，估算相应的环境治理、灾害预防和景区旅游资源保护的费用。

第二节　旅游项目融资渠道

旅游产业是一个高投入、持续回报的长效投资产业，政府能投入资金有限，需要逐步加大社会资本和资本市场的力量，通过多元化的投融资渠道保障旅游产业资金供给。投融资途径不顺畅，是我国许多旅游景区面临的一道难题。对于旅游规划者而言，从战略高度对旅游产业和旅游项目的资金筹措、投融资主体建设、融资模式创新等进行统筹规划尤为重要。

一、旅游投融资发展新趋势

随着我国旅游业从数量增长到质量提升、从粗放经营到集约发展的转变，资本、科技、创新将成为推动旅游产业发展的新动力，我国旅游发展进入大资本、大项目带动的新阶段，正在从资源依赖型向资本驱动型转变。目前，我国旅游业投资已经呈现出旅游投资主体、投融资模式和投融资渠道的多元化趋势。

（一）投资主体多元化

我国进入“十三五”以来，旅游投资规模保持年均 6.82% 的增速，在大多数行业投资增长减缓的背景下，文旅产业投资热潮涌动，吸引了包括政府投融资平台、民营企业、非旅企业等的资本进入，成为社会投资热点和综合性开发的引擎性产业。全国旅游投资呈现民营资本为主、政府投资、国企投资和外商投资为辅的多元化投资格局。全国旅游投资项目库数据显示，2015 年以来针对总投资 10 亿元以上的旅游项目，民间资本投资继续超过半壁江山。

（二）多种投融资模式并存

1. 政府主导投资模式

在我国，长期以来政府和国有企业是旅游投资的重要主体。政府主导投资模式主要依靠政府的财政投入来进行旅游项目的建设，其特点是完全由中央或地方政府财政承担所有的工程建设和管理费用，对于政府财政能力要求较高。这一模式具有公共性、基础性、战略性特点，投资多选择社会效益性和基础性领域，通常通过公共财政投入、发行旅游国债、设立旅游发展专项基金等实现。

政府主导投资模式的重点主要包括：一是对各地稀缺性、垄断性的旅游资源的开发投入；二是对区域基础设施进行引导性开发，为旅游开发创造良好的基础条件和投资环境；三是改善和提升旅游景区的服务质量，如对旅游公共信息发布、旅游信息化建设服务功能提升以及旅游项目智能化科技应用投入；四是对于现有旅游产业的管理水平的提升，包括对各个旅游项目的规范化管理监督，行业标准制定评级等投入；五是对旅游景区的资源和生态保护的投入。这类模式尤其适用于旅游资源待开发地区、经济欠发达地区以及旅游基础设施建设领域。

2. 市场导向投资模式

市场导向的旅游投资的首要目标是追逐利润最大化，因此更侧重于对旅游市场需求的监测和分析，在市场机制的调节下，资金向热点旅游区域和领域集中。这一类投资的主体是非政府投资主体，包括国有企业投资、民营企业投资、外商投资及民间资本投资等。这种模式下，既可以由一个企业或者个人独资开发，也可以由多个企业或多个个人按照股份制合作开发经营，所有投资者自负盈亏和自担风险。

这类投资模式适用于各类旅游资源开发区域，尤其是旅游业发展较为成熟、能取得较好经济效益的地区。总体上，民营资本的投资重点在经济发达的东部地区，主要投资休闲度假类产品；外商投资更青睐东部地区，多集中于酒店、旅行社。

3. 多元投资开发模式

随着旅游经济的发展和市场机制的进一步完善，政府主导和市场导向的投资模式通常相互交叉结合，多元化投资开发模式成为主流。其主要代表性运营模式为"地方政府引导 + 市场运作 + 企业参与 + 全民共建"。该模式集合了政府投资与市场融资的力量，可以取得较好的效果。在旅游基础设施方面主要依靠国家和地方政府的各类项目投资，景区内外给排水、电力、燃气、环卫等市政基础设施建设主要由政府统筹安排，环境治理、生态保护等方面争取政府相关项目的资金支持。

各类旅游项目和服务设施投资主要按照市场规则运行，由企业、单位、个体自主投资开发，并负责经营管理。如各类景点、景区建设和维修，娱乐游憩项目的经营，度假酒店、风情小镇、商业步行街的开发运营及各种旅游辅助设施的建设，都可以招商引资的方式获取社会资金投入，进行市场化运作，同时鼓励旅游地居民共同参与旅游项目开发。条件优越的项目还可争取国际金融机构对旅游基础设施、可持续性开发的大型旅游项目的贷款。

二、旅游项目主要融资渠道

旅游项目主要融资渠道如表 12–2 所示。

表 12–2　旅游项目主要融资渠道

投融资方式	优势	劣势	适用
政策支持性融资	资金来源稳定 对公益性旅游项目扶持力度大 融资成本极低	投资规模有限 非市场化运作，低配置效率 申报资格要求较高	公益性旅游项目 基础性旅游项目
BOT 方式	减少政府的财政负担 引进经营，提高管理效率	政府控制力减弱 参与方较多 / 结构复杂 协调沟通成本大 融资成本高	基础性旅游项目 竞争性旅游项目
TOT 方式	为旅游新建项目获取融资，为现有项目引进管理 只涉及经营转让权，不存在产权和股权问题，风险小 融资成本小于 BOT	政府控制力减弱 参与方较多 / 结构复杂	基础性旅游项目 竞争性旅游项目
PPP 方式	减少政府财政支出压力 合理分工，信息共享，提升效率 有效实现优势互补、风险共担	复杂，需要完备的合同体系	基础性旅游项目 竞争性旅游项目
ABS 方式	盘活旅游资产价值 筹资负担小 保证企业控制权	要求旅游项目具有良好的盈利能力，使用范围限制性大	竞争性旅游项目
众筹	方式灵活，投资门槛低、投资方式多样化，有利于项目宣传	筹资平台选择	竞争性旅游项目

（一）政策支持性融资渠道

1. 旅游发展基金

中央政府或地方政府设立的各类旅游发展基金，基金预算纳入旅游行政管理部门统一管理。地方根据旅游项目实际需要提出申请，根据旅游业发展规划，主要用于旅游宣传促销、行业规划发展研究、旅游开发项目补助等支出，少量用于弥补旅游事业经费的不足。

2. 旅游产业基金

产业投资基金是指一种对未上市企业进行股权投资和提供经营管理服务的利益共享、风险共担的集合投资制度，即通过向多数投资者发行基金份额设立基金公司，由基金公司自认基金管理人或另行委托基金管理人管理基金资产，委托基金托管人托管基金资产，从事创业投资、企业重组投资和基础设施投资等实业投资。

旅游产业投资基金的投资重点主要定位于旅游业，旨在通过市场化融资平台引导社会资金流向，筹资发展基金，促进旅游基础设施和旅游景区的开发建设、助推旅游产业的结构升级以及挖掘和培育优质旅游上市资源等。目前，国家正积极推动设立国家和省级旅游产业基金，进一步拓宽旅游投融资渠道，吉林、江苏、四川、山西等省已陆续成立旅游产业基金。

3. 旅游国债

旅游国债是国家以其信用为基础，按照债券发行的一般原则，为筹集发展旅游业的财政资金而发行的一种政府债券，是中央政府向投资者出具的、承诺在一定时期支付利息和到期偿还本金的债权债务凭证。2000 年，国家发展和改革委员会首次将旅游列入国债项目，安排国债资金加强旅游基础设施建设，重点支持资源品位较高、发展潜力较大、所依托的主要交通干线建设已基本完成的国家级或省级旅游景区的项目。

纳入国债资金范畴的旅游基础设施建设资金，其使用方向主要是景区与干路间的道路建设和景区内的道路建设、公共供水、供电、垃圾污水处理系统、安全保障设施建设。旅游国债投放以中西部地区为主，兼顾沿海地区；优先安排国家级、省级旅游景区；优先安排骨干交通条件较完善的景区；重点安排贫困地区、少数民族地区及大型、特大型城市经济圈附设的景区。

4. 各类专项资金

由于许多重要的旅游地同时可能是重要的自然保护地或者文化遗产，为了保证人类文化和生态的可持续发展，有必要就地开展文物保护、生态保护研究。我国政府和科研机构有各项生态保护项目、文物保护项目、扶贫项目等均有对口资金可用于旅游地的保护与建设。另外许多国际组织和非政府组织（NGO），诸如联合国教科文组织、世界自然基金会、世界银行、壹基金等也为许多旅游项目提供资金和智力支持，帮助旅游地开展资源保护与研究。

（二）市场性融资渠道

在金融市场上进行旅游融资除了传统的银行信贷、商业信用融资、私募资本融资、信托投资、国内上市融资、海外融资等方式，还可以通过建设—经营—转让模式（Build-Operate-Transfer，BOT）、移交—经营—移交模式（Transfer-Operate-Transfer，TOT）、公私合作模式（Public-Private-Partnership，PPP）、旅游资产证券化模式（Asset-Backed Securitization，ABS）、众筹（Crowdfunding）等新兴方式完成项目融资。

1. 建设—经营—转让模式（BOT）

BOT 是私营企业参与基础设施建设，向社会提供公共服务的一种方式。我国一般称之为“特许权”，是指政府部门就某个旅游项目与私人企业（项目公司）签订特许权协议，授予签约方的私人企业（包括外国企业）来承担该项目的投资、融资、建设和维护，在协议规定的特许期限内，准许其通过向用户收取费用或出售产品以清偿贷款，回收投资并赚取利润。政府对这一旅游项目有监督权，调控权，特许期满，签约方的私人企业将该项目无偿或有偿移交给政府部门。这一模式一般适用于具有较强盈利能力的基础性旅游项目和竞争性旅游项目，包括旅游交通基础设施、饭店、旅游景区等。

2. 移交—经营—移交模式（TOT）

TOT 是 BOT 融资方式的新发展，是指政府部门或国有企业将建设好的旅游项目的一定期限的产权和经营权，有偿转让给投资人，由其进行运营管理；建设方一次性从中融得一部分资金，用于建设新的旅游项目；投资人在一个约定的时间内通过经营收回全部投资和得到合理的回报，并在合约期满之后，再交回给政府部门或原单位的一种融资方式。TOT 是用已经建成的项目进行融资，越过了建设阶段，因此对于投资人的风险较小，投资收益也自然较 BOT 低。

3. 公私合作模式（PPP）

PPP 是公共基础设施建设中的一种项目融资模式。在该模式下，鼓励营利性企业和非营利性企业与政府进行合作，参与旅游基础设施的建设。在 PPP 模式中，企业和政府在项目论证立项阶段就开始共同参与项目，政府并不是把项目的责任全部转移给私人企业，而是由参与合作的各方共同承担责任和融资风险。因此，PPP 模式提高了各方信息共享能力和运作效率，降低了企业投资风险，增强了政府对项目的影响力，有利于实现公共部门和私人企业的共赢。

4. 旅游资产证券化模式（ABS）

ABS 是以旅游资产为支撑发行证券的融资活动，指旅游企业或金融机构将其缺乏流动性但能产生稳定现金流的旅游资产或业务转化为在金融市场上可以出售和流通的证券，发售给投资人筹集资金。出售的是未来资产收入而不是资产本身，其需要用未来现金收入为抵押，由金融机构进行评级并担保。旅游资产证券化，不仅可以解决投资的资金来源，而且不分散企业控制权，又比债券融资负担小，是一种特别适合项目前期投资时使用的高效融资方式。

5. 众筹（Crowdfunding）

众筹，即大众筹资或群众筹资，是 2009 年出现的网络商业模式，也是一种科技融资创新，是指一群人通过网络为某一项目或某一创意提供资金支持从而取代诸如银行、风投、天使投资这类公认的融资实体或个人。其基本模式是项目发起者在网站上展示项目，投资者则根据相关信息选择投资项目。众筹由发起人、跟投人、平台构成，具有低门槛、多样性、依靠大众力量、注重创意的特征。众筹的快速发展使得互联网金融具有了传统投资银行的融资功能，众筹包括基于捐赠的众筹、基于奖励或事前销售的众筹、基于股权的众筹、基于贷款或债务的众筹。

第三节　旅游项目效益评估

旅游项目效益是指由于旅游开发建设和经营活动导致的经济、社会及生态环境等要素发生变化而引起的一系列效应，一般分为经济效益、社会效益和环境效益。按照旅游项目效益来源可分为直接效益和间接效益。其中，直接效益是指由于旅游活动而对人类社会及其环境产生直接作用的结果，而在该直接作用的基础上诱发的其他后续的影响可被视为间接效益。根据人类社会及其环境从旅游开发中受益或受损的角度，旅游项目效益可分为有利影响和不利影响。旅游效益评估通常是指用定性或定量的方法对旅游业所带来的相关经济效益、社会效益和环境效益进行评价。

一、经济效益及其评估

（一）旅游项目的经济效益

旅游项目的经济效益分为直接经济效益和间接经济效益，前者指经营旅游业所带来的经济收益，主要表现为旅游收入，后者指旅游业对区域国民经济和相关产业的发展的促进作用，表现为有利于国家和地区的收支平衡，改变产业和投资结构，基础设施的建设促进建筑业的发展，旅游商品和食品供应促进工农业及第三产业的发展等。由于旅游开发能增强区域吸引力，促进区域经济发展和跨区域经济合作，所以旅游业的间接经济效益超过直接经济效益。但需要注意的是，旅游开发也会带来当地物价上涨、地价提升、经济发展受淡旺季影响而波动等负面经济影响。

（二）经济效益评估方法

由于旅游规划实施的经济效益内容较多，既包含直接经济效益又包含间接经济效益，虽然直接经济效益中的旅游收入等可以通过统计和预测等方法估算，但更多的经济效益，尤其是对区域经济发展影响的间接效益难以用具体的指标进行衡量。因此，在进行旅游经济效益评估时，以定性评估为主，同时可以结合旅游业 GDP、旅游乘数效应、旅游投资等指标进行评估。

1. 旅游项目直接经济效益估算

可借助旅游统计年鉴或者地方经济统计报告中公布的相关数据，通过计算旅游规划实施后旅游总收入及其占当地经济总量的比重，分析旅游业发展对经济增长的贡献率。同时，通过分析旅游开发前后，地区产业结构和从业人员结构的变化也可以侧面体现出旅游业发展对地方经济结构的优化作用。一般情况下，旅游收入占当地经济总量比重越大，则旅游规划实施对当地的经济增长的贡献率越高，旅游规划实施的宏观经济效益就越好。

2. 旅游项目间接经济效益估算

由于国民经济系统运转的复杂性，难以准确衡量旅游项目的间接经济效益，但是可以借助旅游乘数、投入产出表、旅游投资量等指标进行评估。

旅游乘数是用以测定单位旅游消费对旅游接待地区各种经济现象的影响程度的系数，是指产出、收入、就业和政府税收的变化与旅游支出的初期变化之比，通俗地说就是旅游带动系数。

$$\text{旅游乘数}=(1-a)/(1-b+c) \tag{1}$$

式（1）中：a 为旅游进口倾向，指在旅游业经营过程中，漏损的外汇占旅游外汇收入的比例，包括支付外方人员的工资、支付外国贷款的利息和外国旅游公司参与经营管理所获收入；b 为边际消费倾向，即在所增加的收入中用于消费的比例；c 表示边际进口倾向，即在所增加的收入中用于购买进口品及其他对外支出的比例。由于旅游业是一个关联度极高的产业，具有跨行业的性质。因此，单位旅游消费越大，旅游乘数效应越高；反之，单位旅游消费越小，其旅游乘数效应越低。

除了借助旅游乘数分析之外，也可以利用地区投入产出表，开展投入产出分析，研究经济系统各个部分间表现为投入与产出的相互依存关系，判断旅游业对地区经济和各个产业的影响。还可以依据旅游固定资产投资额结合实际情况，定性评价旅游规划地区的投资环境改善、市场吸引力提升等效果；一般认为旅游投资额越高，旅游基础设施和服务设施越完善，效益越好。

二、社会效益及其评估

（一）旅游项目的社会效益

旅游区规划建成后将产生一系列良好的社会效益。首先，通过促进当地休闲、娱乐、住宿、餐饮等接待服务设施的建设，改善该地区的基础设施与社区环境。其次，可以增加当地劳动就业机会，吸引更多的居民参与到当地的旅游发展，提高社区居民生活水平，有利于地区稳定发展。再次，吸引中外游客来此观光旅游，促进不同地区、不同国家人民间的信息、文化和感情交流，有利于旅游地居民接受先进文化与科技，提高生态文明、科学素养。最后，通过发展旅游业，将传统的风俗习惯、民间艺术和历史遗迹转化为旅游资源，一方面有利于文化保护和传承，另一方面可以促进社区居民和游客的文化保护意识和民族认同感。

但是，大量旅游者的涌入也会给当地带来交通安全、社会治安、文化冲突等方面的问题，同时还会改变当地社会生活方式，可能导致民俗文化的商业化、庸俗化和“失真”，以及拜金主义的泛滥。

（二）社会效益评估方法

旅游社会效益评估比较抽象，主要采用假设和推理的定性分析方法，从旅游就业、当地居民生活水平、基础设施建设、文化设施建设、文化保护与传承等方面进行评估。

1. 旅游就业评估

民生问题是发展旅游业涉及的重大问题。旅游发展创造的就业机会是旅游社会效益评估体系中至关重要的一个指标。旅游就业机会包含旅游业提供的直接就业岗位，如景区管理机构、导游服务、餐饮住宿、环卫、文化娱乐、旅游产品开发销售等岗位，也包括因旅游业带动的产品制造、基础设施建设等项目提供的一系列间接就业岗位。简单而言，旅游直接和间接就业人数以及就业比率越高，旅游社会效益越好。

2. 当地居民生活水平

可通过旅游规划实施前后的人均旅游收入、人均可支配收入、消费结构、恩格尔系数等一系列指标的变化来判断旅游发展对当地居民生活水平的改善效果。一般而言，在人数既定和利益分配较均衡的情况下，旅游创造的经济收入越高，就越能提升当地居民生活水平。

3. 基础设施建设评估

基础设施建设具体表现为基础道路、电力电信、给排水、防灾防洪等工程的建设，其评估指标主要依据人均设施占有量。在人数既定的情况下，旅游投资建设的基础设施工程越多、质量越高，人均设施占有量越大，那么旅游业对地区基础设施的改善效果就越好。

4. 文化设施建设评估

该项指标主要是通过人均文化设施面积来衡量，人均文化设施面积等于文化设施建设总面积除以当地总人数。文化设施建设主要包括旅游地博物馆、展览馆、歌剧院、影视城、娱乐城等的建设。人均文化设施面积越大，文化设施建设越好，旅游对当地文化繁荣贡献率越高。

5. 文化保护与传承评估

文化保护与传承评估是旅游文化效益评估的另一重要指标，该指标表现为旅游文化事业的投入，文物、非物质文化遗产规模与等级等。旅游文化事业的投入越大，文物、非物质文化遗产、文化传承人保护资助经费越高、措施越先进，文化普及效果越明显，说明旅游发展对文化保护的促进作用越强。

三、环境效益及其评估

（一）旅游项目的环境效益

环境效益表现为旅游业促进环境的美化、绿化，使人们重视文物古迹的修复和重建，改变了城市文化面貌。旅游开发建设中如果重点考虑了环境因素，投入大量资金建设与保护当地旅游环境，将有助于改善当地环境状况。首先，景区保护山水林田湖草等自然旅游资源、绿化美化及生态景观化、控制和治理空气污染、噪声污染、水污染、垃圾污染等活动，均有利于当地资源与环境保护。其次，自然景观和生物种群的保护，尤其是珍稀物种的培育、栖息地的保护，对于维护生物多样性、保护生态平衡有重要意义。最后，景区配套环卫设施和周边环境保护设施的建设，可以促进地区环境保护工作开展。

如果在旅游项目实施中对环境保护方面考虑欠佳或者工作不到位，则会适得其反，旅游项目开发将对旅游地环境产生恶劣的影响。不当的旅游开发可能导致水质污染、空气污染、噪声污染、视觉污染和废弃物污染、森林植被破坏、生态系统碎片化、野生动物栖息受到干扰、文物古迹受到破坏等诸多问题，进而影响到旅游地的可持续发展。

（二）环境效益评估方法

可以通过系统的环境影响评价，用定性和定量相结合的方法评估旅游环境效益，也可以简单用植被覆盖率或绿化率、空气环境、水环境以及噪声环境等指标进行评估。评估时可以对照国家或行业的相关环境质量标准进行评估，如地表水环境质量标准（GB 3838—2002）、地下水质量标准（GB/T 14848—2017）、环境空气质量标准（GB 3095—2012）、声环境质量标准（GB 3096—2008）、生态环境状况评价技术规范（HJ 192—2015）等。

【本章小结】

1. 旅游项目投融资分析部分主要介绍了旅游项目可行性分析的内容、投资分析的方法和财务指标，以及投资估算的主要内容。旅游投融资分析对旅游项目开发的可行性、财务成本和收益进行全面的评估，为投资决策和招商引资提供参考依据。其中，旅游项目可行性分析需要对项目开发的社会环境分析、市场潜力分析、技术条件分析、项目投资、效益评估等内容开展分析。旅游项目投资分析要考察项目的投资额度、盈利能力、清偿能力等财务状况，评估财务可行性和投资预期收益。总体上，越高层次的旅游规划，投融资分析的宏观性和总括性越高；而控制性详细规划和修建性详细规划的投融资分析更为详细、具体。

2. 旅游项目融资渠道部分主要介绍了近年来我国旅游项目融资的发展趋势，阐述常见的旅游项目融资渠道及其优劣势。目前，我国旅游业正在从资源依赖型向资本驱动型转变，旅游业投资已经呈现出旅游投资主体、投融资模式和投融资渠道的多元化趋势。旅游项目主要融资渠道主要可分为政策支持性融资渠道和市场性融资渠道。其中，政策支持性融资渠道主要指各级政府设立和提供的旅游发展基金、旅游产业基金、旅游国债和各类专项资金。市场性融资渠道指在金融市场上进行旅游融资的各类渠道，包括银行信贷、商业信用融资、私募资本融资、信托投资、国内上市融资、海外融资、BOT、TOT、PPP、ABS、众筹等方式。

3. 旅游项目效益评估部分介绍了旅游的经济、社会和环境效益的定义，阐述了评估内容和基本评估方法。旅游项目效益一般分为经济效益、社会效益和环境效益，按照旅游项目效益来源可分为直接效益和间接效益。旅游环境效益评估可以采用定性和定量相结合的方法；旅游经济效益评估可以结合旅游业 GDP、旅游乘数效应、旅游投资等指标进行评估，也可以采用投入产出分析；旅游社会效益评估主要从旅游就业、当地居民生活水平、基础设施建设、文化设施建设、文化保护与传承等方面进行评估。环境效益评估可以对照国家或行业的相关环境质量标准进行评估。

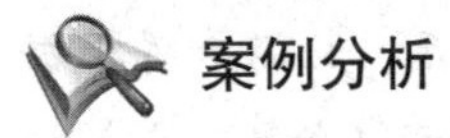

案例分析

旅游众筹

国外有一家叫作Trevolta的众筹网站，该网站旨在帮助那些有旅行梦想的人吸引和争取赞助者。这种新颖的概念完全是基于“众筹旅游”的巧妙构思。你所需要做的就是规划一次非凡之旅，你一直想去的地方，而Trevolta将为你提供平台从来自世界各地的人中募集所需资金。

乍听一下，觉得这个网站有点匪夷所思，凭什么众筹用户要为你自己的一次旅行埋单。但实际上，通过Trevolta，你的行程将被成千上万的网民共享。从本质上讲，你通过自己的网上旅行计划成为现实的明星。当然要做到这一点，你的旅行计划一定要够独特，能打动赞助者。这个网站目前获得了很多人的喜爱。这其实给国内想要去实现旅游但却没有足够钱的人提供了一定的启发。你可以在众筹网上发起一个自己旅游的项目来拉取赞助，在这个项目中，你需要把你详细的出行计划展示给你的用户，然后在这个过程中，你可以接受支持你的用户的各种挑战。比如，支持100元，可以收到你在各地发给他们的明信片，甚至可以帮助你的支持用户做采购……只要你的想法足够开放、大胆并且有创造性，那一定会有人为你的旅行进行赞助。

实际上，我国一些个人及旅游公司已经开始了尝试探索旅游众筹。青岛旅游集团“海钓达人”众筹项目，宝中旅游众筹60万元资金，携程的“讨盘缠”等都是旅游众筹的尝试。2014年4月，青岛旅游集团就在众筹网发起“海钓达人”众筹项目，投资人支持100~2400元不等，就可获得海钓船的使用权，免费使用海钓工具等，这是众筹网在全国推出的首个旅游项目。项目上线不到24小时，筹集资金即达到目标金额的117%。“海钓达人”是旅游众筹在旅游路线项目的成功探索，但在众筹酒店等不动产类项目上，除蓬达集团的“众筹酒店”外，其他旅游众筹的成功案例却鲜见。而在国内，个人通过众筹旅游概念，效果也并不理想。专业旅游众筹类平台尚未成型，成熟的综合性众筹平台多没有为旅游众筹开设专栏，总体上，众筹项目多集中在资本、科技、艺术、影视等领域，而涉足旅游众筹项目极少。旅游群体的认识程度，旅游企业筹资习惯、众筹意向及旅游众筹的平台选择等目前都存在很多问题。

旅游众筹不同于其他众筹，旅游本身就是一个面向所有群体的行业，而众筹所面向的受众群体也不确定。旅游群体与众筹群体既有区别又有交叉，旅游群体与众筹群体既是生产关系，也可以是生产力。对于众筹项目所要面向的人群，银丰地产的邓宏认为，众筹项目就是一个故事，故事就要面向愿意听这个故事的人。同样，带着芙罗拉薰衣草庄园项目寻求众筹的杨广智也认为旅游众筹项目所要面向的人群非常重要，众筹群体可以转化成旅游项目的潜在群体，甚至是将旅游群体转化成众筹群体。

“已所不欲，勿施于人。”泰山旅游规划设计院院长常德军认为，旅游众筹项目要有好的质量，要善于"圆别人的梦"。泰山规划设计院的宋鑫鑫就表示，旅游众筹根据自己的特性，应该是整体的一套系统，从项目的前期、中期、后期都可以众筹，众筹设计、创意，这个众筹过程，就是一个宣传推广的过程。在这个过程中，可以引导受众群体的身份性质转变。

旅游项目众筹寻出路，项目质量是重点，众筹认可度是关键，投资回报体验是根本，旅游众筹还有很长的路要走。

资料来源：中国电子商务研究中心．旅游旺季到，来到 Trevolta 尝试一下众筹旅游［EB/OL］. http://b2b.toocle.com/detail—6177312.html，2014/06/29；中国电子商务研究中心．旅游众筹，前途光明道路很长［EB/OL］. http://b2b.toocle.com/detail—6229152.html，2015/02/02.

讨论问题：

1. 什么是众筹？旅游众筹与传统的旅游投融资方式相比有什么特点？
2. 旅游众筹在中国发展有哪些困难？

实践活动

1. 阅读《2019 年旅游发展与投资趋势报告》（http://www.sohu.com/a/288961096_716887），总结我国近年来的旅游业投资趋势。
2. 请调查评价一个你熟悉的景区的旅游发展效益。

思考题

1. 旅游开发可能带来哪些效益？
2. 旅游投资估算包括哪些内容？
3. 结合利益相关者理论，分析旅游开发的社会效益和对各类利益主体的影响。
4. 分析遗址类旅游资源适合采用哪些类型的旅游投融资渠道。
5. 思考旅游环境效益评估与旅游环境保护规划的关系。

【参考文献】

［1］马勇，李玺，李娟文．旅游规划与开发［M］．北京：科学出版社，2019.

［2］国家发改委．《产业投资基金管理暂行办法》［EB/OL］.http://baike.baidu.com/link?url=19NPPj0pKgPKcaHWHmxB1n8lnzZk0hODJHZAu711lz2u5oUqgqf7RCgoCWMQWziW0fs13Mb-DMF55vYpfYsvi_，2006.

［3］Devashia，Mitra. The Role of Crowfunding In Entrepreneurial Finance［J］. Delhi Business Review，2012，13（2）.

［4］李雪静．众筹融资模式的发展探析［J］．上海金融学院学报，2013（6）.

［5］刘睿，李立华，唐伟．旅游是战略性支柱产业还是独立经济增长因子——关于

国外旅游和经济增长关系研究的综述［J］. 旅游学刊，2013（5）.

［6］朱忆文. 我国旅游景区投资模式研究［D］. 财政部财政科学研究所，2014.

［7］郭为，厉新建，许珂. 被忽视的真实力量：旅游非正规就业及其拉动效应［J］. 旅游学刊，2014，29（8）.

［8］冯学钢，吴文智，于秋阳. 旅游规划［M］. 2 版. 上海：华东师范大学出版社，2017.

［9］宋瑞，金准，李为人，吴金梅. 2018—2019 年中国旅游发展分析与预测［M］. 北京：社会科学文献出版社，2018.

［10］马勇，李玺. 旅游规划与开发［M］. 4 版. 北京：高等教育出版社，2018.

［11］荆新，王化成，刘俊彦. 财务管理学［M］. 8 版. 北京：中国人民大学出版社，2018.

［12］吴文智，冯学钢，王丹丹. 旅游项目投资与管理［M］. 上海：华东师范大学出版社，2019.

［13］博看文旅. 2019 年旅游发展与投资趋势报告［EB/OL］. http://www.sohu.com/a/288961096_716887，2019/01/14.

项目策划：张芸艳
责任编辑：张芸艳
责任印制：谢　雨
封面设计：武爱听

图书在版编目（CIP）数据

旅游规划理论与实务 / 龚志强，胡海胜主编. -- 北京：中国旅游出版社，2020.6
中国旅游业普通高等教育“十三五”应用型规划教材
ISBN 978-7-5032-6494-8

Ⅰ. ①旅… Ⅱ. ①龚… ②胡… Ⅲ. ①旅游规划－高等学校－教材 Ⅳ. ①F590.1

中国版本图书馆 CIP 数据核字（2020）第 092006 号

书　　名：旅游规划理论与实务

作　　者：龚志强　胡海胜　主编
出版发行：中国旅游出版社
（北京建国门内大街甲 9 号　邮编：100005）
http://www.cttp.net.cn　E-mail:cttp@mct.gov.cn
营销中心电话：010-57377109，010-85166536
排　　版：北京旅教文化传播有限公司
经　　销：全国各地新华书店
印　　刷：三河市灵山芝兰印刷有限公司
版　　次：2020 年 6 月第 1 版　2020 年 6 月第 1 次印刷
开　　本：787 毫米 × 1092 毫米　1/16
印　　张：16.25
字　　数：350 千
定　　价：49.80 元
ISBN　978-7-5032-6494-8